KB259766

바울의 정치신학

지은이 | **야콥 타우베스**   1923년 오스트리아 빈에서 태어났다. 정통 랍비 교육을 받았으나, 곧이어 바젤과 취리히 대학에서 철학과 역사를 공부했다. 1947년 취리히 대학에서 『서구 종말론의 체계와 역사에 관한 연구』로 박사학위를 받았으며, 1949년부터 뉴욕 유대신학교에서 종교철학 강사로 일했다. 이때 레오 스트라우스에게서 개인적으로 사사했고, 한나 아렌트 및 파울 틸리히와 친분을 쌓기도 했다. 게르숌 숄렘의 초청으로 1951년부터 예루살렘 히브리대학에서 종교사회학 강사로 활동했으며, 1956년에는 컬럼비아 대학의 종교사 및 종교철학 정교수가 되었다. 1966년부터 베를린 자유대학 철학부 교수로 재직하면서 해석학 연구소와 유대학 연구소를 이끌었고, 여러 학자들과 함께 '시학과 해석학' 프로젝트 동인으로 활동했다. 1987년 3월 베를린에서 숨을 거두었다. 저서로 『서구 종말론』, 『칼 슈미트에게: 적대적 친분』, 『제의에서 문화로』 등이 있다.

옮긴이 | **조효원**   문학비평가, 번역가. 성균관대학교 독어독문학과와 동 대학원을 졸업했다. 발터 벤야민의 초기 언어철학에 관한 연구로 석사학위를 받았으며, 서울대학교 독어독문학과 박사과정을 수료했다. 2008년 『세계일보』 신춘문예와 계간 『문학동네』 신인상 평론 부문에 당선되어 등단했다. 지은 책으로 『부서진 이름(들): 발터 벤야민의 글상자』가 있으며, 조르조 아감벤의 『유아기와 역사』를 우리말로 옮겼다.

Die politische Theologie des Paulus by Jacob Taubes
Copyright ⓒ 3. Auflage 2003 by Verlag Wilhelm Fink, Paderborn.
Korean translation copyright ⓒ 2012 by Greenbee Publishing Company.
All rights reserved.
The Korean language editon published by arrangement with Verlag Wilhelm Fink
through MOMO Agency, Seoul.

크리티컬 컬렉션 015
바울의 정치신학

초판 1쇄 발행 _ 2012년 2월 10일
초판 4쇄 발행 _ 2019년 10월 28일

지은이 · 야콥 타우베스 | 옮긴이 · 조효원
펴낸이 · 유재건 | 펴낸곳 · (주)그린비출판사
등록번호 · 105-87-33826호 | 주소 · 서울시 마포구 와우산로 180, 4층
전화 · 702-2717 | 팩스 · 703-0272 | 이메일 · editor@greenbee.co.kr

ISBN 978-89-7682-371-7   93100
이 도서의 국립중앙도서관 출판예정도서목록(CIP)은 서지정보유통지원시스템 홈페이지(http://seoji.nl.go.kr)와 국가자료공동목록시스템(http://www.nl.go.kr/kolisnet)에서 이용하실 수 있습니다.(CIP제어번호: CIP2012000401)

철학이 있는 삶 **그린비출판사** www.greenbee.co.kr

그린비

마르게리타 폰 브렌타노와
에디트 피히트-악센펠트를 위하여

서문

1987년 1월 14일 엔노 루돌프Enno Rudolph는 하이델베르크 대학 신학부 학생회 연구소Forschungsstätte der Evangelischen Studiengemeinschaft in Heidelberg, FEST의 행사에 베를린 자유대학의 야콥 타우베스 교수를 강연자로 초청하였다. 타우베스 교수는 "연구소에서 4일에 걸쳐 「로마서[로마인들에게 보내는 편지]」에 대한 강연을 해보겠다"고 제안했다. 어떻게 해서 이런 약속이 맺어지게 되었을까? 이보다 앞서 엔노 루돌프는 1986년 FEST에서 개최된, 시간에 대한 콜로키움에 타우베스를 초대했었다. 그때 타우베스가 행한 강연의 제목은 다음과 같다. "단두대 위에서의 시간. '언젠가와 지금'이라는 묵시록적 시간 경험." 1986년 9월의 타우베스에게는 광대한 철학적 문제였던 것이 1987년 2월 말의 타우베스에게 와서는 실존적인 절박성을 갖게되었다. 「로마서」 강연을 하기 위해 베를린을 떠나 하이델베르크로 온 타우베스에게는 점점 퍼져 가는 암세포로 인한 고통의 흔적이 뚜렷했던 것이다. 전체적인 상태가 너무나 좋지 않아서 행사가 끝날 때까지 과연 그가 계획대로 강연을 견뎌 내고 마무리할 수 있을지조차 불투명했다. 강연은 월요일, 화요일, 목요일, 그리고 금요일에 진행되었다. 그 사이 수요일—그런데 이날은 그의 예순네번째 생일이었다—에는 병원Innere Klinik 중환자실에서 대부분의 시간을 보내야 했다.

아마도 사람들은 다음과 같이 물을 것이다. 1월경에 이미 자신의 상태가 어떠한가를 잘 알고 있었을 타우베스가 어째서 이 강연 약속을 취소하지 않았을까 하고 말이다. 이에 대해서 우리가 알아야 할 것은, 타우베스가 바울에 대한 강연을 학문적 의무의 일환이 아니라 자신이 겪고 있는 정신적 불안Unruhe의 중심에 무엇이 놓여 있는가를 해명하는 일로 여겼다는 점이다. 이러한 전제를 놓고 보면, 다른 평범한 강연회였다면 분명 장애가 되었을 그의 쇠약해진 몸 상태가 오히려 이 「로마서」 강연의 경우에는 그가 말하려 했고 말해야만 했던 것을 실현하고 또 그것이 무엇인지를 명확히 해주는 틀을 제공해 주었다는 사실이 이해될 것이다.

그렇다면 또한 우리는 잠깐 동안 서 있을 기력조차 없었던 타우베스가 어떻게 해서 최상의 정신적 강렬함을 유지한 채 일주일에 4일, 하루 세 시간씩 「로마서」를 독해하고 위치 확정[맥락화]Verortung시키는 강연을 해낼 수 있었던가 하는 점도 이해할 수 있다. 그로 하여금 다시 한번 모든 힘을 다할 수 있도록 만든 동기는 단두대 위에서의 시간Galgenfrist이 가하는 압박과 [강연을 통해서라도] 유언을 남겨야 하는 상황이었다. 그렇기 때문에 그로 하여금 그 일을 해낼 수 있도록 독려하고 또 그의 계획이 실현될 수 있도록 뒷받침해 준 모든 분들에게 감사하지 않을 수 없다. 엔노 루돌프는 FEST와의 연락을 도와주었고, 에디트 피히트-악센펠트는 강연에 성실하게 참여해 주었을 뿐 아니라 음악을 통해 분위기를 더해 주었으며, 클라우스 폰 슈베르트는 건물의 책임자로서 관례를 크게 벗어나는 행사를 친절함과 관대함으로 허락해 주었다. 그리고 일주일 동안 강연을 들으면서 함께 토론해 준 참석자들에게도 감사드린다. 토마스 쿨만은 필요한 책들을 구해 주었고 강연 녹취를 담당해 주었다. 루디 티센은 타우베스의 여행길에 동반하여 그를 보살펴 주었다. 특히 감사해야 할 사람은 모니카 바프네프스키인데, 그녀는 일요일 오후 시간에 열리는 베를린의 '『성서』 낭독' 모임에서 타우베스가 그의 구상에 대해 소규모의 청중들에게 강연하는 자리를 마련해 줌으로써 이 강연이 이루어지는 데 일조하였다.

야콥 타우베스는 하이델베르크에서 바울 강연이 이루어지던 그 주의 주말에 우리에게 강연 텍스트를 손보고 출판할 수 있도록 해주겠다고 약속했다. 그는 자신의 정신적 유언이 지니는 핵심적 가치에 대해 추호도 의심하지 않았으며 거기에 높은 진지함을 부여했다. 그러나 우리는 이 텍스트의 출판에 대한 그의 소망을 6년이 지난 지금에서야 들어주게 되었다. 이렇게 늦어지게 된 데에는 여러 가지 이유가 있다. 우선 녹음된 내용을 텍스트로 만드는 데 따르는 어려움이 있었다. 이 강연록은 그저 풀어쓰고 편집하기만 하면 되는 것이 아니었고, 그 작업을 비롯해 그의 친구들 및 이 분야의 전문가들이 돌려 가며 읽고 제시해 준 전문적인 소견과 보충사항 그리고 교정 제안까지 포함하여 작성되어야 했다. 두번째 이유는 우리 편집인들의 고민이었다. 우리는 구술에 의거한 이 텍스트가 제일 먼저 나오면 타우베스에 대한 수용이 마구잡이로 이루어질 수도 있다는 것에 대한 우려 때문에 그가 쓴 다른 저작들 중 가장 중요한 것들이 먼저 출판된 이후에 이 책을 출판하기로 했다. 세번째로, 타우베스를 개인적으로 아는 모든 친구들이 이 텍스트[와 이로 인해 야기될 위험으]로부터 그를 보호해야 한다고 생각했던 사정이 있다. 즉 그들은 타우베스가 저작을 대할 때 보여 주었던 꼼꼼한 태도와 책을 출판할 때 가졌던 극도의 자제심을 존중했던 것이다.

이제 이 강연록이 마침내 출판되는 시점에서 우리 편집인들은 타우베스에 대한 우리의 의무[약속]를 지키도록 도와준 모든 분들에게 감사의 인사를 보낸다. 아하론 아구스, 모셰 바라쉬, 요하난 E. 바우어, 에벨리네 구드만-타우, 슐로모 피네스, 샤울 샤케드, 기 G. 스트룸사(예루살렘), 후버트 칸칙(튀빙겐), 그리고 에밀 시오랑(파리)은 원고를 다듬는 실제 작업에 함께 참여해 주었다. 안드레아 그니어스는 FEST의 재정적 지원을 받아서 원고를 깔끔하게 정서해 주었다. 편집팀의 성실하고 활력적인 지원이 없었다면 우리는 이 모든 작업을 엄두도 내지 못했을 것이다.

1993년 3월 24일 하이델베르크에서

알라이다 아스만

차 례

1 이 책은 Jacob Taubes의 *Die politische Theologie des Paulus*(2003, 초판 1993)를 완역한 것이다. 이 책은 야콥 타우베스가 사망 직전인 1987년 2월 23~27일에 '하이델베르크 대학 신학부 학생회 연구소'(FEST)에서 진행한 강연을 편집해 출간한 것이다. 타우베스가 사망한 후 그의 가까운 동료였던 알라이다 아스만(Aleida Assmann)과 얀 아스만(Jan Assmann)이 호르스트 폴커스(Horst Folkers), 볼프–다니엘 하르트비히(Wolf-Daniel Hartwich), 크리스토프 슐테(Christoph Schulte)의 도움을 받아 이 책을 편집·출간했다.

2 본문의 주석은 모두 각주로 되어 있다. 옮긴이 주는 해당 부분 뒤에 '—옮긴이'라고 표시했으며, 표시가 없는 것은 모두 독일어 원서 편집자들의 주이다.

3 본문과 각주에서 독자의 이해를 돕기 위해 옮긴이가 추가한 내용은 대괄호([ ])로 표시했다. 단, 독일어 원서의 편집자들이 내용을 덧붙인 경우에는 대괄호로 표시하고 해당 내용 뒤에 '—편집자'라고 명기했다.

4 본문에서 인용된 『성서』 구절은 『해설판 공동번역 성서』(국제가톨릭성서공회 편찬)를 기준으로 번역했다. 하지만 문맥상 필요한 경우에는 이 책 원서의 번역을 따랐다.

5 『성서』 및 『탈무드』 등의 인용문 중간에 타우베스가 자신의 해설을 첨가한 부분들이 있다. 이를 인용문 내용과 구분해 주기 위해 타우베스가 덧붙인 부분은 글자 크기를 줄여 표시했다.

6 이 책의 원서에서는 강조되는 표현을 이탤릭체와 볼드체로 표시했지만, 이 두 부분을 구분할 필요가 크지 않다고 판단해 한국어판에서는 모두 고딕체로 표시해 주었다.

7 단행본이나 정기간행물 등에는 겹낫표(『 』)를, 『성서』의 각 책들 및 논문 등에는 낫표(「 」)를 사용했다.

8 외국 인명·지명은 2002년에 〈국립국어원〉에서 펴낸 '외래어 표기법'에 따라 표기했다.

강연을 시작하며

1. 「로마서」에 입문하게 된 자전적 계기

몇 달 전 제가 이 연구소 행사에 초청받아 왔을 때, 제게 중요한 것은 「묵시록」이었습니다. 그리고 학회의 주제는 다음과 같은 것이었습니다. "시간이 촉박하다"Die Zeit drängt. 그 당시 제게는 유예猶豫라는 바울적인 문제가 [아직 제대로] 다루어지지 않은 것으로 여겨졌습니다. 그리고 저는 제가 생겨먹은 모양대로 허영심에서 비-신학자로서 이렇게 얘기했더랬지요. "저는 그 문제에 관해 여러분에게 아무것도 말씀드릴 수가 없습니다." 그때 저는 「고린도전서」 1~4장을 생각하고 있었습니다. 이 텍스트에 대해서 저는 베를린 자유대학 철학부에서 강의를 했었습니다. 그 강의를 통해 저는 「고린도서」[1)]가 판[모든]pan이라는 단어를 변주하는 웅장한 푸가라는 사실을 분명히 깨달았습니다. 그 텍스트 전체가 이 단어를 중심으로 회전하는 방식으로 구성된 것이라는 말이죠.

　이 강연 행사 초청에 응했을 때 저는 시간이 그렇게 촉박하다는 생각

---

1) 「고린도전서」와 「고린도후서」를 총칭한다. —옮긴이

을 하지 못했습니다. 오히려 시간의 촉박함을 묵시록적으로 생각했을 따름이었습니다. 그렇지만 그 시간이란 게 개인적으로, 다시 말해 제 불치병 때문에 촉박해졌다는 것은 알지 못했습니다. 제 몸 상태 때문에 주변의 모든 사람이 만류했음에도 저는 분명히 마음을 정했습니다. 에디트 피히트-악센펠트에게 손가락을 걸고 약속한 거지요. 가겠노라고. 그리고 그 밖의 고민들은 모조리 지워 버렸습니다. 이 약속을 지키고 싶었기 때문입니다.

제 삶의 시간이 촉박하다는 사실, 순간순간마다 죽음이 압박해 오고 있음을 알게 된 후로 저는 결심했습니다. 「고린도서」가 아니라 저의 비밀스런 소망에 대해서, 그러니까 「로마서」에 대해서 이야기하기로 말입니다. 「로마서」를 건드린다는 것은 어마어마한 일입니다. 이 학회 주제 자체가 가진 어마어마함 못지않지요. 저는 감히 하이델베르크에 왔습니다. 마르틴 디벨리우스,[2] 귄터 보른캄,[3] 게르트 타이센,[4] 그리고 다른 여러 신약 학자들이 포진해 있는 도시로 말입니다. 무엇 때문에 저는 이렇게 쓸데없는 짓을 한 것일까요?[5] 그에 대해 저는 강연을 시작하면서 이렇게 말씀드

---

2) 마르틴 디벨리우스(Martin Dibelius, 1883~1947). 독일의 신학자이자 『신약성서』 학자로 하이델베르크 대학 신학부 교수였다. —옮긴이

3) 귄터 보른캄(Günter Bornkamm, 1905~1990). 독일의 신학자. 1949년부터 1971년까지 하이델베르크 대학 신학부 교수로 봉직했다. 『바울』(허혁 옮김, 이화여자대학교출판부, 2006)의 저자이다. —옮긴이

4) 게르트 타이센(Gerd Theißen, 1943~). 2012년 현재 하이델베르크 대학 신학부 명예교수이다. 『원시 그리스도교에 대한 사회학적 연구』(김명수 옮김, 대한기독교출판사, 1986), 『기독교의 탄생: 예수 운동에서 종교로』(박찬웅·민경식 옮김, 대한기독교서회, 2009), 『역사적 예수』(손성현 옮김, 다산글방, 2010) 등의 저서가 한국어로 번역되어 있다. —옮긴이

5) 그리스 희극 작가 아리스토파네스는 「새」라는 작품에서 "누가 올빼미를 아테네로 데려왔는가?"(Eulen nach Athen tragen)라는 표현을 쓴 바 있다. 이후 이 표현은 쓸데없이 사족을 붙이는 행위를 가리키는 관용구로 사용되었다. 여기서 타우베스는 '아테네'를 '하이델베르크'로 변주해 이 말을 재치 있게 쓰고 있다. 훌륭한 교수진을 갖춘 하이델베르크 대학 신학부에 문외한이 와서 「로마서」 이야기를 하는 것에 대한 자조적인 표현이다. —옮긴이

릴 수밖에 없습니다. 신학부가 아주 정당하고 합당하게 취급하고 있는 바울과 제가 이 자리에서 말씀드리려는 바울은 직접적으로 아무런 관련이 없다고 말입니다. 그리고 오직 이렇게 말씀드려야만 여러분처럼 저명한 학자들·예술가들이 모인 자리에서 도발적인 강의를 하려는 저 자신을 정당화시킬 수 있을 것 같습니다.

그러니까 저는 여러분에게 아주 개인적인 이야기를 하려는 겁니다. 거기에는 물론 제 주제가 「고린도서」에서 「로마서」로 변하게 된 사정도 포함됩니다. 이러한 결정을 여러분에게 이해시켜 드리려면, 베를린 자유 대학 해석학 연구소의 책임자라는 저의 직함을 떼고서야 할 수 있는 이야기를 들려드려야만 합니다. 여러분이 읽으실 수 있도록 나누어 드린 자료는 제가 1970년 파리에서 칼 슈미트에게 쓴 편지입니다. 그 편지에 대해서 상세하게 말씀드려야 할 텐데요. 그런데 그 편지 안에 감춰진 것들을 모두 해명하고 밝히려면, 그것만으로 하나의 학회를 열어야 할 겁니다.

여기에서는 그냥 그 편지의 후일담만을 이야기하도록 하지요. 이 자리에 계신 몇몇 분들 —— 적어도 한 분은 확실히 —— 은 칼 슈미트를 잘 알고 있을 텐데요. 그분들은 슈미트가 전혀 전화를 쓰지 않는 사람인 것을 아실 겁니다. 전화는 슈미트가 사용할 만한 연락 매체가 결코 아니지요. 파리에 있던 어느 날, 아마 9월 25일쯤이었던 것 같아요, 저는 관리인 아주머니한테 전화가 왔다는 이야기를 들었습니다. 칼 슈미트 씨가 전화로 저와 이야기를 나누고 싶다는 겁니다. 놀라운 일이었지요. 슈미트는 제게 말했습니다. "당신의 편지를 읽고, 읽고, 또 읽었소. 나는 아주 참담한 심정에 빠지고 말았다오. 내가 앞으로 얼마나 더 살지 모르겠으니, 지금 당장 나한테 와 주시오."

저는 그때 다른 일들이 있었습니다. 그때는 유대 절기로 따져서 신년절^{Rosch ha-Schana6)}이 가까운 때였기 때문입니다. 하지만 저는 곧장 열차를 잡아타고 자우얼란트^{Sauerland}의 플레텐베르크^{Plettenberg7)}로 갔습니다. [슈미트와 나눈] 대화는 정말 엄청난 것이었습니다. 여기서 그 대화에 대해 말씀드릴 수는 없습니다. 거기에는 부분적으로 고해성사를 들은 사제가 지켜야 할 비밀이 있기 때문입니다(제가 사제라는 말이 아니라, 사제의 입장에서처럼 비밀로 지켜야 할 내용이 있다는 말입니다). '요아힘-리터-길'이란 곳에서 ── 아, 슈미트에게는 제일 처음 같이 산책한 사람의 이름을 따서 길 이름을 짓는 습관이 있었습니다 ── 그는 제게 그 비밀들에 대해서 말해 주었습니다. 저는 그 얘기를 결코 잊을 수 없습니다. 하지만 또한 그것들을 입 밖에 낼 수도 없습니다. 우리는 산책에서 돌아와 집으로 들어가서 차를 마셨습니다. 그리고 그는 말했지요. "자, 타우베스 씨, 이제 「로마서」 9~11장을 읽읍시다."

그것은 한편으로는 신학자와 철학자가 함께 「로마서」 9~11장을 읽는 것이었고, 또 다른 한편으로는 우리 시대의 가장 위대한 법학자와 함께 읽는 것이기도 했습니다. 정치적인 것의 총알이 발사되는 소리를 슈미트는 다른 방식으로 들었습니다. 마치 평범한 내과의와는 완전히 다른 방식으로 심장박동 소리를 판별해 내는 심장 전문의처럼 말이지요. 그 소리를 그는 주의 깊게 들었습니다. 그리고 저는 먼저 자진해서 그에게 다음과 같은 이미지를 떠올리도록 해주었습니다. 이스라엘 민족의 대변자였던 모세는 그와 함께 새로운 민족이 시작되고 옛 이스라엘 민족은 멸족되게 하라는 신의 명령을 두 번이나 거절한 인물이지만, 바울은 그 명령을 받아들인 사

---

6) 유대력의 일곱번째 달의 첫번째 및 두번째 날에 열리는 축제. 서력으로 9~10월경. ─옮긴이
7) 당시 칼 슈미트가 살던 도시. ─옮긴이

람이라고 말입니다. 이 긴장감 넘치는 이미지에 대해, 더불어 '민족의 창시자'란 무엇인가 하는 물음에 대해 우리는 격렬하게 토론했습니다. 그때 우리는 그 어떤 책이나 자료에도 의지하지 않은 채 거리낌 없이 얘기를 나눴습니다. 그리고 제가 그에게 유대인들이 욤 키푸르[속죄일]Jom Kippur[8)에 행하는 제의에 대해서까지 모든 것을 다 알려 주었을 때, 그는 말했습니다. "타우베스 씨, 당신은 죽기 전에 지금 말한 것들을 사람들에게 알려 주어야 합니다."

이렇게 해서 저, 불쌍한 욥은 「로마서」로 오게 된 것입니다. 불쌍한 욥, 다시 말해 유대인으로서 말입니다. 철학자로서가 아닙니다. 철학자라는 직업에 대해서 저는 별 가치를 두지 않습니다. 물론 그 직업 덕분에 먹고 살긴 합니다만.

그런데 이제 여러분과 함께 「로마서」를 독해하기에 앞서 두 가지 이야기를 더 들려드리려고 합니다. 일화라고 해야겠군요. 저처럼 늙어서 힘이 빠지는 나이대에 접어든 사람에게는 다음 세대에게 전해 줄 만한 일화들이 매우 의미심장한 것으로 느껴지게 마련입니다.

저는 제2차 세계대전 당시 취리히 대학에 다니고 있었습니다. 왜, 어떻게, 무엇 때문에 그렇게 됐는지 묻지는 말아 주세요. 하느님 맙소사, 저는 독문학도 공부했었습니다. 마침 취리히 대학에는 중요한 독문학자가 한 사람 있었고, 저는 전공보다는 선생님을 보고 공부를 하는 편이었기 때문이죠. 그 선생님은 에밀 슈타이거[9)입니다. 그런데 슈타이거는 독문학자라기보다는 그리스학자Gräzist에 가까운 사람이었습니다. 그는 소포클레스

---

8) 신년절로부터 10일 후에 치러지는 절기 행사. ―옮긴이

9) 에밀 슈타이거(Emil Staiger, 1908~1987). 스위스의 문학이론가이자 독문학자. 대표적인 저서로 『시학의 근본 개념들』(*Grundbegriffe der Poetik*, 1946)이 있다. ―옮긴이

를 번역한 뒤 그 책의 「서문」에서 빌라모비츠[10]의 소포클레스 번역에 대해서 그건 싸구려 독일어Gartenlauben-Deutsch[11]라고 거침없이 비난할 수 있었을 정도로 자부심에 찬 사람이었습니다. 그가 독일어를 전혀 모르고 다만 그리스어만 할 줄 알았다고 해도 제게는 상관없었을 겁니다. 제가 어떻게 해서 슈타이거와 가까워졌을까요? 어느 날 학교에서 벨르뷔Bellevue로 가는 길에 저는 그에게 말했습니다. 마르틴 하이데거의 『진리의 본질에 대하여』Vom Wesen der Wahrheit를 읽었노라고요. 그러자 그는 이렇게 말하더군요. "당신은 그 책을 이해할 수 없을 텐데요." 저는 되물었습니다. "선생님은 어째서 제가 이해하지 못한다고 자신하십니까?" 그러자 그는 저를 집으로 초대하더군요. 우리는 오후 내내 『진리의 본질에 대하여』에 대해서 이야기를 나누었습니다. 제가 그 책을 이해한다는 걸 알자 그는 놀라더군요. 그러고는 모차르트의 소나타 한 곡을 연주하는 걸로 제게 보답을 해주었더랬지요. 그 이후로 우리의 관계는 더 이상 교수와 학생의 그것이 아니었습니다(뭐, 어쨌든 제 부전공 시험을 담당하긴 했지만요). 그렇다고 친구 관계였다고는 말할 수 없습니다만, 어쨌든 편한 사이였습니다.

어느 날 우리는 대학가에서 호숫가, 그러니까 벨르뷔로 이어지는 레미 거리Rämistraße를 걸었습니다. 모퉁이에 이르자 그는 길을 꺾으려 했고, 저는 계속해서 엥게Enge에 있는 유대인 구역으로 가려고 했죠. 그때 그는 제게 이렇게 말하더군요. "이봐요, 타우베스 씨, 나는 어제 사도 바울의 편지들을 읽었다오." 그때 저는 정말로 격심한 분노를 느꼈습니다. 그는 이렇

---

10) 울리히 폰 빌라모비츠-묄렌도르프(Ulrich von Wilamowitz-Moellendorff, 1848~1931). 독일의 고전문헌학자. '문헌학의 아버지'로 불리는 인물로 니체를 비롯한 후속 세대에 커다란 영향을 미쳤다.―옮긴이
11) 속류 상업지의 독일어, 즉 저잣거리의 독일어라는 뜻이다.―옮긴이

게 말하더군요. "그런데 그건 그리스어가 아니라 이디시어더군요!" 그래서 제가 말했지요. "네, 교수님, 그렇기 때문에 저 같은 사람도 그 책을 이해할 수 있는 겁니다!" 이게 첫번째 일화입니다.

두번째 일화는 좀더 뒤에 일어난 것이고, 또 드라마틱한 면이 다소 떨어지는 것입니다. 제가 뉴욕에서 괴팅겐 출신 종교사가 쿠르트 라테[12]를 방문했을 때의 일입니다. 그는 그리스어와 라틴어에 뛰어나다는 평판을 듣던 사람이지요. 저는 [슈타이거와의 관계에서 발생했던] 그 문제 때문에 침착성을 잃고서 곧장 그에게 질문을 퍼부었습니다. "라테 씨, 당신은 사도 바울의 편지들을 이해할 만큼 그리스어 능력이 되십니까?" 그러자 그는 한참을 생각하더니 ——물론 그는 그 편지를 이해하고 있었을 테지요. 왜냐하면 1600여 년에 걸쳐 그리스도교화된 유럽이 그것들을 이해가능한 것으로 만들었으니까요——이렇게 말하더군요. "저기, 타우베스 씨, 안 되는 것 같아요. 제 그리스어 능력으로는 사도 바울의 편지를 파악하기에는 역부족입니다." 이것은 위대한 문헌학자가 내린 중요한 판단입니다. 이런 경험들을 통해 저는 「로마서」라는 텍스트에 접근했던 것입니다.

이 강연을 진행하면서 저는 여러분에게 유대인으로서 제가 바울과 어떤 관계에 있는지 알려 주고자 합니다. 하지만 그렇게 하기에 앞서 몇 가지 애기를 함으로써 제가 철학자로서 바울과 맺고 있는 관계 역시 정당화해야 합니다. 철학자인 제가 무엇 때문에 신학의 영토를 침범하려는 것일까요? 저는 신학부가 지니고 있는 폐쇄적인 태도를 불행이라 여깁니다. 제 생각에 신학부는 자신들의 모나드에 창문을 만들어야 할 절박한 숙제

---

12) 쿠르트 라테(Kurt Latte, 1891~1964). 독일의 고전문헌학자. 대표적인 저서로 『로마 종교사』 (*Römische Religionsgeschichte*, 1960)가 있다.——옮긴이

를 갖고 있습니다.

실제로 저는, 기왕 이야기가 나온 김에 터놓고 말씀드리자면, 구약학 교수 자리와 신약학 교수 자리 ──하이델베르크에는 최소한 두 자리는 확보되어 있지요──, 그리고 교회사 교수 자리가 각각 하나씩은 철학부에 배속되어야 한다고 생각하는 편입니다. 이것은 베를린에서는 더욱 도드라지는 현상인데, 학부들이 폐쇄적인 단위로 존속하고 있다는 사실, 저는 이 사실이 매우 못마땅합니다. 오늘날 학부[학과]들은 도무지 서로 넘나들 여지가 전혀 없도록 되어 있습니다. 이 사실을 부정할 수 있는 사람은 없습니다. 저는 이것이 독일 교육 시스템의 재앙이라고 생각합니다. 하지만 솔직히 저에게는 이걸 바꿀 만한 힘이 없습니다. 제 주위에는 이런 이유로 독일 대학에서 신학부를 폐지해야 한다고 생각하는 디터 헨리히[13] 같은 친구들도 있습니다. 저는 항상 헨리히에게 반대해 왔습니다. 저는 이렇게 말했습니다. "『성서』를 통해 ABC를 가르치지 않고는 절대로 철학 강의를 할 수 없다네!" 물론 그는 할 수 있지요. 왜냐하면 그의 출발점은 자기의식Selbstbewußtsein이니까요. 이해하시겠어요? 그에게는 신학부에서 가르치는 모든 것이 필요 없어요. 하지만 저와 같은 불쌍한 욥은 결코 그 역사를 포기할 수 없답니다.

이런 까닭에 저는 학부라는 제도에는 반드시 서로 섞여 들 수 있는 여지가 있어야 한다고 생각합니다. 학생들이 『성서』에 대해서 완전히 무지한 채 성장한다는 사실, 이것을 저는 재앙이라고 여깁니다. 한번은 발터 벤야민에 대한 박사학위 논문 원고를 받았는데, 거기에서 사용된 개념군

---

13) 디터 헨리히(Dieter Henrich, 1927~). 독일의 철학자. 한스-게오르크 가다머(Hans-Georg Gadamer)의 제자로 헤겔과 독일 관념론 철학의 대가이며, 2012년 현재 뮌헨 대학 명예교수이다. ─옮긴이

 중에서 대략 20%가 잘못된 경우를 본 적도 있습니다. 그 20%란 다름 아닌 『성서』적 개념들이었지요. 『성서』를 모르니 잘못 쓸 수밖에요. 그래서 그 학생이 논문을 완성해서 가지고 왔을 때, 그걸 읽다가 그처럼 잘못된 부분을 본 저는 그에게 이렇게 말했습니다. "들어 보세요, 학생! 당신은 먼저 주일 학교에 나가서 『성서』를 읽어야 합니다!" 그러자 그 학생은 벤야민을 전공하는 사람다운 센스로 이렇게 묻더군요. "어떤 번역본으로 읽어야 하지요?" 저는 말했지요. "당신에게는 어떤 번역본이든 괜찮을 겁니다."

이것이 제가 직접 보고 겪은 철학부의 상황입니다. 하지만 물론 제가 바울에 대한, 「고린도서」에 대한 강의를 개설하자 200여 명의 학생들이 몰려온 것도 사실입니다. 이처럼 일반화된 『성서』에 대한 무지[무시]는 휴머니즘-훔볼트-문화로 엮여 있는 표상과 연관된 것입니다. 이 표상은 유럽 역사에 면면히 이어져 온 **그리스 바라기**^{interpretatio graeca}이지요. 이런 것을 제가 바꿀 수는 없는 일이지만요.

바로 이 문제를 파고들었어야 했는데, 허영심 때문에, 그리고 운명의 장난으로 저는 철학자가 되고 말았습니다. 저는 그 문제를 다루는 것이 제 사명이 아닐 거라고 생각했습니다. 오늘에 이르러서야 저는 헤겔 강의보다 『성서』 강의가 더 중요하다는 사실을 통감하고 있습니다. 약간 늦은 감이 있지요. 다만 저는 여러분에게 그 어떤 철학 강의보다 『성서』 강의 시간을 더욱 진지하게 여기라는 간곡한 충고를 드릴 수는 있습니다. 하지만 저는 이런 말이 전혀 호응을 얻을 수 없다는 것도 잘 알고 있습니다. 현대적이지 않기 때문이죠. 그런데 저는 단 한순간도 현대적이고자 한 적이 없습니다. 저한테는 그런 게 전혀 문제되지 않았습니다.

2. 유대 종교사에 있어서의 바울: 메시아적 논리

물론 제가 여기서 하려는 얘기는 하늘에서 뚝 떨어지거나 땅에서 불쑥 솟아 나온ex nihilo 게 아닙니다. 따라서 저는 저 자신이 어떤 종교사적·유대교적 전통 안에 서 있는가 하는 물음에 대해 학문적으로 답변할 의무를 지고 있는 셈이지요. 한데 유대교적 전통에 의거한 바울 연구는 아주 절망적인 상태에 있습니다. 우선 예수에 대한 통속문학적 문헌들이 있습니다. 예수를 그저 멋진 사람이나 갈릴래아 출신의 랍비로 다루거나 혹은 산상수훈[산상설교]Bergpredigt에 대해 다루는 것들이지요. 모두 『탈무드』나 여타 유대 문헌들에 들어 있는 얘기들입니다. 이에 대해서는 하르나크[14)가 아주 명쾌하게 대답을 해주었습니다. "하지만 유감스럽게도 『탈무드』 등이 말해 주지 못한 무언가가 더 있다!" 이런 호교론적apologetisch 문헌들이 19세기와 20세기에 널리 퍼졌고, 그리하여 자유주의 유대교인들——정통 유대교인들이 아닙니다. 그들은 꿈쩍도 하지 않아요——사이에서는 일종의 합의가 생겼습니다. 그 합의란 다시 말해 이 이스라엘의 아들[예수]에 대한 일종의 자부심입니다. 하지만 바울이란 존재는 넘어가기 어려운 경계였습니다(물론 복음주의 아카데미 분위기를 풍기는 이스라엘 출신 [유대교] 저널리스트들이 있긴 하지만, 그들에 대해선 이야기하고 싶지 않군요. 그들의 글은 가장 저급한 저널리즘이에요. 그들이 그런 글을 써댈 수 있는 건 복음주의 학자들 덕분입니다. 왜냐하면 그들은 항상 대화를 위한 화젯거리로 유대인을 끌어들이니까요. 6백만 명이 학살된 상황에서 대화를 위한 화젯거리로 한 명

---

14) 아돌프 폰 하르나크(Adolf von Harnack, 1851~1930). 독일의 신학자·교회사가로 베를린 대학 신학부 교수로 봉직했다.—옮긴이

의 허수아비[Hampelmann]를 찾는다는 사실, 제게는 이게 저급한 것으로 느껴집니다. 우리는 대화를 위한 화젯거리로 삼을 수 없는 무슨 일인가가 일어났다는 사실을 인정해야 합니다. 왜냐하면 죽은 사람들을 불러올 수는 없으니까요!).

하지만 그것을 유대 민족 내부의 문제로 한정해 본다면, 우리는 한 권의 책을 언급할 수 있습니다. 1920년대 교양 독자를 대상으로 쓰여진 요제프 클라우스너의 『예수에서 바울로』라는 책이 그것입니다.[15] 이 책에는 다음과 같이 쓰여 있습니다. 예수가 여전히 오직 이스라엘 땅에만 머물렀던 데 반해, 바울은 그 땅 바깥에 있었고 더 나아가 유대인으로서의 의무를 등한시하기까지 했다고 말입니다. 이 저자에게 종교적 상상력이라고는 눈곱만큼도 없었다는 사실은 굳이 말할 필요도 없겠지요. 그래서 그는 [제대로 된 책을] 쓸 수가 없었던 겁니다. 하지만 어쨌든 그는 히브리 문학을 가르치는 교수였고, 일정한 영향력을 행사했습니다.

불행하게도 실제로 영향력은 없었지만 어쨌든 아주 특별한 경우가 있었는데, 위대한 학자였던 레오 벡[16]이 그랬습니다. 빌라모비츠의 제자였던 그는 날마다 그리스 비극을 읽었고, 아가다[Agada][17]를 이해하는 감각을 지니고 있었습니다. 나치가 파기해 버린 그의 저작이 있는데, [다행히도] 몇 부가 보존되었습니다. 『삼천 년을 지나며』라는 에세이 모음집이 그것입니다.[18] 벡의 주저는 잘 알려져 있죠. 『유대교의 본질에 관하여』

---

15) Joseph Klausner, *Von Jesus zu Paulus*(1950), Frankfurt, 1980.
16) 레오 벡(Leo Baeck, 1873~1956). 자유주의 유대교를 이끈 랍비. 뉴욕과 예루살렘 등에 레오 벡 연구소(Leo Baeck Institute)가 세워질 만큼 상당한 영향력을 가진 학자·사상가였다. ─옮긴이
17) 토라의 주석서인 『미드라쉬』(Midrasch)의 한 유형으로, 율법 문제를 주로 다루는 미드라쉬 할라차(Midrasch Halaccha)와 달리 랍비 문헌에 들어 있는 율법적이지 않은 교훈적 이야기에 대한 해석이나 부연을 가리킨다. ─옮긴이
18) Leo Baeck, *Aus drei Jahrtausenden*, Tübingen: J. C. B. Mohr, 1958.

Vom Wesen des Judentums, 이 책은 하르나크의 『그리스도교의 본질에 관하여』*Vom Wesen des Christentums*[19]에 대한 일종의 논박이었습니다.[20] 이 책에서 가장 특징적인 것은 "~과(와)"und라는 단어입니다. 믿음과 [율]법, 이런 식으로 도처에 "~과(와)"가 나옵니다. 저는 이런 식의 조화로운 유형에 별로 끌리지 않습니다만, 어쨌든 이 책은 중요합니다. 벡은 「낭만주의적 종교」라는 논문을 쓴 적이 있는데, 거기서는 바울을 낭만주의자로 다루면서 고전주의-낭만주의적 범주들을 그에게 적용시켰습니다.[21] 대단한 논문은 아닙니다만, 어쨌든 흥미롭긴 합니다. 벡은 테레지엔슈타트Theresienstadt에서 제2차 세계대전을 겪고 살아남아서, 이후로는 이른바 난파한 자Schiffbrüchiger로서, 독일 유대교라는 좌초된 배에서 살아남은 자로서 영어로 「바울의 믿음」이란 논문을 썼지요(제가 알기로 이 글은 학술 서적Wissenschaftliche Buchgesellschaft. 출판사에서 출간한 『현대의 바울상』이라는 책에 게재·인쇄되었습니다).[22]

하지만 이 모든 것들에도 불구하고 바울이 실로 단 한 번도 유대 종교사에 의거해 파악된 적이 없었다는 사실에는 변함이 없습니다. 저는 요아힘 쉡스 씨의 책[23]은 제쳐 놓았는데, 그의 책은 슈트락과 빌러벡이 편집한 책[24]에 근거를 두고 있는 프로테스탄티즘의 산물입니다. 그 책에 대

---

19) 한국어로는 『기독교의 본질』(오흥명 옮김, 한들출판사, 2007)로 번역되어 있다.—옮긴이

20) Baeck, *Das Wesen des Judentums*(1923), 3. Aufl., Darmstadt, 1985; Harnack, *Das Wesen des Christentums*(1900), 2. Aufl., Gütersloh: Mohn, 1985.

21) Baeck, *Die romantische Religion*, Berlin, 1922.

22) Baeck, "Der Glaube des Paulus(Paulus, die Pharisäer und das Neue Testament)", Karl Heinrich Rengstorf, *Das Paulusbild in der neueren deutschen Forschung*, 2. Aufl., Darmstadt: Wissenschaftliche Buchgesellschaft, 1969(Wege der Forschung, Bd. 24), SS. 565~591.

23) Hans Joachim Schoeps, *Paulus: Die Theologie des Apostels im Lichte der jüdischen Religionsgeschichte*, Tübingen: J. C. B. Mohr, 1958.

해서 저는 얘기할 필요를 못 느낍니다. 유대교 진영에서 바울에 관해 쓰여진 가장 중요한 책, 더욱이 가장 심오한 정신에 의해 쓰여진 책인 동시에 공격은 마르틴 부버의 『두 가지 믿음의 방식』입니다.[25] 이 책은 정말로 진지하게 읽어야 할 책인데, 여기서 부버는 제가 가장 의심스럽게 여기지만 동시에 제게 아주 많은 걸 가르쳐 준 한 가지 테제에 의지하고 있습니다. 그러니까 믿음의 방식을 두 가지로 구분하는 것입니다. 에무나emuna라 불리는 유대교적이고 자연적이고 일차적인 신앙이 있는데, 여기서는 인간이 믿음의 관계 속에 거할 수 있는 반면, 다른 믿음의 방식을 따르는 인간의 경우 개종하게 된다는 것이지요. 에무나 안에 있는 인간은 근본적으로 무제약자——이게 뭔지 저는 잘 모르겠습니다만——안에 결합되어 있는 공동체의 한 부분으로서 감싸져 있고 또 [사명을 부여받아] 규정된 삶을 살지만, 믿음을 바꾼 인간은 근본적으로 낱낱의 인간[개인]——이건 부버가 보기엔 나쁜 거죠——이고, 낱낱의 인간이 되는 것이며, 공동체는 이런 낱낱의 인간들이 모여 서로를 얽어맨 연합체로서 생겨날 따름이라는 겁니다. 두 가지 믿음의 방식 중 첫번째, 그러니까 에무나의 모범적인 사례는——부디 주의해서 들어 주시기 바랍니다. 왜냐하면 하이데거를 읽은 사람이라면, 이게 뭔지 생각할 수 있을 테니까요——"믿음의 민족 이스라엘의 초기 시대"에서 찾아볼 수 있다고 합니다. 초기 시대, 믿음의 공동체로 생겨난 민족의 초기 시대에 그런 게 있었다고 한다면, 그건 분명 좋은 거겠죠. 두번째 믿음의 방식, 이건 피스티스pistis라 불리는데요, 무엇에 대한 믿음이란 뜻이죠. 이 믿음의 방식은 그리스도교의 초기 시대에 생겨

---

24) Hermann Leberecht Strack und Paul Billerbeck(Hrsg.), *Kommentar zum Neuen Testament aus Talmud und Midrasch*, München: Beck, 1928.
25) Martin Buber, *Zwei Glaubensweisen*, Zürich: Manesse Verlag, 1950.

났다고 합니다. 그러니까 "땅에 정착해 있던 옛 이스라엘 민족이 파괴되는 과정 속에서 이스라엘의 위대한 아들의 죽음과 그의 부활에 대한 믿음으로 새로이 형성되며 일어난 고대 동방 신앙 공동체의 시대"에 말이죠. 저로서는 이처럼 최초를 신성화하는 하이데거나 부버를 참고 읽어 주기가 어렵습니다. 어째서 초기가 후기보다 더 나은 건지, 저는 잘 모르겠습니다. 리글[26]과 벤야민을 읽으면서 훈련된 사람이라면, 후기 역시 나름의 법칙성을 가진다는 사실을 알 겁니다.[27] 확실히 묵시록은 예언서보다 뒤늦은 겁니다. 묵시록은 예언서를 전제로 합니다. 그것은 정전正典을 전제하고, 해석을 전제합니다. 그렇지만 그렇다고 해서 묵시록이 덜 중요하거나 퇴락했다는 것은 저로서는 따를 수 없는 관점입니다. 부버는 「예언서와 묵시록」이라는 논문을 썼는데, 이 논문은 위와 같은 도식주의를 부조리의 지경까지 몰고 가는 글입니다.[28]

보세요, 그 글의 논지는 이렇습니다. 부버는 당연히 예수를 첫번째, 그러니까 긍정적인 편에 세워 둡니다(물론 이건 매우 어려운 일입니다. 왜냐하면 예수는 예언자라기보다는 종말론자[묵시자]였으니까요). 그리고 바울은 그 반대편에 오는 거죠. 자, 이제 저 [믿음의] 타락 혹은 '~에 대한 신앙', 두번째의 다른 믿음이란 게 어디서 유래하는지를 아시겠지요? "지나고 보니 그게 참이었다는 식으로 인정하고 받아들이는 이 [두번째] 믿음의 원리가 그리스에 기원을 두고 있다는 사실에 대해서는 전혀 설명이 필요 없을 것이다." 여러분, 당연히 이건 설명이 필요한 겁니다. 부버는 이 전

---

26) 알로이스 리글(Alois Riegl, 1858~1905). 오스트리아의 문화사가. ―옮긴이
27) Alois Riegl, *Spätrömische Kunstindustrie*, 2. Aufl., Wien: Österr. staatsdruckerei, 1927, Nachdr. Darmstadt: Wissenschaftliche Buchgesellschaft, 1992.
28) Martin Buber, "Prophetie und Apokalypse", *Merkur* 6, 1952.

체적인 사태의 요점을 피해 가고 있는 겁니다. 다시 말해 '~에 대한 신앙'이란 결코 그리스적인 게 아니라 오히려 **메시아적 논리의 핵심**이라는 요점을 말이지요.

이에 대해 더 설명을 하겠습니다만, 그에 앞서 적어도 제 스승에 대해서 일러 두고 싶은 사실이 있습니다. 부버는 『신약성서』를 전혀 공부하지 않았고, 오직 유대 신비주의에 대해서만, 그러니까, 역시 이곳 FEST의 초청 강연자이기도 했던 게르숌 숄렘[29]에 대해서만, 그가 1938년에 쓴 『유대 신비주의의 주요 흐름들』에 대해서만 몰두했던 것입니다. 아마도 이 책의 헌사를 여러분에게 읽어 드리면 좋을 것 같군요. 그러면 여러분은 이 책에서 어떤 사유가 펼쳐지고 있는지, 그리고 처음 뉴욕에서 출간되었을 당시 단 한 사람도 이 책을 이해하지 못했다는 사정에 대해서 이해할 수 있을 겁니다. "1892년에 태어나 1940년에 죽은 나의 친구, 형이상학자의 깊이와 비평가의 집요함 그리고 학자의 지식을 두루 겸비했던 천재 발터 벤야민을 추억하며." 1941년 뉴욕에서 발터 벤야민이 누군지 알았던 사람은 네 사람 혹은 다섯 사람이 전부였습니다. 한나 아렌트 등이지요. 벤야민 르네상스 ― 덧붙이자면, 이것은 칼 슈미트가 『햄릿 혹은 헤쿠바』를 쓰면서 일으킨 겁니다.[30] 이 책은 처음으로 벤야민의 『독일 비애극의 원천』 *Ursprung des deutschen Trauerspiels*과 비판적으로 대결을 벌인 책이고, 이 대결은 오늘날까지도 가장 흥미로운 대결입니다 ― 가 일어난 오늘날에는 사정이 다르지만 말입니다.

---

29) 게르숌 숄렘(Gershom Scholem, 1897~1982). 독일 출신의 유대인 종교사가. 발터 벤야민의 친구이자 유대 신비주의 연구로 유명하다. 한국어로 번역된 책으로는 『한 우정의 역사: 발터 벤야민을 추억하며』(최성만 옮김, 한길사, 2002)가 있다. ―옮긴이
30) Carl Schmitt, *Hamlet oder Hekuba*, Stuttgart: Klett-Cotta, 1985.

이런 헌사를 담고 있는 이 책은 8장에서 사바티아니즘Sabbatianismus[31]을 다루고 있습니다.[32] 여러분은 이 점을 명심해야 합니다. 그래야 지금부터 제가 하는 이야기를, 그리고 부버 테제의 토대가 어디서부터 흔들리게 되는가를 이해할 수 있습니다. 괜찮으시다면, 그 테제를 약간 단순화시켜 보겠습니다. 만약 유대교에 덕의 목록 같은 게 있다면, 그리고 그런 건 있습니다만, 그렇다면 에무나는 부차적인 역할을 담당할 것입니다. 다시 말하자면, 만약 여러분이 『탈무드』의 교훈서Moralliteratur 혹은 13세기나 15세기 스페인의 교훈서들을 읽어 보신다면——이러한 문헌들은 무수히 많습니다. 현재 예루살렘에는 이걸 가르치는 교수까지 있습니다, 이름이 아마 티슈비Tishby일 겁니다——, 하여간 이 교훈서들을 읽어 보시면, 거기 적혀 있는 지극히 상이한 덕목들 가운데 에무나라는 단어 역시 들어 있음을 알게 되실 겁니다.

사바티아니즘 문헌들에 이 단어는 아주 빈번히 출현하고 있습니다. 우선 통계학적으로만 보더라도 에무나라는 단어는 2절판 책의 매 쪽마다 예닐곱 번씩 마구 등장합니다. 이러한 통계학적 사실은 지극히 시사하는 바가 큽니다. 사바티아니즘 드라마는 그리스도교 드라마의 캐리커처입니다. 여기서 캐리커처란 모방한 것이란 의미가 아닙니다. 잠깐 시간을 들여 그리스도교의 용어로 이것을 설명해 보기로 합시다.

---

31) 본문에서 타우베스가 역사상 가장 중요한 메시아주의적 사건으로 꼽는 것으로, 사바타이 츠비(1626~1676)의 메시아 선포 이후 유럽과 지중해 지역, 그리고 근동 각지에서 거세게 일어난 신앙 운동을 일컫는다. 자세한 사항은 게르숌 숄렘의 『사바타이 츠비: 신비로운 메시아』(*Sabbatai Zwi: Der mystische Messias*)를 참조하라.—옮긴이

32) Scholem, *Die jüdische Mystik in ihren Hauptströmungen*(1941), Frankfurt: Suhrkamp, 1980, SS. 315~355. 또한 Scholem, *Sabbatai Zwi: Der mystische Messias*(1957/1973), Frankfurt: Jüdischer Verlag, 1992도 참조하라.

이 드라마가 어떻게 생겨났는가 하는 점은 제쳐 둡시다. 어쨌든, 1648 년경 우울증을 앓고 있었으며 신비적인 것에 대한 감각이 예민했던 광기 어린 한 남자[사바타이 츠비]가 카발리스트Kabbalist에게 와서 이 광적인 우울증의 상태로부터 벗어나도록 치료해 줄 것을 요청한 일이 있었습니다. 이처럼 광적인 상태에서 그는 고향이었던 조그만 소도시 —— 예루살렘 아니면 스미르나Smyrna일 텐데요 —— 에서 랍비들의 율법을 공공연하게 어겨 버렸던 겁니다. 그런 그가 이 남자, 23살의 젊은 가자 출신의 나탄Nathan von Gaza에게 온 거죠. 나탄은 그에게 말했습니다. "나는 당신을 치료할 수 없다오. 당신의 고통은 메시아적 고통이기 때문이오. 당신 안에는 메시아의 영혼이 섭리하고 계시다오." 그러자 두 사람에게는 **감응성 정신병**folie à deux 현상이 나타납니다. 한 사람은 메시아가 되고 또 다른 사람은 그를 선포하는 자Proklamator가 된 것이었지요. 언젠가 숄렘은 이 가자 출신의 나탄을 세례자 요한과 바울의 혼합형으로 묘사한 적이 있습니다. 감응성 정신병 자체는 그리 흥미로운 현상은 아닙니다만, 어쨌든 이 증세는 전염성을 띠고 있었습니다. 이것은 예멘에서 폴란드에 이르기까지, 그러니까 흩어진 이스라엘 민족의 모든 부족에게 전염되었던 유일한 메시아적 운동Bewegung 이었습니다. 그렇습니다, 제가 여러분에게 들려드린 이런 놀라운 이야기들은 글뤼켈 폰 하멜른이 쓴 책에 들어 있습니다. 이 책에서 그는 [위와 같은 전염병 때문에] 구름을 타고 예루살렘으로 날아가게 될 거라는 소망에 들떠 가진 재산을 모두 팔아 버리는 사람들의 얘기를 들려 줍니다. 이 모든 얘기들은 여러분이 직접 읽어 보실 수 있습니다.[33]

---

33) Glückel von Hameln, *Die Denkwürdigkeiten der Glückel von Hameln*(1923), 4. Aufl., Frankfurt: Athenäum, 1987.

[다시 본래 이야기로 돌아오면] 이제 큰일이 일어난 겁니다. 술탄은 그와 같은 야단법석이 스미르나와 콘스탄티노플 등지의 유대인 게토 지역에서 일어났다는 사실에 매우 언짢아집니다. 그래서 그는 이슬람으로 개종한 한 의사의 충고를 따라 그 '메시아'를 불러와 두 가지 선택지 가운데 하나를 택하라고 말합니다. 죽거나 아니면 이슬람으로 개종하거나 둘 중의 하나지요. 자, 말할 것도 없이 죽는다는 것은 지극히 어려운 일입니다. 하지만 하느님의 이름을 거룩히 하기 위해 죽는 것보다 더 유대인들의 영혼과 뼛속 깊이 새겨진 건 없습니다. 그 일을 위해서라면 굳이 메시아가 되거나 랍비가 될 필요까지도 없습니다. 하느님의 이름을 높이기 위해 보름스의 주민들은 제 손으로 자식들을 죽였습니다. 그래야 아이들이 십자군의 손에 넘어가지 않을 것이기 때문이었지요. 슈파이어^{Speyer}에서도 마찬가지였습니다. 그러니까 죽는다는 건 전혀 문제가 아니었던 겁니다. 그런데 놀라운 일이 일어납니다. 이 '메시아'가 이슬람으로 개종을 해버린 겁니다. 그리고 그는 연금이 보장되는 궁정의 직위를 부여받습니다.

먼저 유대 주민들이 당황했지요. "절대 그럴 리 없어! 귀신에 쒼 게 분명해^{in Wahrheit}." 하지만 진실^{Wahrheit}은 감춰질 수 없지요. 그 '메시아'는 궁정 감옥에 살고 있었고, 그를 따랐던 사람들^{die Getreue}은 그를 찾아갑니다. 자, 이제 물음은 이런 겁니다. "그의 개종은 도대체 무엇이었을까?" 그렇죠, 이건 정말이지 심오한 비밀입니다. 그 '메시아'는 비-순결^{Unreinheit}의 나락으로 내려간 것이었습니다. 바로 이 세상이라는 나락으로요. 이 나락에 순결^{Reinheit}의 불꽃을 틔우기 위해서 말이죠. 이것이 카발라의 표상입니다. 세상은 순결의 불꽃으로 살아가고 있으며, 언젠가 이 불꽃이 온 세상으로 퍼져 나갔다가 다시 한자리에 모이게 되면, 그때에는 비-순결의 세계는 무너질 것이라는 거죠.

두번째 물음은 이렇습니다. "그가 그 일을 한 게 우리를 위해서였던 것일까? 「이사야」 53장이 말한 대로──'그는 우리의 죄를 짊어지셨다'──우리를 위해 그토록 어려운 사명을 감당한 것일까? 혹 그렇다면 우리도 그와 함께 이 세상이라는 나락으로, 이슬람 세계로 내려가야 하는 의무를 지는 것일까?" 이에 대해서는 여러 가지 대답이 있을 수 있습니다. 지금 이 자리에서 그 대답들을 모두 소개할 수는 없지만, 한 가지 공통적인 원리는 분명합니다. 구원이라는 내적 경험은 외적인 파국과 시련에 직면해서 **새롭게[다르게] 해석된다**^{umgedeutet}는 점입니다. [앞서 말한] 문헌들은 재빠르게도 그를 가짜 메시아라고 말하고 있습니다. 나는 이런 짓거리야말로 최고로 멍청한 짓이라고 생각합니다. 우리는 역사 속에서 무엇이 가짜고 무엇이 진짜인지에 대해서 말하도록 소명을 받은 게 아닙니다. 인간들은 그렇다고 믿어 왔지요. 이게 바로 우리의 문제입니다. 그리고 우리는 이걸 이해하는 법을 배워야 합니다. 그러니까 그 문제가 [손쓸 수 없을 정도로] 퍼져 있거나──이것은 또한 높으신 랍비들 대부분, 특히 세파르디계[스페인과 북아프리카 지역의 유대인들] 전통을 따르는 랍비들의 견해이기도 합니다──아니면 처리할 수 있는 방법을 찾을 수 있거나 둘 중 하나인 셈이죠.

사바티아니즘의 역사는 18세기, 아마도 심지어 19세기까지도 이어진다고 할 수 있습니다. 왜냐하면 포돌리아 지방[폴란드와 우크라이나 사이의 국경 지방]에 사는 후손에게 그들의 조상이 겪었던 일과 똑같은 일이 가톨릭 교회와의 관계에서도 일어났기 때문입니다. 이건 하시디즘^{Chassidismus34)}이 생겨나기 이전의 일입니다. 갈리시아[폴란드 남부] 지방에 살던 수천 명의 유대인들──저는 이 사람들을 잘 압니다. 렘베르크 로하틴^{Lemberg Rohatyn}이라는 성씨를 가졌던 사람들로, 유명한 가문이었죠──이 가톨릭으로 개종합니다. 그들은 가톨릭교도가 된다는 데 대해 단 한 번도 생각한 적이 없는 사람들이었습니다. 이들은 반[율]법주의Antinomismus[35]를 신봉한다는 이유로 유대 공동체로부터 박해를 받고 있었고, 교회로 도망쳐 주교의 보호를 요청함으로써 위기를 모면했습니다. 그리고 이들은 보호에 대한 대가로 개종을 했던 것입니다. 개종은 했지만, 그들의 신앙은 포기하지 않았습니다. 그들이 개종한 것은 가톨릭 교회의 파괴적인 힘을 무너뜨리기 위해서였습니다. 이 모든 일이 프랑스 혁명까지, 그리고 그 이후까지 계속되었습니다.

이에 대해 한 가지 구체적인 사례를 통해 말씀드릴 수 있을 듯합니다. 여러분은 쉅스Schoeps라는 유대 이름을 알고 계실 겁니다. 쉅스가 무슨 뜻이죠?[36] 사바타이 츠비는 이 [쉅스라는] 분파에 속해 있었습니다. 유대 공동체 안에서 이 사람들은 '쉅스들'이라고 불렸지요. 그래서 가령 니콜스부르크Nikolsburg에서 토라를 낭독하는 유대인들을 만날 경우 그들의 셔츠를 찢어 봅니다. 그러면 그들의 가슴팍에는 커다란 십자가가 새겨져 있었지요. 매우 흥미로운 막간극의 시기였던 셈입니다. 이 종파가 몰락에 이른 시기는 대략 프랑스 혁명 때였습니다. 하지만 오늘날까지도, 아, 오늘날이라고 하면 과장이겠군요, 그러나 적어도 대략 30년 전까지만 해도 자기 아버지가 이 그룹에 속했었다는 사실을 기억하는 유대인들이 여전히 존재

---

34) 경건한 자들을 뜻하는 히브리어 'Chassidim'에서 유래한 용어로 유대교 내부의 여러 상이한 운동들을 총칭하는 말이나, 일반적으로는 18세기 이후 동부 유럽에서 유행한 신비주의적이고 금욕주의적인 종교 쇄신 운동을 가리킨다. ─옮긴이
35) 노모스에 반대한다는 뜻의 용어로, 철학에서는 내적 모순을 가진 주장을 가리키나 신학에서는 일반적이고 보편적인 구속력을 지닌 [율]법을 거부하는 입장을 가리키는 말로 사용된다. ─옮긴이
36) 독일어로 '거세당한 양' 또는 '머저리'를 뜻한다. ─옮긴이

했습니다. 특히 프라하에 많았지요.

제가 이런 이야기들을 들려드리는 이유는 단순히 일화를 소개하려는 것이 아니라, 여러분으로 하여금 이와 같은 믿음의 방식이 가진 논리에 대해 명확하게 이해할 수 있게 하려는 겁니다. 이 믿음의 방식은 [부버의 생각과는 달리] 그리스적인 것과 전혀 관련이 없습니다. 이들은 그리스어를 알지도 못했고, 다만 게토에 살던 유대인들일 뿐이었습니다. 이들이 살던 세파르디나 아슈케나지Aschkenazi 지역은 그리스어는 물론 그리스 철학 또한 전혀 알려지지 않은 곳이었습니다. 명백한 이치를 거스르는 그들의 역설적인 믿음은 그저 사건 자체의 내적인 논리에 의해 생겨난 것이었을 따름입니다.

바울이 와서 말합니다. "여기 메시아가 있습니다. 여러분은 그가 십자가에 매달려 죽었다는 사실을 알아야 합니다. 이 이야기는 두루 전해졌지요. 그가 죽은 것은 [이 세상 사람들이 그를] 배척했기 때문이었습니다. 다윗의 자손이 여기 십자가에 매달린 것입니다! 이제 여러분은 유대교의 정수에 입각해서 생각해 보십시오. 그는 공동체로부터 배척당하여 저주받은 자가 되어 십자가에 매달렸고 그의 시신은 땅을 더럽히지 않아야 한다는 이유로 저녁이 되어서야 내려질 수 있었습니다."

바울의 이 말은 놀라운 방식으로 로마인들과 유대인들이 생각했던 가치를 완전히 뒤엎었습니다. 물론 모든 사람이 똑같이 받아들인 건 아니었겠지만, 어쨌든 불꽃을 일으키긴 했지요. 이 배척당한 다윗의 자손에 대한 믿음은 사람들이 제각각 얼마나 공로를 쌓았는가 ─ 지금 저는 바울의 스타일로 말하고 있는 겁니다 ─ 와는 아무런 상관이 없습니다. 그 어떤 공로보다도 이 믿음이 더욱 중요한 것이었습니다. [이제] 여러분은 제가 부버[의 오해]를 어떻게 바로잡았는지 이해하셨을 겁니다.

이처럼 역설에 집중하는 메시아 신앙은 천편일률적인 그리스식 신앙과는 아무런 관계도 없습니다. 메시아적인 것의 내적인 논리와 관련된 것이지요. 이 신앙은 모든 공로를 무로 돌릴 만큼 엄청난 무언가가 인간의 영혼에게 필요하다고 말합니다. 신학의 입장이 아니라 종교심리학적 입장에서 관찰한다면 말이지요. 바로 이게 **핵심**point입니다. 부버가 뛰어난 감각을 가진 위대한 인물이었다는 사실을 부인할 수는 없습니다. 그러나 제가 보기에 극도로 중요한 부분에서 부버는 전혀 엉뚱한 방향을 짚었고, 그럼에도 불구하고 그토록 엄청난 확신을 가졌다는 데 대해서 다만 놀라울 따름입니다. 이에 대해서 우리는 게르숌 숄렘에게 배울 수 있습니다. 앞서 말했던 사바티아니즘에 관한 8장에 그는 이러한 내용을 함축적으로 적어 놓았습니다.

숄렘과 거의 매일같이 만나던 시기에 한번은 제가 이런 농담을 던진 적이 있습니다. "숄렘 씨, 어때요, 이 가자 출신의 나탄이라는 사람에 대해 가르치기만 해도 아마 정교수 월급은 충분히 받겠죠?" 제가 생각한 사람은 숄렘이었습니다. "그런데 바울에 대해서 가르치려면 히브리대학에서는 아마 강사 자리도 무리일 테죠!" 하지만 저의 이 말은 그에게 생각거리를 던져 주었고, 그렇게 해서 다비트 플루서[37]가 교수직을 얻게 된 겁니다. 이 사람에 대해서는 얘기할 게 더 있습니다. 플루서의 바울 연구는 중요합니다. 왜냐하면 그는 쿰란Qumran 문서[사해 문서]를 다룬 신학자들에 대해서 아주 잘 알고 있었기 때문이죠. 그러니까 그 사해 문서 그룹 말입니다. 이러한 배경을 가지고서 그는 이원론 안에 새로운 평행주의Parellelen를 설

---

37) 다비트 플루서(David Flusser, 1917~2000). 유대인 종교학자. 팔레스타인 지방 유대교 전통과 사해 문서 연구 전문가였다. —옮긴이

립할 수 있었고, 또 거기에 육체-표상을 결부시킬 수도 있었습니다. 바울에 의해 창립된 초기 그리스도교의 용어를 쿰란-에세네파Qumran-Essenern와 결합시킴으로써 실로 그는 바울과 초기 그리스도교 연구에서 중요한 진전을 이루어 냈습니다.

자, 좋습니다. 이 못난 야콥 타우베스가 여기까지 왔습니다. 그리고 [바울이라는] 이단자를 [유대교라는] 고향으로 다시 데려오는 과업을 시작했습니다. 왜냐하면 저는 그가——아, 이건 개인적인 생각이긴 합니다만——독일, 영국, 미국, 스위스, 혹은 그 밖의 다른 지역들에서 제가 얘기를 나눠 본 그 어떤 개혁주의 랍비나 자유주의 랍비들보다 훨씬 더 유대교적인 사람이라고 느끼기 때문입니다.

바울과 모세,
새로운 신의 백성을
일으켜 세우다

1장 「로마서」의 수신자

1. 로마에 대한 선전포고로서의 복음: 「로마서」 1장 1~7절 독해

오늘 저는 「로마서」의 서두와 말미 부분부터 독해를 하려고 합니다. 말하자면 저는 이렇게 처음과 끝으로 틀을 잡는 것^{Einkadrierung}부터가 이미 이 편지에서 바울이 중요하게 다루는 것이 무엇인지에 대한 긴요한 지침이 된다고 생각합니다. 인사^{Präskript}의 형식이라는 게 관습적인 것이기는 했습니다만, 바울은 거기에 아주 특별한 내용을 집어넣고 있습니다. 그의 인사들은 정말이지 엄청나게 정확합니다. 이 편지를 이해한다면, 우리는 근본적으로 모든 것이 이미 이 인사말에 다 들어 있음을 알 수 있을 것입니다(이건 마치 우리가 『정신현상학』$^{Phänomenologie\ des\ Geistes}$이라는 제목을 이해할 경우 거기 들어 있는 내용을 모두 이해할 수 있는 것과 마찬가지입니다. 나머지는 다 생각할 수 있는 거죠. 또 『존재와 시간』$^{Sein\ und\ Zeit}$이라는 제목에서 포인트가 어디에 놓여 있는지를 이해하는 것도 다를 바 없습니다). 그러면 우리는 이제 이걸 알아야 합니다. "이 편지에는 어떤 내용이 들어 있는가?" 해석학적 순환이지요.

이 시간에 저는 여러분에게 비교 독해를 통해 인사말의 내실Gehalt을 해명해 주고자 합니다. 자, 봅시다.

그리스도의 종, 나 바울은 사도로 부르심을 받아. 여기서 부르심받았다는 것은 선택받았다는 뜻이죠![1]

그러니까 여기서 이야기되는 것은 개종Bekehrung이 아니라 사명[부르심]인 겁니다. 「갈라디아서」 1장 15절[2]이 전해 주는 그의 개종 사건——다마스쿠스Damaskus 체험이라 불리죠——, 이 사건에 대해서 알고 있는 사람은 여기서 개종이 아니라 부르심이 이야기된다는 것, 그것도 「예레미야」의 언어와 문체로 이야기되고 있다는 것을 알 겁니다[1장 5절. "내가 너를 점지해 주기 전에 나는 너를 뽑아 세웠다. 네가 세상에 떨어지기 전에 나는 너를 만방에 내 말을 전할 나의 예언자로 삼았다."——편집자]. 베테렘 에조레하Beterem ezorecha, 네가 태어나기 전에 나는 너를 뽑아 세웠다. 나비 라고임navi lagojim, 민족들을 위한 예언자로. 바울은 이처럼 자신이 사도로 부르심을 받았다고 생각했습니다. 그런데 우리는 여기에 반드시 다음과 같은 사실을 덧붙여야 합니다. 유대인에서 이방인들을 향해 나아가는 사도라는 것을요. 이걸 덧붙이지 않으면 본질적인 부분이 빠져 버리는 겁니다.

부르심을 받아 하느님의 복음을 전하는 특별한 사명을 띤 사람입니다. 이 복음은 『성서』가 증거하는바 일찍이 그분께서 하느님을 말하는 거죠 당신의

---

1) 이 부분부터 41쪽까지의 인용문은 「로마서」 1장의 인용이다.——옮긴이
2) 「갈라디아서」 1장 15절의 내용은 다음과 같다. "그러나 하느님께서는 내가 나기 전에 이미 은총으로 나를 택하셔서서 불러 주셨고."——옮긴이

예언자들을 통하여 약속하신 것입니다. 그것은 다름 아닌 하느님의 아들에 관한 소식입니다. 그분은 인성으로 말하면 다윗의 후손으로 태어나신 분이며.

이게 왜 이렇게 강조되는 걸까요?

다른 어떤 편지에서도 이렇게 강조된 적은 없습니다. 「고린도서」의 도입부에서도 그렇지 않았죠. 거기서는 또 다른 문제, 그러니까 십자가의 지혜가 문제되고 있습니다. 그 밖의 다른 편지들에서도 이렇게 강조된 적은 전혀 없습니다. 여기서는 아주 특별한 것, 다시 말해 예수 그리스도의 계보가 지상의 관점에서 강조되고 있습니다.

거룩한 신성으로 말하면 죽은 자들 가운데서 부활하심으로써 하느님의 권능 안에서 하느님의 아들로 지목되신^{eingesetzt} 분입니다.

지목되었다는 것은 다윗의 후손인 예수가 [이 세상을] 다스릴 권세 [지배권]^{Herrschaft}를 갖도록 임명되었다는 뜻이죠. [왕가의 자손이니까] 그렇게 임명받는 것은 자연스러운 일입니다. 그러나 "하느님의 아들"이란 건 전혀 자연스러운 게 아닙니다. 인정을 받아야 하는 특징이죠. 「시편」2장—왕의 시편이라고 불립니다만—에서 얘기되는 것과 똑같습니다. "너는 내 아들, 나 오늘 너를 낳았노라."³⁾ 이것은 대관식^{Inthronisation}을 거행하는 행위입니다. 그래서 권력자나 왕 혹은 황제가 갖는 속성에 대해 의도적으로 강조하는 게 중요했던 겁니다. 이 속성들은 황제의 지척에 살고 있

---

3) 「사도행전」 13장 33절.—옮긴이

던 로마의 주민들을 향해 강조되고 있습니다. 카이사르 숭배, 카이사르교의 중심지인 로마를 향해서 말입니다.

우리가 은총으로 사도직을 받은 것도 그분을 통해서였습니다. 보세요, 그분을 통해서랍니다!

그렇습니다. 바울에게는 한 가지 문제가 있었습니다. 그는 사도가 아니었던 겁니다! 바울은 예수와 함께 다녔던 열두 사도의 무리에 속하지 않았지요. 그 스스로도 말하고 있지만, 바울은 예수를 전혀 알지 못했습니다. [따라서] 그의 사도직은 전혀 새로운 종류의 것이어야 했습니다. 게다가 바울은 그리스도 신자들을 박해했던 사람이었으니, 그로서는 전혀 정당성을 가질 수가 없었습니다. 그런데도,

내가 은총으로 사도직을 받은 것도 그분을 통해서였습니다. 이것은 모든 이방인들을 하느님에 대한 믿음의 복종으로 이끌기 위한 것이었습니다.

"믿음의 복종"이란 이 표현은 신학자들 사이에서 수없이 논의되었습니다. 제 생각에 그것은 "[율]법의 복종"이란 표현에 대한 도발적인 변주인 듯합니다. [율]법에 대해 인간들은 복종하죠. 그런데 바울은 말합니다. "아니오, 우리는 믿음에 복종합니다." 이게 무슨 뜻인가 하는 것은 아주 긴 주석Exegese을 필요로 합니다.

여러분도 그들과 함께 예수 그리스도의 부르심을 받았습니다. 하느님께서 사랑하셔서 당신의 거룩한 백성으로 불러 주신 로마의 교우 여러분에

게 문안드립니다. 하느님 우리 아버지와 주 예수 그리스도께서 내리시는 은총과 평화가 여러분에게 깃들기를 빕니다.

여기서 여러분은 아무런 놀라운 점도 찾지 못할 겁니다. 왜냐하면 이미 1900년 동안 이 텍스트를 읽어 왔기 때문입니다. 하지만 여러분, 이 편지와 마찬가지로 법에 대해 말하고 있는 다른 편지, 그러니까 「갈라디아서」와 비교하면서 읽어 보시기 바랍니다. 그러면 여러분은 전혀 다른 방식으로 편지가 시작되고 있고, 또 전혀 다른 곳에 강조점이 놓여 있다는 걸 알게 될 겁니다.

나 바울은 사도직을 사람에게서나 사람을 통해서가 아니라 보세요, 훨씬 더 힘을 주어서, 더 도발적으로, 더 공격적으로 자신의 사도직분을 옹호하고 있지요? 예수 그리스도와 그분을 죽은 자들 가운데서 다시 살리신 하느님 아버지로부터 받았습니다. 그리고 나는 나와 같이 있는 모든 형제들과 함께 갈라디아의 여러 교회에 문안드립니다.[4]

『성서』나 예언자를 통해서 정당화하는 말은 전혀 나오지 않습니다. 단 한 마디도요. 대신에,

우리 아버지 하느님과 주 예수 그리스도의 은총과 평화가 여러분에게 내리시기를 빕니다. 그리스도께서는 우리 죄를 짊어지시고 당신 자신을 제물로 바치셨습니다. 이런 내용은 「로마서」의 인사말에는 전혀 쓰여 있지 않죠 우리를

---

4) 「갈라디아서」 1장 1~2절.—옮긴이

이 악한 세상에서 해방시키기 위해서 말입니다. 우리는 「로마서」에서 악한 세상에 대한 얘기를 전혀 찾아볼 수 없습니다 그분은 하느님 우리 아버지의 뜻을 따라서 그렇게 하셨습니다. 하느님 아버지께서 영원토록 영광을 받으시기를 빕니다. 아멘.[5]

이미 알아채셨겠지만, 제가 말하고자 하는 건 ─ 예리한 사람들이 말하듯이 ─ 같은 주제군 안에서 움직이는 이 두 편지가 너무도 다른 방식으로 시작되고 있다는 점입니다. 두 편지를 매한가지라고 생각해선 안 됩니다. 「갈라디아서」에는 결정적인 게 빠져 있습니다. 예언자들을 통해 약속하셨고 『성서』를 통해 확증된바, 인성으로는 다윗의 후손인 그분[예수 그리스도]이 하느님의 권능 안에서 아들로 지목되었다는 사실 말입니다. 이 사실에 대해서는 일언반구 없이 다만 우리 죄를 대신 짊어지시고 당신 자신을 제물로 바치셨고 이로써 우리를 이 사악한 세상으로부터 구원하셨다는 이야기만 있지요. 이건 완전히 다른 어조의 얘깁니다. 다른 편지를 통해서도 마찬가지 사실을 증명할 수 있습니다. 이 인사말 안으로 ─ 『탈무드』적으로 말해서 ─ 침잠해 들어가 보면, 거기에 모든 것이 다 들어 있음을 알게 됩니다. 그러니 그냥 그걸 끄집어내기만 하면 됩니다.

이 편지[「로마서」]는 바울 자신이 직접 세우지 않은 공동체에 보낸 유일한 편지입니다. 그리고, 만약 다른 사도들이 자기가 세운 공동체에 편지를 써 보내면서 슬쩍 발을 들여놓으려고 했다면 바울은 아마 격렬하게 반대했을 겁니다. 우리는 이 사실을 [분명히] 알아야 합니다. 바로 이 때문에 바울은 연미복에 조끼까지 차려입고 한껏 예의를 차리면서 **엄청나게**

---

5) 「갈라디아서」 1장 3~5절. ─ 옮긴이

^{ungeheur} 외교적인 어조로 쓴 것입니다. 살얼음판을 걷는 것이었으니까요. 우선 그는 로마 공동체에 대해서 잘 몰랐습니다. 그는 다만 로마에서 상당히 예민한 문제였던 이방인 출신 신자와 유대인 출신 신자 사이의 갈등[6]에 대해서만 알았을 뿐입니다. 물론 그가 [특정한] 공동체에만 쓴 것이 아니라 로마, 즉 세계-제국의 심장부인 로마 공동체 전체에 편지를 쓴 것은 그의 정치적인 천재성이었습니다. 그는 권력이 어디에 있는지를, 그리고 어디에 대항 권력을 세워야 하는지를 알아채는 데 비상한 감각을 가지고 있었습니다. 그가 순방 여행길에 오른 것은 픽션에 의한 것이거나, 혹은 달리 말하자면, 희망의 표현에 지나지 않았습니다. 다시 말해서 그는 세계의 끝까지 선교를 하려고 했던 것입니다. 세계의 끝, 스페인까지 말입니다. 더욱이 그는 세계의 끝까지 가서, 거기서 **모으려**^{einsammeln} 했습니다. 이 '모집'이 정말로 [세계의 모든] 민족들을 모아들이는 행위이고 그렇게 열방이 모인 곳에는 실로 [예수 그리스도의] 재림이 이루어질 거라고 보았던 요하네스 뭉크의 테제에 우리가 기댈 수 있을지 어떨지는 모르겠습니다.[7] 뭉크처럼 그렇게 문학적으로 이해할 필요는 없겠지만, 어쨌든 그는 그렇게 봤습니다.

바로 「로마서」 전체는 이 같은 소위 순방 여행이라는 픽션을 전제한 텍스트인 겁니다. 교회사를 통해 여러분이 알고 있는 사실, 즉 그가 네로 치하의 로마에서 박해를 받고 결국 죽임을 당했다는 건 사실이 아닙니다.

---

6) 「사도행전」 15장 1~2절에는 안티오키아에서 일어난 싸움이 기록되어 있다. 이것은 할례를 받지 않은 이방인 신자에게 유대인 신자들이 할례를 요구한 데서 비롯된 싸움이다. 로마에서도 마찬가지 갈등이 있었을 것이라고 타우베스는 추측하고 있는 것이다. ―옮긴이

7) Johannes Munck, *Paulus und die Heilsgeschichte*, Kopenhagen: Ejnar Munksgaard, 1954; Munck, *Christus und Israel*, Aarhus-Kopenhagen: Ejnar Munksgaard, 1956.

이 편지가 쓰여진 연대, 그러니까 서기 57/58년——이 점에 대해서 제가 자신 있게 말할 입장은 아닙니다만——을 보면, 우리는 이때가 클라우디우스가 죽은 뒤이자 네로 시대가 시작되던 시대였음을 알 수 있습니다. 우리는 알고 있죠. 클라우디우스가 살해되었고——우리는 강의를 통해서 이 사실을 배웠죠. 물론 저는 그 현장에 없었습니다——원로원은 그에 대한 **신격화 의식**consecratio을 거행했습니다. 이건 말하자면 클라우디우스의 죽음이 일종의 천국 여행으로 해석되었다는 뜻인데, 세네카는 이걸 비웃었습니다. 그리고 젊은 네로가 왕좌에 등극했습니다. 완벽한 의식을 치르면서 말입니다. 종종 말해지듯 네로의 대관식은 카이사르 숭배Cäsarenkult가 치러질 수 있는 한도 내에서 가장 화려한 권력을 자랑하는 동시에 정당성을 내세우면서 치러진 것인데, 이것은 특별히 네로의 배우적 재능에 크게 힘입은 것이죠(오늘날 우리는 배우가 통치한다는 게 어떤 건지를 잘 알고 있죠. 독일의 사례는 재앙으로 끝났는데, 미국의 경우 역시 별다르지 않게 끝날 것 같군요[8]).

잘못 읽힐 수도 있고 또 누구 손에 들어가게 될지도 알 수 없는 상황에서 바울이 로마 공동체에 이런 편지를 보낸 것은 정치적 선전포고였다는 사실을 강조하고 싶습니다. 검열관들은 바보가 아닙니다. 그런 식의 말들로 편지의 서두를 채워 놓다니요. 경건하거나 고요한 어조, 혹은 중립적인 어조로 쓸 수도 있었을 텐데, 이에 대한 고려는 전혀 없습니다. 따라서 저의 테제는 이렇습니다. "이러한 의미에서 「로마서」는 정치신학이며, 카이사르에 대한 정치적 선전포고다." 이 지점에서 브루노 바우어에 대한 얘기를 잠깐 해도 되겠지요. 그는 신약학 분야에서 추방당한 학자입니

---

8) 배우 출신의 대통령인 로널드 레이건(Ronald Reagan)을 풍자하는 말이다. —옮긴이

다(유일하게 오버벡[9]과 알베르트 슈바이처^{Albert Schweitzer}만이 바우어의 **허술한 구성**^{Fehlkonstruktionen}에 들어 있는 천재성을 알아보았습니다). 그러나, 바우어의 책 『그리스도와 카이사르』[10]가 담고 있는 테제들이 개별적으로 봤을 때 모험적인 것이긴 합니다만, 베를린에서 애기되는 것처럼 그의 책은 아주 정확하게 타격을 한 셈입니다. 다시 말해 그는 예컨대 [초기] 그리스도교 문헌들이란 당시 유행하던 카이사르 숭배에 대한 항의였다는 사실을 알아냈던 거죠.

2. 예루살렘과 세계선교의 정당성: 「로마서」 15장 30~33절 독해

자, [처음을 봤으니] 이제 끝으로 가 봅시다. 저는 말하자면 이 편지에 틀을 지으려고^{kadrieren} 하는 겁니다. 끝은 더욱 놀랍습니다. 15장 끝 부분, 30절에서 33절까지 읽어 보겠습니다.

> 형제 여러분, 나는 우리 주 예수 그리스도와 성령의 사랑을 통해 여러분에게 부탁합니다. 나를 위하여 하느님께 간곡히 기도함으로써 나의 싸움을 도와주십시오. 내가 유다에 있는 믿지 않는 사람들에게서 화를 입지 않고 예루살렘으로 가져가는 구제금이 그곳 성도들에게 기쁜 선물이 되도록 기도하여 주십시오. 그리하면 내가 하느님의 뜻을 따라 기쁜 마음으로 여러분을 찾아가 함께 즐거운 휴식을 가지게 될 것입니다. 평화의 하느님께서 여러분 모두와 함께 계시기를 빕니다. 아멘.

---

9) 프란츠 오버벡(Franz Overbeck, 1837~1905). 독일의 교회사가이자 복음주의 신학자. 니체의 친구이자 서신 교환자로 유명하다. —옮긴이

10) Bruno Bauer, *Christus und die Caesaren*(1877), Hildesheim: Olds, 1987.

언뜻 순진한unschuldig 내용처럼 보이지만, 이것은 전혀 순진한 텍스트가 아닙니다. 여기서 중요한 것은 헌금Kollekte입니다. 바울이 마케도니아에서 모금하여 ——동료들과 함께 동행했죠—— **직접** 예루살렘으로 가져가려는 돈 말입니다. 하지만 보세요, 바울은 이 헌금이 [예루살렘의 신도들에게] 받아들여질지에 대해서 전혀 확신하지 못하고 있습니다, 전혀요. 보른캄의 제자인 디터 게오르기[11]는 「고린도후서」에 나오는 바울의 적대자를 다룬 한 논문에서 이 헌금 문제에 대해 몇 가지를 언급한 적이 있습니다. 그 사이에 이 책의 확장판이 영어로 출간되었습니다([제가 산] 책을 직접 보여 드리지요. 그래야 저도 학문 세계에 저 나름으로 세금을 내고 있다는 걸 여러분이 아실 수 있을 테니까요). 아주 뛰어난 책입니다. 이 책에서 제 물음에 대한 대답을 찾지는 못했지만요.[12] 제 물음은 이렇습니다. 만약에 누군가가 기도를 고집하는 예루살렘의 그리스도 신자 공동체에 상당한 액수의 돈을 갖다주었을 때 그들로 하여금 그 돈을 받지 못하게 하는 방해 요소란 무엇일까? 제가 지금 너무 속되게 생각하는 거라면 용서하시기 바랍니다. 도대체 그 방해 요소란 무엇일까요? 무엇 때문에 돈을 받을 수 없는 걸까요?

저의 대답은 아주 근본적인 것이지만 또 단순하기도 합니다. 그것은 더러운[저주받을] 일ein vergiftetes Geschäft이기 때문이죠. 만약에 그들이 바울로부터 돈을 받았다는 사실이 알려진다면, 그건 우선 바울의 지위[사도직]를 정당화하는 것이 될 테고, 그렇게 되면 지속적으로 예루살렘 공동체를

---

11) 디터 게오르기(Dieter Georgi, 1929~2005). 독일의 신학자. 하버드 대학 신학부 교수로 봉직했다.—옮긴이

12) Dieter Georgi, *The Opponents of Paul in Second Corinthians*, Philadelphia: Fortress Press, 1986.

지원해 왔던 유대인 그리스도 신자들이 주머니를 닫아 버릴 게 뻔했기 때문입니다.

누군가 그 돈을 받는다면, 그는 이방인 그리스도 신자로부터 돈을 받는 것이었습니다. 디아스포라의 유대인 그리스도 신자들에게 바울 무리, 바울이 세운 공동체는 육신을 입은 악마였던 것입니다! 유대인이 아니라 유대인 그리스도 신자들에게입니다(유대인들에게 바울은 **골칫거리**trouble-maker였을 뿐입니다. 공동체의 평화와 도시의 평화를 깨뜨렸으니까요. 유대인들로 하여금 반란을 일으키려 한다는 혐의를 받지 않으면서 동시에 황제 숭배를 피해갈 수 있게 해준 미묘한 균형을 바울이 깨뜨려 버린 겁니다. 유대인들의 신앙은 **허용된 종교**religio licita였고, 따라서 그레스도인지 그리스도인지 하는 저희들끼리의 왕을 섬기는 자들을 유대인으로 인정할 수는 없었죠. **문제가** 생기는 걸 원치 않았던 겁니다. 당연한 거죠. 중요한 문제니까요. 이건 오늘날도 마찬가지죠. 변한 건 아무것도 없습니다. 가령 유대인 중앙위원회Zentralrat der Juden 같은 게 그렇죠. 절대 중뿔나게 행동해서는 안 되고 오로지 조용히 눈에 안 떼게 있어야 한다, 이게 바로 디아스포라의 멘털리티입니다).

저는 지금 추상적인 의미에서 1800년 이전까지 행해져 온 바울 텍스트의 주석에 대해서만 이야기하는 게 아닙니다. 그것은 유대교 안에서 오늘날까지도 보존되고 있는 하나의 제도에 대한 것이기도 합니다.

수백 년이 넘도록 유대인들은 팔레스타인에 살았습니다. 거기서 기도하고 거기서 죽었죠. 중요한 것은 예루살렘에는 기도하는 공동체가 구성되었다는 점입니다. 이 공동체는 다른 여러 거대한 지부Zentren들, 가령 러시아-폴란드, 갈리시아, 독일, 헝가리 등을 꼽을 수 있을 텐데요, 이런 지역에 있는 거대한 지부들로부터 경제적으로 지원을 받아 왔습니다. 예루살렘 공동체를 위해 자신들의 헌금을 떼어 주는 것은 흩어진 지역 공동체들의 성스러운 의무에 속했습니다.

오늘날에도 우리는 상이한 연합체^{Assemblée}들 ── '콜렐림'^{Kolelim}이라고 하죠 ──을 구별할 수 있습니다. 헝가리 지부, 러시아 지부, 폴란드 지부 하는 식으로요. 미국으로 이주한 사람들조차도 여전히 그러한 지원 의무를 지닌 공동체로 존속하고 있습니다. 그리고 만약, 이렇게 말해 봅시다, 정통 신자^{Rechtgläubigen}에 속하지 않는 사람으로부터 지원을 받은 사람들이 온다면, 정통 신자들은 지원을 끊어 버릴 겁니다. 그렇게 되면 그 돈을 받은 사람은 당장에는 수백만 달러를 손에 넣게 되지만, **장기적으로는**^{à la longue} 지원금을 전혀 받을 수 없게 되는 거죠.

이건 오늘날도 마찬가지입니다. 잘못된 곳에서 돈이 들어온다면, 그건 더러운 돈입니다. 이와 관련해 한 가지 사례를 이야기해 드릴 수 있겠군요. 로스차일드^{Mayer Amschel Rothschild} 남작이 위대한 역사학자 하인리히 그레츠^{Heinrich Grätz}에게 예루살렘에 학교를 세울 만한 액수의 돈을 보냈습니다.[13] 학생들이 먼지 속에서 퇴락해 가지 않고 통곡의 벽 앞에서 기도하며 자랄 수 있도록 말입니다. 완전히 난리가 났죠! 하느님 맙소사! 또 파리 출신의 로스차일드 남작 ──아마 파리가 맞을 겁니다 ──이 사람이 믿을 만한 사람으로 경건한 유대인이었던 예힐 미하엘 피네스^{Jehiel Michael Pines}를 보냈습니다. 그는 뭔가를 배울 수 있고 이디시어가 아닌 다른 언어로 말하는 걸 배우는 학교를 세우고 싶어 했습니다. 아, 이 사람은 [바로] **아웃**^{out}당했죠. 아예 도시에서 추방당했습니다. 그리고, 송금되기로 되어 있던 돈, 그가 받아서 관리했던 그 돈은 물론 식민지에서 온 것이었죠. 그들[예루살

---

13) '팔레스타인에서의 유대인 고아 교육을 위한 협회'(Verein zur Erziehung jüdischer Waisen in Palaestina)가 1879~1880년 사이에 팔레스타인 독일 고아원을 창립한 사건을 가리키는 듯하다.─옮긴이

렘의 신자들]은 그런 돈에 대해서는 철저했습니다. 전혀 관심을 두지 않았죠. 그들은 오히려 자기들이 살고 있는 그대로status quo를 지키는 데에, 그 상태에서 아무것도 흐트러지지 않도록 하는 데에 훨씬 큰 주의를 기울였습니다. 아시겠지만, 제가 들려드리는 이야기는 결코 문헌–주해Literar-Exegese 같은 게 아니라, 유대 종교 조직의 핵심인 예루살렘 공동체의 구조가 어떤 것이었는지를 역사적으로 구체적인 사례를 통해 환기Erinnerung시켜 드리기 위한 것입니다.

바로 이런 물의를 바울이 일으켰던 겁니다. 그런데 그는 어째서 직접 갔던 걸까요? 그냥 돈만 보낼 수도 있었을 텐데요! 물론 저는 고대 로마에서 송금이 어떻게 처리됐는가에 대해 알지 못합니다. 하지만 어쨌든 바울 씨가 직접 가지 않아도 돈을 보낼 수 있는 방법이 분명 있었을 겁니다. 그가 직접 간 이유는 다름 아니라 [사도로서의] 정당성을 얻기 위해서였습니다. 그러니까 누군가가 직접 돈을 갖다준다면, 그건 단지 동포애Philanthropie 때문만이 아니라 동시에 정당성을 얻기 위한 것이기도 한 거죠. 아니, 결코 동포애 때문이 아니라 전적으로 정당성 때문입니다.

제 생각에, 서기 70년 이전 디아스포라에서 이방인 그리스도 신자들과 유대인 그리스도 신자들 사이의 관계는 정말로 건드리면 바로 쾅 하고 터질 정도로 적대적이고 뭐라 말하기 힘든 그런 것이었습니다. 「사도행전」이 전하는바 안티오키아에서 맺어진 계약은 너무나 애매모호한 것이어서 누구든지 거기서 자기가 원하는 내용을 읽어 낼 수 있었습니다. 저는 예루살렘 공동체, 그리고 이른바 자유주의적 공동체 역시 그 계약에 대해 다음과 같이 읽었을 거라고 추측합니다. "이방인 그리스도 신자들은 그들끼리 식사를 같이하고, 유대인 그리스도 신자들은 따로 식사한다." 확신할 수는 없습니다만, 저는 베드로가 이방인과 유대인의 공동 식사에 동의했다고 생각하지 않습니다. 예루살렘 공동체의 입장에서 봤을 때 저로서는 그런 걸 생각할 수가 없으니까요. 베드로는 예루살렘 출신이죠.[14]

당연히 바울은 다르게 읽었습니다. 우리도 이런 일을 거의 매일 겪습니다. 사람들은 계약을 맺지만 갑과 을은 그 계약을 전혀 다른 방식으로 해석하지요. 만약 이런 일이 없다고 한다면, 정치란 건 있을 수 없을 겁니다. 그리고 바로 바울의 경우 또한 그랬습니다. 제가 다소 드라마틱한 방식으로 바울의 정당화 요구가 가진 정치적 기능에 대해 강조했던 것은 바로 이 때문입니다. 13번째 사도, 그러니까 사도 아닌 사도 바울의 정당성 요구 말입니다. 완전히 새로운 세대인 바울은, 그렇죠, 사도란 게 본래 어떤 건지를 전혀 몰랐습니다. 그는 주님과 함께 있지 않았고, 예수님과 동행하지 않았으며, 개인적으로 전혀 아는 바도 없었고, 심지어 얼굴 한번 본 적도 없는 겁니다. 아무것도 모르는 거죠. 이 때문에 바울은 "선택되었다"라는 단어를 쓴 겁니다. 여기서 적들은 당연히 증거를 요구하게 되죠. 이 증명의 방법에 대해서는, 제 생각으로는, 「고린도후서」가 말해 줍니다.

그러니까 예루살렘에 가는 것은 바울에게는 정당화라는 어마어마한 문제였던 겁니다. 이 문제는 우선 그를 미워하던 [고집스러운] 비신자들, 그러니까 그냥 유대인들로부터의 정당화였습니다. 더욱이 그들은 바울이 디아스포라에서 회당synagoge에 갔던 사실을 잘 알았기에 그를 미워했습니다. "그놈은 대체 어딜 가는 거야? 어디서 사람들을 찾는 거지? 이방인 놈들의 광장에서? 이방인 놈들이 하는 대로 하이드 파크Hyde Park[15]에 서서 이렇게 말할 테지. '저의 하느님은 예수 그리스도입니다. 당신의 하느님은

---

14) 「사도행전」 10~11장을 참조하라. 바울은 「갈라디아서」 2장 11~14절에서 이들을 비난한다.—옮긴이

제우스인가요?'" 그는 회당으로 갔습니다. 그곳은 디아스포라 회당과 똑같이 생겼습니다. 거기에는 유대인들이 있었습니다. 남자들이지요. 분명히 여자들은 어떻든 구석에 몰려 있었을 겁니다. 어떤 모습으로 있었는지에 대해선 잘 모르겠지만요. 거기는 이미 가장 엄격한 랍비들의 규율이 지배하지 않게 되었던 겁니다. 물론 아직 우위를 잃지는 않았지만 말입니다.

그의 예배는 말로 드리는 예배였습니다. 희생 제물이 필요 없었죠. 이 점은 수많은 그리스·로마의 지식인들에게도 매력으로 작용했습니다. 유베날리스[16]를 비롯한 몇몇은 이들이 회당으로 가서 심지어 안식일까지 지킨다면서 비웃었지요. 우리가 주말을 [안식일 혹은 주일로] 지키는 것은 로마인들에게는 매우 우스꽝스러운 것이었습니다. 또 다른 그룹이 있었는데, 이들은 '신을 두려워하는 자들'이란 뜻의 그리스어 세보메노이[sebomenoi]라는 이름으로 불렸습니다. 이들은 유대인이 아니라 이방인이었죠. 이 사람들은 제의가 행해지는 마을과 도시를 떠나 살면서 종교적인 욕구가 생길 때면 회당으로 가곤 했습니다. 회당에서는 매주 토라에 대한 설교가 행해졌죠. 히브리어 아니면 번역을 동반한 히브리어 혹은 심지어 아예 그리스어로도 행해졌습니다. 하지만 그들은 수용자일 뿐이었습니다. 다시 말해 그들은 토라 독해에 참여할 수 없었고 다만 관객에 지나지 않았던 겁니다(왜냐하면 유대인들의 입장에서는 세상이 원래 그런 거니까요. 덧붙이자면 오늘날도 마찬가집니다. 변한 건 아무것도 없는 거죠. 그리고 유대교와 그리

---

15) 영국 런던 중앙부, 버킹엄 궁전 북서쪽에 있는 공원. 원래 웨스트민스터 대성당의 소유로 왕실 사냥터였으나 1637년에 공원이 되었으며, 옛날부터 자유로운 옥외 연설장으로 유명하다. 이 책 일본어판 옮긴이에 따르면, 하이드 파크 정문이 이오니아 건축 양식으로 되어 있기 때문에 타우베스가 언급한 것이라고 한다. —옮긴이

16) 데키무스 유니우스 유베날리스(Decimus Iunius Iuvenalis, 100?~200?), 로마의 풍자시인. —옮긴이

스도교를 서로 이해시키려고 이러쿵저러쿵 떠들어 대는 것은 일고의 언급할 가치도 없는 겁니다. 세계는 **유대인과 이방인**Jews and Gentiles으로 나뉘어 있을 뿐입니다. 그리스도 신자가 있다는 사실, 이런 건 말하자면 전혀 안중에도 없는 겁니다. 누군가 유대인에게 뭔가 색다른 걸 얘기하죠? 그러면 그는 아, 재밌네 하고 그만입니다. 그런 거죠).

유대인의 관점에서 이 세보메노이들은 노아의 족속Bund, 그러니까 **하시드 우모트 하올람**chasside umot haolam, 세계 열방의 경건한 자들, 의로운 자들의 족속에 속하긴 하지만, 거룩한 족속, 선민Bundesvolk에 속하진 않습니다. 할례를 받지 않았으니까요. 그들은 선민Bund이 아닌 겁니다. 왜냐하면 선민은 [노아가 아니라] 아브라함으로부터 시작되니까요. 아브라함과 함께 할례가 시작되고, [이스라엘 민족의] 계보Same와 그 밖의 것들이 시작된 거지요. 바울의 기지機智는 이런 것이었습니다. 가서 말합니다. "그대 아브라함의 자손들이여!" 왜냐하면 아브라함에 관해서는 이렇게 말해지기 때문이지요[「창세기」 15장 6절을 참조하라. "아브라함이 주를 믿으니, 주는 이를 그의 정의로움으로 여기셨다."—편집자]. **베헤에민 바도나이**wehe'emin badonai, 그리고 그는 하느님을 믿었다. **바야흐셰베하 로**wajachschebeha lo, 그리고 이 믿음은 인정받았다. **츠다카**zdaka, 정의로운 것으로서. 정말 어려운 문장입니다. 그러나 아브라함에 대해서 이렇게 얘기되었다는 사실은 접어 둔 채 바울은 묻습니다. 아브라함은 언제 그렇게 의롭다고 일컬어졌는가? 할례 **전**인가 아니면 후인가? 할례 **전**이었던 거죠! 그래서 이렇게 말합니다. "믿는 자는 할례를 받은 것이나 진배없다." 즉 믿음은 공로를 쌓는 것과 다름없는 것입니다.

저의 테제는 이렇습니다. 바울이 그리스도교로 만든 이방인들은 근본적으로 이 세보메노이들로 구성되어 있었던 이들이고, 다른 이방인 그리스도 신자들은 나중에야 합류한 것이다. [이와 관련해] 주목해 볼 만한 문헌학적 증거가 적어도 하나는 있습니다. 이란 지역에서는——저는 잘 모릅니다만, 슐로모 피네스^{Shlomo Pines} 교수가 말해 준 사실입니다——세보메노이와 그리스도 신자들이 공히 타르사^{Tarsa}라고 불렸다는 겁니다.

바울의 시대, 그러니까 [예루살렘] 사원이 파괴되고 2차 공동체가 무너지기 몇 년 전인 바울의 시대에는 자료들이 말해 주는 것——그렇죠, 자료들이란 결국 다 왜곡된 겁니다. 그러니까 우리는 결을 거슬러 읽을 수 있어야 합니다. 이건 오버벡이 우리에게 가르쳐 준 거죠——과는 너무나 다르게 정치적 균형과 경제적 균형 사이에 차이가 있었습니다. 어째서 「로마서」는 살얼음판일까요? 그건 로마 공동체가 무엇보다 우위를 다투는 문제를 가지고 있던 공동체였기 때문입니다. 로마 공동체는 이방인으로만 구성된 고린도 공동체와는 다른 [여러 민족이 섞인] 공동체였기 때문입니다. 로마 공동체는 뒤섞인 공동체였고, 그래서 유대인 그리스도 신자와 이방인 그리스도 신자 사이에 다툼이 있었습니다. 그리고 바울은 어째서 「갈라디아서」에서 그토록 광분했을까요? 바울은 가장 심한 표현을 써서 유대인들을 비난합니다. 뱀이라고 불렀던 거지요.[17] 공동체에 기어 들어와서는, 무슨 짓을 하려는지——악마나 알겠죠——모두 거기 모여 있던 겁니다. 네, 바울이 보기에 유대인들은 공동체에 어깃장을 놓았습니다. 할례를 요구했던 겁니다! 그들이 와서 말합니다. "놀랍군, 저 이방인들도 그리스도를 주로 섬기다니. 하지만 할례를 하지 않는다면 아무 소용없지! 난 절대 당신들과 함께 식탁에 앉지 않을 거야!" 문제는 결국 함께 먹고사는

---

17) 할례 준수를 요구하는 유대인 그리스도교인들이 '뱀'이라 불린 이야기는 「갈라디아서」에는 나오지 않는다. 바울이 논적을 뱀이라고 부른 예는 「고린도후서」 11장 3절에 등장한다.——옮긴이

문제^{Kommensalität}, 함께 식탁에 앉느냐 하는 것이었습니다. 아주 구체적인 문제였지요. [유대인과 이방인이] 같이 먹느냐? 같이 자느냐? 하나의 공동체냐 서로 다른 공동체냐? 이 문제는 지금 우리 눈에 보이는 것과는 달리 전혀 간단한 문제가 아니었습니다. 서기 70년 이후에는 아무 문제가 없었죠 (그리스도 신자들은 2차 성전 파괴를 [유대인에 대한] 하느님의 심판으로 해석했습니다. 성전을 파괴함으로써 진리가 어디 있고 거짓은 또 어디 있는가를 하느님께서 보여 주셨다는 거죠). 이때는 서구의 유대인 그리스도 신자 공동체의 [빳빳한] 목이 유대인뿐만 아니라 이방인 그리스도 신자들에 의해서도 푹 꺾였던 시기입니다. 바울을 심난하게 했던 문제는 바로 그가 이러한 **전환 시기 이전**에 살았다는 사실, 그러니까 공동체들 간의 균형이 전혀 달랐던 시대에 살았다는 점이었죠. 저는 이러한 사실을 취리히 대학을 다닐 당시 블랑케^{Blanke} 씨의 교회사 강의로부터 배웠습니다.

　여러분은 이 점을 분명히 알아야 합니다. 바울의 상황은 거의 전적으로 그의 적들에 의해 짜인 것이었습니다. 그리고 이 적들은 종이로 만들어진 적이 아니었습니다(여러분은 게오르기의 글에서 그의 적들이 고린도와 갈라디아에서 어떤 모략을 꾸몄는지 속속들이 읽어 보실 수 있습니다. 로마는 말할 것도 없지요!). 균형, 바로 이 점에서 저는 고전적인 교회사에 반대하는 겁니다만, 서기 70년 이전의 균형은 [이후와는] 달랐습니다. 이 균형은 유대주의[유대교]^{Judentum} 안에서도 달랐고, 그리고 '그리스도교인'이라는 단어 ——이 단어를 머릿속에 새겨 두길 권합니다—— 는 바울에겐 아직 없었습니다. [균형을 파악하지 못한] 이 근대화, 이 시대착오는 이성적인 『성서』 텍스트 연구의 싹을 모조리 뽑아 버린 겁니다. 저자보다 더 똑똑해지려고 해서는 안 되고, 그가 갖고 있지 않았던, 그리고 갖고자 하지 않았던 개념 아래 [텍스트를] 억지로 구겨 넣으려고 해서는 안 됩니다. 저는 텍스트보다 더 똑똑하고 싶지 않고 다만 텍스트가 말한 게 뭔지, 그리고 거기서 뽑아낼 수 있는 게 뭔지를 보려고 할 따름입니다.

보유: 유대인 그리스도 신자의 운명

여러분은 70년 이후의 상황에 대한 공식적인 견해가 무엇인지 알고 계실 겁니다. 파당黨派에 의해, 유대인들에 의해 산산이 찢긴 페트라Petra[18] 사람들에 대해서 말입니다.[19] 그렇죠, 이때 이 [이방인에 대한] 저주기도Fluchgebet가 18기도문에 들어가게 된 겁니다. 유대 18기도문은 19개의 잠언을 포함하고 있는데, 얌니아[20] [에서의 회합] 이후로 저주기도문이 덧붙여졌습니다. 이 저주기도문에는 여러 가지 버전이 있습니다. 기도책에 대한 검열, 러시아의 기도책에 대한 그리스도교도들에 의한 검열 때문에 이제는 그 어조가 많이 약해지긴 했지만요. 『미쉬나』Mischna[21]라 불리는 버전이 있는

---

18) 요르단 남부 지방에 위치한 마을. 오늘날에는 퇴락했으나 서기 100년경에는 팔레스타인 지방 교통의 요충지로 중요한 위상을 점하고 있었다. ─옮긴이
19) 이 책 영어판의 옮긴이에 따르면, 이 책의 프랑스어판에 대한 한 서평에서 레미 브라그(Rémi Brague)는 다음과 같이 지적했다고 한다. 여기서 타우베스는 오류를 범했는데, 왜냐하면 에우세비우스(Eusebius)의 교회사에 근거하면 유대인 그리스도 신자들이 이주한 곳은 페트라가 아니라 펠라(Pella)이기 때문이다. ─옮긴이
20) 텔아비브야포(Tel Aviv-Yafo)에서 남쪽으로 약 24km, 지중해에서 동쪽으로 약 6km 떨어진 곳에 위치한 도시. '얌니아'(Jamnia)는 그리스어 표기이고, 히브리어로는 '야브네'(Jabneh)라고 표기한다. 팔레스타인인들이 살던 곳이었으나 기원전 8세기 우지아 시대에 유대인들이 차지했다. 야브네 항구는 주민들의 적대적인 반감에 분노한 유다스 마카베우스(Judas Maccabeus, ?~BC 161)에게 침략당하기도 했다. 서기 70년 로마인들에 의해 예루살렘 성전이 파괴된 후 요하난 벤 자카이(Yohannan Ben Zakkai)가 세운 야브네 대학교가 유대인의 가장 중요한 학문의 전당이 되었다. 서기 100년경에는 이곳에서 열린 유대인 랍비 회합에서 히브리어 『성서』가 최종적으로 확정되었다. 또한 12세기 십자군들이 세운 요새가 있다. ─옮긴이
21) '반복'을 뜻하는 히브리어로, 구전되는 토라를 기록한 최초의 책이자 랍비 유대교의 율법 전통을 집대성한 책이다. ─옮긴이

데, 이렇습니다. 누군가 공동체 앞에 나선다면 ——이 말은 히브리어로 요레드 리프네 하-테바jored liphne ha-tewa라고 합니다 ——기도 연단 앞으로 내려가서 18기도문을 따라 낭송하고 어떤 부분에 이르러서는 그 부분을 계속해서 반복한 뒤 다시 또 기도를 처음부터 다시 시작합니다. 그러나 만약 그가 저주기도 부분을 반복한다면, 그는 연단을 떠나야 합니다. 셰마 민schema min이라고 하죠. 아마도 그는 이단자Häretiker일 것이기 때문입니다. 저주기도문에서는 반복을 해서는 안 됩니다. 이건 엄청난 일입니다. [이 규칙은] 유대인 공동체에서 유대인 그리스도 신자들을 쫓아내기 위해 고안한 거라고 얘기될 정도니까요.

며칠 전에 저는 예루살렘에서 온 스트룸사[22]와 이야기를 나누었습니다. 그는 예루살렘 출신의 시릴[23]이 한 설교들에 대해 연구했는데, 다음과 같은 사실을 알게 됐다고 합니다. 시릴이 [설교에서] "유대인"이라고 말할 때, 그가 실제로 의미한 것은 '유대인 그리스도 신자'였다는 겁니다. 이들은 예수를 인정했지만, 예수가 받게 된 그리스도라는 일반적 칭호에 대해서는 그렇지 않았습니다. 이것은 4세기의 일입니다. 스트룸사는 교부들에 대해서 완전히 새롭게 읽어야 한다고 하더군요. 그들이 유대인이라고 말할 때 유대인을 뜻하는 건지 아니면 유대인 그리스도 신자를 가리키는 건지에 대해서 말입니다.[24]

우리는 이러한 공동체들이 동로마 제국에서 쇠퇴기를 맞았다는 사

---

22) 기 G. 스트룸사(Guy G. Stroumsa, 1948~). 파리 출신의 종교학자. 2012년 현재 예루살렘 히브리대학 비교종교학 교수이다.—옮긴이
23) 예루살렘 출신의 시릴(Cyril of Jerusalem, 313?~386). 초대 교회의 신학자.—옮긴이
24) Guy G. Stroumsa, "Vetus Israel: Les juifs dans la littérature hiérosolymitaine d'époque byzantine", *Savoir et salut*, Paris: Le cerf, 1992, pp. 111~123.

실을 교부들이 쓴 원전을 읽어 알고 있죠. 그렇지만 그건 당시 역사를 온전히 말해 주는 게 아닙니다. 세계사는 로마 국경에서 끝나는 게 아니니까요. 우리 유대인들의 역사는 결코 팔레스타인에서 끝난 게 아닙니다. 그 이후 바빌로니아로 옮겨 가서도 계속되죠. 바빌로니아에서 다시 스페인으로, 그리고 또 다른 여러 곳으로 이어집니다. 아랍의 모든 지역은 열려 있죠. 하지만 그곳은 오늘날처럼 사막 지대가 아니었습니다. 그곳에는 번창하는 도시들이 많았습니다. 유대인 그리스도교 신자들이 다수였건 아니면 전적으로 그들로 구성되었건 간에 [유대인 그리스도교] 공동체들은——제 생각으론 이 사실에 대해서 신학을 공부한다는 머리들은 아무것도 모르고 있습니다——수가 굉장히 많았고 권력도 막강했으며 교회사에서 공식적으로 인정하는 것보다 훨씬 오래 유지되었습니다. 오늘날 우리는 유대인 그리스도교 신자들에 대해 다루는 아랍 수기들을 통해 이 공동체들이 10세기까지 존속해 있었다는 증거를 갖게 되었습니다. 지나가는 길에 말하자면, 이 사실은 이슬람의 전사前史를 획기적으로 뒤집는 것입니다. 왜냐하면 무함마드는 유대교적 전통과 그리스도교적 전통을 함께 내버린 게 아니라 비상한 머리로in seinem heißen Koppe 이것들을 뒤섞었고, 또 뭔가를 새롭게 창안한 게 아니라 너무나 정확하게 유대인 그리스도교 전통 속으로 빠져 들어가서 그것들을 『코란』으로 재탄생시킨 것이었기 때문입니다. 하지만 이건 단지 지나가는 말입니다. 여기에 대해서는 이야깃거리가 아주 많긴 합니다만, 저는 여러분에게 그걸 말해 줄 자격을 가진 시리아-아랍 지역 전공 교회사 학자가 아니니까요. 이 사실은 슐로모 피네스 교수가 예루살렘의 한 강연에서 확인시켜 준 사실입니다.[25] 쉽스[26]와 슈트레커[27]가 쓴 선동적인 책들이 있긴 합니다만, 이제 그런 책들은 다 잊어버려도 됩니다. 사태는 새로운 차원으로 진입하게 되었고, 전적으로 새롭게 접근할 수 있게 되었으니까요. 하지만 이건 저의 과제는 아닙니다. 피네스는 종교사가인 동시에 철학자이기도 합니다. 아주 진귀한 재능이죠. 저는 이렇게 말할 수 있습니다. 제가 학창 시절 이후로 뭔가를 배웠다면, 그건 결국 게르숌 숄렘에게서 배운 것이고요, 요즘 제가 뭔가를 배웠다면 그건 피네스에게서 배운 겁니다. 최근 몇 년간 그는 제게 종교사적 통찰을 갖게 해주었습니다.

---

25) 샤케드(Shaul Shaked)의 친절한 정보 덕분에 이 강연문이 다음의 책에 실려 있음을 알게 되었다. *Transactions of the Israelic Academy of Sciences and Humanities* vol. II. 또한 Shlomo Pines, "Notes on Islam and on Arabic Christianity and Judaeo-Christianity", *JSAI* 4, 1984, pp. 135~152도 참조하라. '타르사'——샤케드가 알려 준 사실이다——는 페르시아어다. John. G. Gager, "Jews, Christians and the Dangerous Ones in Between", Shlomo Biderman and Ben-Ami Scharfstein(eds.), *Religion in Interpretation*, Leiden: E. J. Brill, 1992, pp. 249~257도 참조하라.

26) Hans Joachim Schoeps, *Theologie und Geschichte des Judenchristentums*, Tübingen: Mohr, 1949.

27) Georg Strecker, *Das Judenchristentum in den Pseudoklementinen*, Berlin: Akademie-Verlag, 1958.

2장 노모스: 법과 정당화
—「로마서」8~11장 독해

여러분은 모두 「로마서」에서 [율]법이 중심적인 기능을 갖는다는 사실을 아실 겁니다. 어째서 그런 걸까요? 그렇죠, 이미 여러 번 반복했지만, 그건 로마 공동체가 바울이 세운 공동체가 아니었다는 점, 공동체를 세운 목자가 공동체에 대한 걱정 때문에 겪게 되는 역경이 아니었다는 점, 먼 거리에서 써 보낸 편지라는 점 때문이지요. 그는 이 편지를 평온한 상태에서 침착하게 그리스어로 썼습니다. 「갈라디아서」의 격렬한 어조와 비교해 본다면 말이죠. 「갈라디아서」에 쓰여진 뾰족한 언어부터가 이미 그의 정신이 격분해 있음을 보여 줍니다.

　저는 여기서 다음과 같은 테제를 세워 보고 싶습니다. "「로마서」에 나타난 [율]법의 개념—이건 결국 정치신학이죠——은 로마 제국^{Imperium} ^{Romanum}에 대한 협상안이었다." [로마에 있던] 그토록 상이한 종교 집단들, 특히 가장 심한 게 유대인들이었는데요, 왜냐하면 유대인들은 카이사르 숭배에 참여하지 않았음에도 **허용된 종교**$^{religio\ licita}$를 가졌기 때문이죠(사람들은 이렇게 생각했습니다. 이 이상 더 나아가면 안 된다. 그것은 전혀 무의미한 짓이다. 반란을 일으키거나 아니면 알렉산드리아에서처럼 떼죽음을 당할 것이다. 이것에 대해서는 필로[1]가 이야기했죠. 그러니까 허용된 종교라는 것은 매우 중요했던 겁니다). 이 집단들은 로마 지배[권력]에 상당한 위협으로 보였습니다. 그런데 모종의 아우라가, 헬레니즘 세계에 보편적인 어떤 아우라가 있었죠. 그게 노모스Nomos의 신격화Apotheose라는 아우라입니다. [당시] 사람들은 이교적으로heidnisch 노모스를 찬양할 수 있었습니다. 이 신격화를 ─ 그러니까 그리스-헬레니즘적인 걸 말하는 겁니다 ─ 사람들은 로마식으로도 유대식으로도 할 수 있었던 겁니다. 법이라는 개념에 대해 모두가 제가끔 자신이 생각한 대로 이해한 거죠. 필로를 보고, 요세푸스[2]를 보세요. 법이 본질입니다.

광범위한 자유주의 유대교[유대주의]Judentum가 있었습니다. 알렉산드리아와 그 주변 마을에 퍼져 있던 유대주의죠. 일종의 선교 철학Missions-philosophie이 노모스-신학의 형태를 띤 채로 여기에 속해 있었습니다. 이 철학에서 [법은] 때로는 인격적인 특성을 띠었고, 또 때로는 비인격적인 걸로 여겨지기도 했습니다. 하지만 어쨌든 실체화되었죠hypostasiert. 어쨌든 이런 철학 혹은 신학이 로마 제국에 법과 질서를 준 셈입니다. 그렇죠, 세계 내전을 치른 뒤 아우구스투스 시대에 들어서서는 아주 오랫동안 평화 시대를 구가하던 로마 제국 말입니다. 그리고 여기에는 모두가 평등하게 참여했습니다.

이 알렉산드리아 유대교를 다룬 책들이 있습니다. 신뢰할 만한 모리츠 프리틀렌더Moritz Friedländer가 19세기 후반에 쓴 것인데, 이 책들은 제대로 평가를 받지 못했습니다. 그는 이 새로운 종류의 유대교를 19세기 유

---

1) 필로(Philo, BC 20~50). 알렉산드리아에서 활동했던 헬레니즘 유대교의 대표적인 철학자. ─옮긴이

2) 플라비우스 요세푸스(Flavius Josephus, 37/38~100?). 로마에서 활동한 유대인 역사가. 『유대전쟁사』(박찬웅·박정수 옮김, 나남, 2008)라는 책으로 유명하다. ─옮긴이

럽 지역의 디아스포라에 직접 세우려 했습니다. 그는 랍비들에게는 물론이고 에밀 쉬러[3]에게도——물론 그 이유에 대해서는 저도 알지 못합니다만——눈엣가시였죠. 쉬러는 그를, 흔히 말하는 방식을 따르자면, 학문적으로 절멸시켜 버렸습니다.[4] 하지만 숄렘과 저는 나직이 속삭이곤 했습니다. "쉬러가 뭐라든, 옐리네크[5]가 뭐라든,[6] 프리틀렌더를 읽어 보면 거기서 진주를 찾을 수 있지"(혹시 이 알렉산드리아 유대교에 대해서 공부를 하려는 사람이 있을지도 몰라서 더 말씀드리자면, 이건 매우 어려운 주제입니다. 왜냐하면 세련된feinlackierten 궁정 철학자 필로는 제쳐 놓더라도 이차적인 것들을 공부하는 것만도 결코 수월한 일이 아니기 때문입니다).[7]

바울이 "[율]법"이라고 말했을 때 무엇을 의도했는지를 식별해 낼 만한 능력이 제게는 없습니다(제 생각에 그런 능력을 얻는 건 결코 쉬운 일이 아닙니다). 토라를 의미한 걸까요, 세계법Weltgesetz을 가리킨 걸까요, 자연법Naturgesetz을 생각한 걸까요? 이 [율]법이란 말에는 이 모든 뜻이 다 들어 있습니다. 하지만 이건 바울의 잘못이 아닙니다. 그 시대의 분위기Aura가 그랬던 겁니다. 이 바울이란 사람은 그 시대의 보편성Universalität을 숨 쉬고 있었던 듯 보인다, 라고 불트만의 책[8]은 말하지요. 하지만 그게 정확히 무엇을 지칭하는지에 대해선 한마디도 없습니다! 바울은 저 그리스적-유대교

---

3) 에밀 쉬러(Emil Schürer, 1844~1910). 독일의 프로테스탄트 신학자.—옮긴이

4) Emil Schürer, *Geschichte des jüdischen Volkes im Zeitalter Jesu Christi*, Leipzig: J. C. Hinrichs, 1901~1911.

5) 아돌프 옐리네크(Adolf Jellinek, 1820/21~1893). 독일의 유대인 학자이자 자유주의 랍비로 유명한 설교가.—옮긴이

6) Adolf Jellinek, *Bet Ha-Midrasch: Sammlung kleinerer Midraschim*, Jerusalem: Wahrmann, 1967.

7) Moritz Friedländer, *Geschichte der jüdischen Apologetik als Vorgeschichte des Christentums*, Leipzig, 1900/Zürich: Caesar Schmidt, 1903.

적-헬레니즘적 선교 신학Missionstheologie이 맺어 놓은 타협안Konsensus에서 빠져나오려 발버둥을 쳤던 겁니다. 이 타협안은, 제가 보기엔, 아주 광범위하게 유포되어 있었습니다. 그러니까 바울은 광신도였던 셈이지요! 바울은 열심당원Zelot[9), 유대 열심당원Judenzelot이었고, [그래서] 그가 이런 행보를 보인다는 건 정말이지 엄청난 일이었던 겁니다. 그가 [수많은] 영혼들을 위해 투여한 노력은 이 거대한 노모스-자유주의Nomos-Liberalität를 위한 것이 아니었습니다. 그는 전혀 자유주의자가 아니었습니다. 이 점에 대해서 저는 확신합니다. 저는 여지껏 그 어떤 자유주의에도 현혹된 적이 없습니다. 고대의 자유주의건 중세의 자유주의건, 또 완전히 다른 것이긴 하지만 근대의 자유주의에도 빠져 본 적이 없습니다. 바울은 [법과 종교라는] 동일한 문제에 대해 완전히 다른 어떤 것으로, 다시 말해 항의Protest로써, 가치의 탈가치화[가치 전복]Umwertung der Werte로써 대답했던 사람입니다. 즉 지배자[황제]Imperator는 노모스가 아니라, 노모스 때문에 십자가에 매달린 사람[예수 그리스도]이라고 말한 겁니다. 이건 정말이지 엄청난 것이죠. 그리고 이에 비하면 다른 모든 시시한 혁명가들은 아무것도 아닙니다! 이 가치 전복은 유대교적-로마적-헬레니즘적 고위층-신학Oberschicht-Theologie을 발칵 뒤집어 놓았습니다. 헬레니즘이 요리해 놓은 잡탕Mischmasch을 완

---

8) 루돌프 불트만(Rudolf Bultmann, 1884~1976). 독일의 복음주의 신학자로, 하이데거와 절친한 사이였다. 『신약성서』에 대한 탈신비화 주석을 제안한 것으로 유명하다. 타우베스가 언급한 이야기는 불트만의 저서 『신약성서학』(*Theologie des Neuen Testaments*, 1948~1953) 2부 16장 서두에 나온다. 『바울의 정치신학』 일본어판 옮긴이에 따르면, 불트만에 대한 타우베스의 해석이 정당한 것은 아니라고 한다. ─옮긴이

9) '열심인', '열심히 하는'을 뜻하는 그리스어 형용사 zelos에서 파생된 명사 zelotes에서 유래하는 표현이며, 그 복수형 명사가 로마 제국의 지배에 무장 저항했던 그룹 젤로타이(zelotai)이다. 바울 자신이 이 용어로 스스로를 부르고 있는 곳은 「사도행전」 22장 3절, 「갈라디아서」 1장 14절, 「빌립보서」 3장 5~6절이다. ─옮긴이

전히 뒤엎어 버린 거지요. 바울도 보편주의의 공기를 숨 쉬었다는 건 분명합니다. 하지만 이건 십자가에 못 박히신 분이 말한 바늘귀를 통과함으로써 도달한 보편주의입니다. 그리고 이 말은 이 세계의 모든 가치를 탈가치화했다는 뜻입니다. 그러니까 **선한 덕목의 집대성**^{summum bonum}이라고 하는 노모스와는 아무 관계가 없는 겁니다. 때문에 바울의 말은 최고의 폭발력을 자랑하는 정치적 폭탄을 적재한 것이었던 셈이죠. 그리고 이 점은 그의 언어에서부터 드러납니다. 저는 여기 이렇게 앉아서 텍스트를 읽고 이렇게 자문해 봅니다. "이렇게 [로마에 대해] 유죄 판결을 언도하는 편지를 로마로 보낸다는 건 미쳤다는 뜻이 아닐까? 어째서 그는 인사말에서부터 곧장 카이사르 반대^{Anti-Cäsar}를 외치고 있는 걸까? 이건 정말이지 대놓고 검열에 걸리겠다는 뜻이잖아!" 그러니까 이건 보편주의입니다. 이스라엘 백성의 선택을 뜻하는 보편주의죠. 즉 이스라엘은 이제 바뀔 텐데, 그렇게만 되면 결국에 가서 [이 세상은 로마가 아니라] **"파스 이스라엘"**[이스라엘 세상]^{pas Israel}이 된다는 겁니다. 바울이 **파스**^{pas}, **판**^{pan10)}이라는 단어를 쓸 때는 정말로 매우 신중하게 생각해야 합니다. 키워드^{Schlüsselwort}니까요. 저 스스로가 만족할 만큼 엄밀하게 「고린도서」를 연구한 뒤 저는 이렇게 결론지었습니다. 「고린도전서」 1장에서 14장까지를 포괄하는 전체적인 짜임새는 이 파스라는 단어를 둘러싸고 있다고 말입니다. 그리고 우리가 이 단어를 인식^{Erkenntnis}과의 연관하에서 본다면 잘못이고, 오히려 사랑^{Liebe}과 연관지어 보아야 옳다고 말입니다. 「고린도전서」 13장은 확실히 서정적 찬가이지만, 또한 동시에 이론적으로 엄청나게 견고한 텍스트이기도 합니다. 이 텍스트 안에는 감상적 키치라고 볼 만한 부분이 단 한 곳도 없습니다

---

10) 그리스어 pas는 남성 단수 주격, pan은 중성 단수 주격이다. ―옮긴이

(저는 이 점을 베를린의 학생들, 신학이 아니라 철학을 공부하는 학생들에게 가르쳐 준 적이 있습니다).

때문에——그리고 이게 저의 테제인데요——법에 대한 바울의 비판은 그가 바리사이들과 나눴던 대화, 그러니까 자기 자신과 나눈 대화[11]인 셈이죠. 그에 대한 비판만이 아니라 그 자체로 자신이 살던 지중해 세계와 나눈 대화에 대한 비판이기도 합니다. 확실히 바울은 과거에 바리사이였습니다. 이 역시 뭔가 정상적인 건 아니죠. 저는「사도행전」을 부인하는 사람을 여럿 알고 있습니다. 거기에 쓰여 있는 모든 것은 거짓임이 틀림없다는 거죠. 저는 이런 거짓말을 명예로 삼는 신약학자들을 알고 있습니다. 저로선 저 거짓말을 받아들일 수 없는 아주 명백한 이유들이 있습니다.

바울이 사망한 지 20년 혹은 30년이 지난 뒤에 글을 썼던 사람은 누구라도——바울은 가말리엘Gamaliel에게서 사사했고, 거기에는 바울을 [개인적으로] 알던 사람들이 아직 있었습니다——바울이 책임질 수 없는 것에 대해서는 단 한 줄도 쓰지 않았다는 사실을 알았을 겁니다. 저는 불트만의 비판적인 제자들이 쓴 것보다는 이 텍스트들을, 특히 [바울 이후] 2세대들이 쓴 이 텍스트들을 믿는 편입니다. 분명「사도행전」은 변론입니다. 하지만 이 변론은 현실의 바위들로 축조된 것이죠! 거짓말로 변론을 꾸며 낼 수는 없습니다. 만약 그렇게 하려 한다면 뭐라고 말할 수 있겠습니까? 거짓말은 다리가 짧아서 오래 못 갑니다. 변론은 진실의 무대 위에서[만] 세워질 수 있습니다.

저는 바울이 디아스포라-유대인이라는 가설에 더 끌립니다. 그의 집안이 팔레스타인에 뿌리를 두고 있고 또 그가 벤야민Benjamin 지파 출신이

---

11) 바울은 바리사이파에 속하는 유대인이었다.——옮긴이

라는 점에도 불구하고 말입니다. 바울 자신이 벤야민 지파에 속한다고 말했죠. 만약 그가 갈릴래아 전통에 속하는 사람이었다면, 저는 그가 스스로를 열심당원^{Zelot}이라 지칭하는 걸 아주 당연하게 받아들였을 겁니다.[12] 열심당원이란 열심히 하는 사람^{Eiferer}, 즉 [율]법을 지키기 위해 열심인 자를 뜻하죠. 하지만 이 열심당원이란 또한 **전문 용어**^{terminus technicus}이기도 합니다. 전문 용어로서의 열심당원이란 말이 처음 등장한 것은 요세푸스에게서였다는 점은 굳이 말할 필요가 없을 듯하군요. 분명히, 이 말은 요세푸스가 썼습니다. 왜냐하면 그는 열심당원들에 대해 글을 썼으니까요. 하지만 바리사이들이 보인 열심당원으로서의 면모는 뭔가 확고한 것이 아니었고 그보다는 다소 오락가락하는 것이었습니다.

여기서도 우리는 실제 현실을 참조함으로써 뭔가를 배울 수 있습니다. 만약 여러분이 이스라엘로 여행을 떠나서 한번 둘러보신다면 ─ 여기서 본다는 건 여러분이 볼 수 있는 눈을 가졌다는 뜻이겠죠 ─ 그러면 여러분은 일체 **미국 대학 출신의 젊은이들**^{american college boys}로 구성된 열심당원 그룹을 볼 수 있을 겁니다. 이들은 모종의 미국식 반쪼가리 교양^{Halb-Bildung}을 익힌 사람들입니다. 최고의 대학들, 가령 하버드 등등의 대학에서요. 그러고는 돌아와서 **코스림 비-츄바**^{chosrim bi-tschuva}라는 집단으로 모여 활동하는 거지요. 이 말의 뜻은 '돌아온 자'^{Zurückkehrer}입니다. 귀환한 삶을 사는 거죠. 처음에 그들은 경탄을 받았습니다. [그러나] 시간이 흐르면서 그들은 골칫거리가 되었죠. 왜냐하면 그들은 미국인들이 하듯이 거들먹거릴 뿐 아니라 뭔가 하고 싶은 일이 생기면 거친 방법을 서슴지 않기 때문입니다. 그러니까 이런 종류의 디아스포라-유대인 열심당원, 마음속으로 "너

---

12) 「갈라디아서」 1장 14절, 「빌립보서」 3장 5~6절을 참조하라. ─옮긴이

희보다 내가 더 고결하다"Holier than Thou[13]고 생각하는 이런 유의 인간들을 우리는 오늘날에도 말하자면 눈앞에서 보고 있는 셈입니다. 그런 냄새를 맡을 수 있죠. 하지만 저는 여러분에게 이런 걸 가르쳐 드릴 수는 없습니다. 왜냐하면 그럴 경우 여러분이 저 성지를 방문할 때 그 [성스러운] 세계와 친밀해질 수 없을 테니까요.

그러니까 바울은 이런 유의 인간이었습니다. 그는 가족에게 등 떠밀려서 예루살렘으로 오게 된 디아스포라-유대인이었던 겁니다(저는 쾨스터나 빌켄스[14]의 비판서들보다 「사도행전」이 더 믿을 만하다고 생각합니다).[15] 그리고 니체가 바울에게서 발견한 것, 즉 가치의 탈가치화를 행하는 데 있어서의 천재성은 바로 이 [율]법 개념에 대한 비판에 들어 있는 것이죠. 상이한 세계들 안에서 「로마서」의 비판——특히 1장 18절의 말씀, 그러니까 **오르게 테오우[하느님의 분노]**orgé theou와 더불어——이 개시됩니다. 웅장한 푸가 연주가 시작된 거죠. 5장과 7장을 거쳐 이 푸가는 8장에 이르러 커다란 환희로 끝납니다. 이제 직접 펼쳐서 읽어 보시길 권합니다.

「로마서」 8장에서 중요한 건 정당화Rechtfertigung의 문제입니다. [여기에는] 바울이 고소Anklage를 당해 있다는 전제가 깔려 있습니다. 고소당한 상태가

---

13) 시어도어 드라이저(Theodore Dreiser)의 소설 『금융가』(*The Financier*, 1912)에서 주인공의 태도를 특징짓는 말로 등장한 뒤 독선적 태도를 지칭하는 일반화된 표현이 되었다. —옮긴이

14) Helmut Köster, *Einführung in das Neue Testament*, Berlin: de Gruyter, 1980; Ulrich Wilckens, *Die Missionsreden der Apostelgeschichte*, 3. Aufl., Neukirchen: Neukirchener Verlag, 1973.

15) 「사도행전」 22장 3절을 참조하라. "나는 유대인입니다. 나기는 길리기아의 타르소에서 났지만 바로 이 예루살렘에서 자랐고 가말리엘 선생 아래에서 우리의 조상이 전해 준 율법에 대해서 엄격한 교육을 받았습니다. 그리고 내가 하느님을 공경하던 열성은 오늘 이 자리에 모인 여러분의 열성에 결코 못지않았습니다." —옮긴이

아니면 [자기를] 변호할 필요가 없죠. 고소당하지 않았는데도 자기를 정당화하려 애쓰는 사람을 저는 본 적이 없습니다. 카프카를 생각해 보세요. 『성』*Das Schloß* 이나 『소송』*Der Prozeß* 같은 작품들 말입니다. 그게 바로 이런 상황인 거죠. 그는 자기가 무슨 일을 했[기에 잡혀 왔]는지 모릅니다. 그렇지만 무슨 일인가가 일어난 겁니다. 8장 끝부분, 31절부터 읽어 보겠습니다.

> 그러니 이제 우리가 무슨 말을 하겠습니까? 하느님께서 우리 편이 되셨으니 누가 감히 우리와 맞서겠습니까? 우리 모든 사람을 위하여 당신의 아들까지 아낌없이 내어 주신 하느님께서 그 아들과 함께 무엇이든지 다 주시지 않겠습니까?

"무엇이든지"[모든 것]란 말에 주목해 주시기 바랍니다. 판^pan입니다. 저는 이 단어가 바울의 근본 어휘라고 생각합니다.

> 하느님께서 택하신 사람들에게 누가 감히 죄를 덮어씌우겠습니까? 그들에게 무죄를 선언하시는 분이 하느님이신데.

> 그러니까 하느님께서 택하신 사람들에게 감히 죄를 덮어씌울 수 있는 사람이 누구겠냐는 말이죠?

> 누가 감히 단죄하겠습니까? 그리스도께서 단죄하시겠습니까? 아닙니다. 그분은 오히려 우리를 위해서 돌아가셨을 뿐 아니라 다시 살아나셔서 하느님 오른편에 앉아 우리를 위하여 대신 간구해 주시는 분이십니다. 누가 감히 우리를 그리스도의 사랑에서 떼어 놓을 수 있겠습니까?

여기서 이제 묻게 됩니다. 대체 누가 그럴까?

환난이나 역경이나 박해나 굶주림이나 헐벗음, 혹은 위험이나 칼입니까? 우리의 처지는 "우리는 종일토록 당신을 위하여 죽어 갑니다. 도살당한 양처럼 천대받습니다"[16]라는 『성서』의 말씀대로입니다.

이것 역시 유대 전례^{Liturgie}에서 가져온 문장입니다. 그리고 저는 사람들이 바르샤바 게토에서 봉기를 일으킨 이들과 「시편」이 말한 그대로 도살당하는 양처럼 죽임당한 수백만 명의 이들을, 그들이 영웅적이지 못했다는 이유로 도외시하는 걸 볼 때면, 가장 커다란 슬픔을 느낍니다. 오늘날 우리가 목도하는 이 새로운 영웅주의에 대해서는 저로선 전혀 귀 기울이고픈 마음이 없습니다. 저는 다만 위와 같은 멘털리티를 가지고서 살고 또 죽길 원하는 사람 가운데 한 명이고 싶습니다.

그런데 이제 보세요.

그러나 우리는 우리를 사랑하시는 그분의 도움으로 이 모든 시련을 이겨 내고도 남습니다. 나는 확신합니다. 죽음이나 생명도, 천사들이나 권세 혹은 힘^{Gewalt}도 이것들은 모두 그노시스적인 집정관론(Archonten-Lehre)에서 유래한 것입니다 현재의 것이나 미래의 것도 높음이나 깊음도 그리고 다른 어떤 피조물들도 우리 주 예수 그리스도 안에 있는 하느님의 사랑에서 우리를 떼어 놓을 수 없습니다.

---

16) 「시편」 44장 22절. ─옮긴이

지금 이 구절들에 대해서 설교하려는 게 아닙니다. 그러니까 제 질문은 이렇습니다. "대체 누가 그를 떼어 놓으려 하는 것일까? 그의 이 극심한 두려움은 어디서 오는 것일까?" 어쨌든 모든 권세가, 지상의 권세든 천상의 권세든 높음의 권세든 깊음의 권세든 모든 것이 한 가지 일에 집중하고 있는 셈이죠. 그를 예수 그리스도의 얼굴Antlitz 안에 있는 하느님의 사랑에서 떼어 놓는 일 말입니다.

예의 극심한 공포심은 이 [기쁨의] 환호성에 무릎 꿇습니다(저의 하찮은 견해로 보자면 그렇다는 겁니다. 저는 매우 낯이 뜨겁습니다. 보른캄 교수님과 제자 분들이 여기 계시니까요. 그분들 앞에서 제가 주해를 하고 있자니……. 하지만 운명의 주사위가 이렇게 만들었으니 어쩌겠습니까? 그냥 할 수밖에요).

이제 질문은 이런 겁니다. 이 환호성 바로 뒤에 나오는 장은 어떻게 시작되는가? 9장에서 11장으로 이어지는 푸가에 대한 것이죠. 읽어 드리겠습니다.

나는 그리스도 안에서 진실을 말하고 거짓을 말하지 않습니다. 성령 안에 있는 내 양심이 나에게 말해 줍니다. 나에게는 큰 슬픔이 있습니다. 그리고 내 마음은 끊임없이 번민하고 있습니다. 나 자신이 저주를 받아 그리스도에게서 떨어져 나가기를 소망할 정도입니다.

그렇죠, 여러분은 방금 8장을 저와 함께 읽으셨으니까 이 문장들이 얼마나 엄청난 건지 아실 겁니다. 그는 그리스도로부터 떨어져 나가는 저주Anathema를 받으려는 겁니다.

혈육을 같이하는 이스라엘인 내 형제들을 위해서라면 말입니다. 그들에게는 하느님의 아들이 될 수 있는 자격, 영광, 거룩, 하느님과 연결된 끈Bund, [율]법, 하느님께 예배를 드릴 수 있는 자격 그리고 하느님이 주신 약속이 있습니다. 이것들은 그들의 선조들이 받았던 것이기도 합니다. 이 약속은 선조들이 받은 것이죠 그리고 육신으로 치자면 그리스도께서도 이 선조들로부터 나셨습니다.

마지막으로 말씀드리겠는데, 이 문장은 완전히 평범한 축복입니다. 저는 다른 대부분의 학자들이 믿듯이 이 문장들 안에 삼위일체론이 들어 있다고는 생각하지 않습니다. 이건 바울에게 있어서 유일한 내용을 담은 문장들이라고 보아야 합니다. 보세요.

만물을 다스리시는 하느님을 영원토록 찬양합시다! 아멘.[17]

저는 이 부분에 대해 이야기하려 한 겁니다. 이것이 바울이 「로마서」의] 서두를 여는 방식입니다. 무한한 슬픔과 고통을 증거하고 또 그가 생각한 연대의 공동체로서의 이스라엘이 어떤 것인지를 증거하던 바울 말이죠. 그가 생각한 공동체는 혈연의 공동체Blustverwandtschaft가 아니라 약속의 공동체Verheißungsverwandtschaft였던 겁니다! 모든 것이 여기에 달려 있습니다. 아들의 자격Sohnschaft, 약속, 영광, [율]법, 사원, 아가다, 약속, 그리고 그

---

17) 타우베스의 독일어 번역은 보통 독일어 번역과 다르다고 한다. 원래 루터(Martin Luther) 번역이나 멩게(Hermann Menge)의 번역본은 문두에 나오는 그리스어 ho를 관계대명사로 이해해서 "이 그리스도가 모든 것의 위에 군림하시는 영원히 찬양받으실 분입니다, 아멘"으로 되어 있다고 한다.—옮긴이

리스도 예수라는 인물로 나타나신 메시아까지 전부 다 말입니다. 그밖에 뭐가 남아 있을까요? 바울에게는 남아 있었습니다. 신의 새로운 백성을 위한 토대를 놓고 또 그것을 정당화하는 일이 남아 있었습니다. 2000년 그리스도교의 역사를 아는 여러분에게는 이게 그다지 드라마틱하지 않게 느껴질 수도 있을 겁니다. 하지만 유대인의 영혼을 가진 이에게 이건 정말로 드라마틱한 사건입니다. 그렇게 느낄 수밖에 없는 것이, 유대인은 오르게 테오우, 하느님의 분노, 죄를 지었으므로, 당신을 배신하였으므로 그 백성을 멸하시려는^{vertilgen} 하느님의 분노를 알고 있기 때문입니다. 그러면 여러분은 이렇게 이야기할 겁니다. "그럴 리가 없잖아!"라고 말이죠. [하지만 하느님께는] 모든 것이 가능합니다. 이게 바로 토라의 중심-경험입니다. 토라 텍스트 두 군데서 볼 수 있지요. 「출애굽기」 32~34장과 좀더 짧은 버전인 「민수기」 14~15장[18)]이 그겁니다. 여러분은 이 부분을 정확하게 보셔야 합니다.

---

18) 이 두 부분의 핵심은 공히 야훼가 절멸을 명한 사건들이다. 전자의 사건은 모세와 레위인들이 야훼의 명령으로 우상 숭배자를 숙청한 것이고, 후자의 사건은 안식일에 일한 자에 대한 처벌을 다루고 있다. 「출애굽기」 32장 27~28절에는 다음과 같은 내용이 있다. "모세가 그들에게 일렀다. '이스라엘의 하느님 야훼께서 명하신다. '모두들 허리에 칼을 차고 진지 이 문에서 저 문까지 왔다 갔다 하면서 형제든 친구든 이웃이든 닥치는 대로 찔러 죽여라." 레위 후손들은 모세의 명령대로 하였다. 그날 백성 중에 맞아 죽은 자가 삼천 명 가량이나 되었다."
또한 「민수기」 15장 32~36절에는 다음과 같은 내용이 있다. "이스라엘 백성이 광야에 있을 때, 안식일에 나무를 하는 사람이 있었다. 그 나무를 하는 사람을 본 사람들이 그를 모세와 아론과 온 회중 앞에 끌고 왔다. 그러나 이런 사람을 어떻게 다스려야 할지, 그 전례가 없었으므로 그를 그냥 가두어 두는 수밖에 없었다. 그때 야훼께서 모세에게 말씀을 내리셨다. '그를 사형에 처하여라. 온 회중이 그를 진지 밖으로 끌어내다가 돌로 쳐 죽여라.' 온 회중은 야훼께서 모세에게 명령하신 대로 그를 진지 밖으로 끌어내다가 돌로 쳐 죽였다." —옮긴이

3장 선택과 파문

—「로마서」8장 31절~9장 5절 및 『탈무드』b. 베라코트 32a절 독해

유대인의 내면 경험을 어떻게든 보여 주고, [또 그러면서] 단순히 추상적인 차원에만 머무르지 않기 위해서 ——저는 '~에 대한 이야기'^{Reden über}란 것 따위는 도대체 쓸데없다고 생각합니다. 왜냐하면 누구나 알아서 생각할 수 있으니까요 ——여러분에게 『탈무드』 텍스트에 의거해서 그걸 보여 드리도록 하겠습니다. 이 텍스트는 바울의 격앙된 텍스트와는 달리 전혀 다른 논리, 전혀 다른 리듬을 가지고 있습니다. 아무튼 한번 봅시다. 한 젊은이가 첫번째 논고^{Traktat}를 배울 때 어떤 말을 듣는지 또 이것이 『탈무드』에 의해 어떻게 받아들여졌는지에 대해서 말입니다. 2절지 기준으로 32쪽, 여러분의 책으로는 118쪽입니다. 축복의 말^{Segenssprüche}에 대한 첫번째 논고인데요. 여기서는 우연히 방향이 틀어지면서 ——방향이 틀어진 이유에 대해서 지금 이야기할 수는 없습니다만 ——뒤따라 대화가 이어집니다. 그러니까 이건 결코 중심적인 이야기로 설정된 게 아니라는 말이지요.

그리고 주님께서 모세에게 말씀하셨다. "내려가라." "그게 무슨 뜻입니까? 내려가라니요?" 랍비 엘레아자르^{Eleazar}가 말했다. "거룩하신 분, 영

광 받으소서gebenedeiet sei, 그분이 모세에게 말씀하셨다. '모세야, 너의 명예에서 내려가라! 내가 네게 명예를 준 건 오직 이스라엘 때문이 아니더냐? 그런데 이제 이스라엘이 죄를 범했으니 내가 무엇 때문에 네게 명예를 허락하겠느뇨?!' 그러자 곧장 모세에게서 모든 힘이 쑥 빠져나가더니 그에게는 말할 힘조차 남지 않게 되었다. 그러나 주님께서 '내게서 떨어져라, 나는 그들을 멸할 것이다!' 이건 「출애굽기」 32장에서 인용한 겁니다 라고 말씀하셨을 때, 모세는 이렇게 답했다. '그렇다면 그건 저한테 달린 문제로군요!' 그러자 곧장 그는 일어설 수 있었고, 기도하면서 힘을 회복했으며, 자비를 주십사 간청하였다. 아들에게 분노하여 그를 무자비하게 때리던 왕에 대한 우화가 있다. 왕의 친구가 그 앞에 앉아 있었는데, 그는 두려움에 한마디도 하지 못했다. 그런데 왕이 아들에게 '내 친구가 여기 내 앞에 앉아 있지 않았더라면, 나는 너를 때려죽였을 거다'라고 말하자, 친구는 다음과 같이 말했다. '그렇다면 그건 나한테 달린 문제란 말이로군.' 그리고 그는 곧장 일어나서 아들을 구했다. 계속해서 『성서』 텍스트 인용이 이어집니다 '이제 나를 말리지 말아라. 나의 분노 오르게 테오우(orgé theou), 그렇죠? 보시다시피 [아까 말한 바울의 것과] 완전히 똑같습니다 로 그들을 내려칠 것이다. 나는 그들을 모조리 쓸어버릴 것이다.'"[1] 랍비 아바후Abahu가 말했다. "이것이 만약 쓰여진 구절이 아니었다면 확실히 문서로 존재하지 않는다면(schwarz auf weiß)이란 뜻이죠 그렇다면 우리는 이걸 말할 수도 없었을 것이다. 발화할 수도 없고 생각할 수도 없다는 말입니다. 그건 불가능하니까요! 왜냐하면 이 구절은 모세가 거룩하신 분을, 그분께서 영광 받으소서, 여기서 그분이란 하느님입니다 마치 한 인간이 자기 친구의 소매를 붙잡고 늘어지듯이 붙잡고서 그에게 이

---

1) 「출애굽기」 32장 10절. —옮긴이

렇게 말했다는 사실을 가르쳐 주고 있기 때문이다. '세계를 다스리시는 주님, 당신께서 저들을 용서하실 때까지 저는 당신을 보내 드리지 않을 겁니다! 저는 당신을 위해 위대한 백성을 일으켜 세우려 합니다.'" 랍비 엘레아자르가 말했다. "모세는 거룩하신 분 앞에서 이렇게 말했다네. '세계를 다스리시는 주님, 만약 당신이 분노하시는 그 시간에 당신 앞에 있는 의자가 다리를 세 개밖에 가지고 있지 않다면 그 의자는 쓰러지고 말 겁니다. 이 세 개의 다리란 아브라함과 이사악과 야곱을 가리키지요 하물며 다리가 하나뿐인 의자란 어떻겠습니까! 저를 가지고 다리 하나짜리 의자를 만드시겠냐는 뜻이지요 이뿐만이 아닙니다. 저는 저의 선조들 앞에서도 부끄러움을 감출 수가 없습니다. 그들은 이렇게 말할 겁니다. '주님께서 백성들 위에 세우신 저 지도자Verwalter를 보아라. 그는 자신의 위대함만 추구할 뿐 백성들을 위한 자비를 하느님께 구하는 법은 없구나.'""

그리고 이제 단식 절기[금식일]Fasttag[2]에 토라에서 발췌되어 낭독되는 텍스트가 시작됩니다. 이 텍스트는 히브리어로 **바예할**Wajechal이라고 불립니다. [유대인이라면] 누구나 이 말이 무슨 뜻인지 압니다. 그리고 그는 **기도했다**라는 뜻이죠. 또 이런 뜻도 있습니다. "그리고 그는 사랑했고, 그를 어루만지려 했다." 바예할은 많은 의미를 담고 있는 단어입니다. 여기서 여러분에게 그냥 각주처럼 이야기해 드리고 싶습니다. 예루살렘의 정통파 신자die Frommen들은 이스라엘의 독립을 기념하는 날에 단식을 하면서 토라 두루마리를 꺼내서 단식절에 관한 부분을 읽습니다. 그러니까 이

---

2) 유대력 전반에 관한 백과사전상의 설명은 '한국 브리태니커 온라인'의 '유대력' 항목에서 확인할 수 있다. http://preview.britannica.co.kr/bol/topic.asp?mtt_id=72266을 참조하라(최종 접속일, 2012년 1월 26일). ─옮긴이

건 완전한 자가당착입니다. 1세기에 예루살렘과 함께 에세네파 교인들^{die} ^{Essener}이 몰락한 것 못지않게 정통파들도 이스라엘 국가와 함께 몰락했었으니까요(저는 이 정통파에 속하지 않습니다. 물론 이들과 깊은 우정으로 묶여 있긴 합니다만). 그리고 제가 이 행사에 참여해 봤다는 말씀을 드려야겠군요. 다른 여느 국가 독립일의 축제에서처럼 이스라엘에서도 이날은 온 나라가 떠들썩하고 회당들에선 찬양 소리가 울려 퍼집니다. 반면에 존경받을 만한 몇몇 그룹은 단식을 하면서 단식절을 다룬 토라를 읽습니다. 이건 오늘날의 유대인들도 만들어 낼 수 있는 반-상징^{Anti-Symbol}입니다(여러분이 유대인들이 읽는 신문들을 본다고 해서 이런 것에 대해 알아낼 수는 결코 없을 겁니다)!

그리고 모세는 주님의 면전에서 기도했다. 랍비 엘레아자르는 말했다. "이것은 모세가 거룩하신 분, 영광 받으소서 주님, 앞에서 아주 오랫동안, 그러니까 지쳐 쓰러질 때까지 기도하며 서 있었다는 것을 말해 준다." 라바^{Raba}가 말했다. 이게 핵심인데요 "신께서 당신의 맹세를 철회하실 때까지죠." 여기에서 실제로 쓰인 말이 바로 '바예할'입니다. 그리고 맹세를 할 때 쓰인 말은 '로 예할 데바로'(lo jechal devaro)라는 말입니다 "그분께서는 당신의 말씀을 철회하지 않으신다."³⁾

바예할은 단순히 '그는 기도했다'는 뜻만이 아니라 신께서 [백성을] 절멸시키리라 맹세하신 말씀을 거두시도록 제사를 드린다는 뜻까지 포

---

3) 「민수기」 30장 3절에는 다음과 같은 표현도 있다. "제 입에서 나온 말을 낱낱이 지켜야 한다." —옮긴이

함합니다. 그런데 하느님께서 말씀하십니다. "내가 어찌 거두겠느냐? 나는 그것을 이미 맹세했단 말이다." 그러자 모세가 말하죠. "당신께서 우리에게 가르쳐 주시지 않으셨습니까? 사람은 맹세를 거둘 수 있다고 말입니다. 당연히, 높은 법정 앞에서도요." 하지만 어떻게 인간이 하느님으로 하여금 맹세를 거두도록 할 수 있다는 걸까요? 그러니까 이게 핵심입니다. 바예할은 '기도하다'라는 뜻과 '풀다'[철회하다]라는 뜻을 동시에 가진다는 사실 말입니다.

이에 대해 스승^{Meister}은 이렇게 말했다. "그분 스스로 거두실 수는 없지만, 다른 이들이 그분을 위해 거두어 드릴 수는 있다." 사무엘^{Schmuel} 이 사람은 바빌로니아의 선생이었습니다 은 말했다. "이것은 그 모세를 말합니다 가 백성들을 위해 자신의 목숨을 내놓으려 했음을 뜻한다. 왜냐하면 그는 하느님께 맹세를 거두시지 않으시려거든, 자기 이름을 당신의 책에서 지워 달라고 청했기 때문이다. 이게 바로 [파문당하는] 저주(Anathema)인 걸 아시겠지요 '아인 메헤니나 미시프레하^{ajin mechenina misifrecha}, 저를 당신의 책에서 지우소서.'"[4]

이착^{Jizchak}이란 이름을 가진 라바^{Raba}가 말했다. "이것은 그가 백성들을 향한 [하느님의] 자비가 갖는 특성이 무엇인지에 대해 면밀히 공부했음을 뜻한다. 하느님은 두 가지 속성, 두 가지 얼굴^{Seite}을 갖고 계신다. 심판하시는 얼굴과 자비를 베푸시는 얼굴. 딘^{din}과 레하민^{rechamin}." 지금 제가 하는 게 [텍스트에 손질을] 가하지 않고 해석만 하는 것이길 바랍니다

---

4) 「출애굽기」 32장 32절에는 이런 표현이 있다. "하지만 이제 그들의 죄를 용서해 주셔야 하겠습니다. 만일 용서해 주지 않으시려거든 당신께서 손수 쓰신 기록에서 제 이름을 지워 주십시오."—옮긴이

이렇게 전해진다. 위대한 랍비 엘리에제르Eliezer 이 사람은 요하난 벤 자카이 (Johanan Ben Zakai)의 제자들이 살던 시대의 사람입니다 가 말하길, "이것은 모세가 거룩하신 분 앞에, 영광 받으소서 주님, 열에 들떠 달아오를 때까지 기도하며 서 있었다는 뜻이다". "열이란 무엇인가?" 랍비 엘리에제르가 말했다. "그것은 뼈 마디마디에 불이 이는 것이다." "뼈마디에 이는 불이란 건 무엇인가?" 아바예Abajje가 말했다. "그것은 뼈에 나는 열Knochenfieber이다." 여러분에게는 이게 진부한 것으로 떨어지는 것처럼 보이시죠? 하지만 『탈무드』는 다른 논리를 갖고 있습니다. 그것은 전혀 격앙된(pathetisch) 논리가 아닙니다. 『탈무드』의 논리에서는 가장 높은 것, 가장 숭고한 것이 가장 낮은 것, 가장 본능적[자연적]인 것과 뒤섞입니다. 자, 계속 보죠

모세가 말했다. "당신의 종 아브라함과 이사악과 야곱을 생각해 보소서. 당신께서 이들에게 당신의 이름으로 맹세하시지 않으셨습니까." 어째서 "당신의 이름으로"bei dir일까? 랍비 엘리에제르가 말했다. "모세는 거룩하신 분, 영광 받으소서 주님, 앞에서 이렇게 말했다. '세상을 다스리시는 주님! 당신께서 그들에게 하늘과 땅을 걸고bei Himmel und Erde 맹세하셨다면, 저는 이렇게 말씀드릴 수 있을 겁니다. 언젠가는 하늘과 땅도 멈추게 될 터인데, 그렇다면 당신의 맹세 또한 그럴 것입니다.'"

보시다시피, 『탈무드』에서는 하늘과 땅조차도 영원하지 않습니다. 랍비들의 사유는 역시 뿌리 깊이 종말론적이었던 겁니다. 새로운 하늘이 있을 수 있고, 새로운 땅이 있을 수 있습니다. 이건 아무 문제도 안 됩니다. 그러니까 저는 결코 이 땅 위에 단단히 발붙이고 서 있는 게 아닌 거죠.

"그렇다면 당신의 맹세 또한 그럴 것입니다. 어쨌든 당신께서는 당신의 위대한 이름으로 맹세하셨습니다. 당신의 위대한 이름이 영원히 살아 있을 것이듯, 당신의 맹세 역시 영원히 있을 것입니다. '영원히'란 말은 [그의 맹세가] 선조들에게까지 거슬러 올라간다는 뜻이죠 당신께서는 그들에게 말씀하셨습니다. '나는 너희들의 자손을 하늘의 별처럼 불어나게 하여 그들에게 내가 말한[약속한] 땅을 줄 것이다.'" "'내'가 말한 땅이라고요? 당신께서 말씀하신 땅, 이라고 써야 하는 것일 텐데요!" 랍비 엘리에제르는 말했다. 여기까지가 제자의 말이고, 이 뒤에서부터는 계속해서 스승의 말씀이다. 하느님 자신의 말씀이라는 거지요

하지만 랍비 사무엘 b. 나흐마니^{Schmuel b. Nachmani} 다시 바빌론 전통을 따르자면요 는 이렇게 말한다. "앞의 말이나 뒤의 말이나 모두 제자의 말이다. 하지만 모세는 거룩하신 분 앞에서, 영광 받으소서 그분이시여, 이렇게 말했다. '세상을 다스리시는 주님! 당신께서 제게 명하신 말씀, '가라, 가서 이스라엘 백성들에게 나의 이름으로 말하여라'라는 말씀대로 저는 가서 그들에게 당신의 이름으로 말하였습니다. 하지만 이제 제가 그들에게 무슨 말을 하겠는지요?'" 왜냐하면 이제는 주님의 권능 밖에 있기 때문이죠. '권능 밖에' 라고요? 이것은 이런 뜻입니다. 주님께서 하실 수 없다! 랍비 엘리에제르는 말한다. "모세는 거룩하신 분 앞에서, 영광 받으소서 주님, 이렇게 말했다. '그러면 세상의 [모든] 민족들은 이렇게 말할 것입니다. '그분의 힘은 마치 여자의 그것처럼 약해지고 말았구나. 그는 [우리를] 구원하실 수 없어." 그러자 거룩하신 분, 영광 받으소서 주님, 그분께서 모세에게 말씀하셨다. '그들은 이미 내가 바다에서 너희에게 보여 준 기적과 위대한 일들을 보지 않았더냐?!' 그러자 모세가 부르짖었다. '세상을 다스리시는 주님! 그

래도 그들은 여전히 이렇게 말할 것입니다. '그분께서는 한 사람의 왕 파라오를 가리킵니다 에 대적해서는 굳건하셨으나 서른한 명의 왕에 대적하실 수는 없구나.'"

그러니까 이집트의 신들을 말하는 겁니다. 그렇죠, 제 견해로는 토라는 전부 반反이집트적인 것입니다. 그렇기 때문에 그분은 "살아 계신 하느님"이라고 일컬어지는 것이지요. 엘로힘 하임Elohim chaim이라는 정식定式은 논쟁적인 것입니다(정식이라는 게 결코 중립적인 것이 아니라 오히려 논쟁적인 것이라는 사실을 저는 칼 슈미트로부터 배웠습니다. 여러분이 만약 제게 정말로 칼 슈미트로부터 무언가를 배웠냐고 물으신다면, 저는 그에게 배운 것이 결코 적지 않았다고 답하겠습니다). 모세가 말합니다. "그들은 이렇게 말할 것입니다. '한 사람의 왕에 대적해서는 굳건하셨으나 서른한 명의 왕에 대적하실 수는 없구나.'" 이 왕들이란 가나안 땅에서 그[모세]를 기다리고 있는 사람들이죠. 하하, [만약 이들과 싸운다면] 그는 살아남지 못하는 것입니다.

랍비 요하난Jochanan이 말한다. "거룩하신 분, 영광 받으소서 주님, 그분은 어느 부분에서부터 모세에게 찬성을 하시는가? 왜냐하면 이렇게 쓰여 있기 때문이다. 주님께서 말씀하셨다. '너의 말대로 [그들을] 용서했노라.' 랍비 이스마엘Jismael 학파 이 학파는 아키바(Akiba)의 시대에 있었습니다. 이때에는 두 개의 학파가 있었습니다. 이스마엘 학파와 아키바 학파죠 에서는 이렇게 가르쳐 왔다. '너의 말대로.' 앞으로 세상의 [모든] 민족들은 그렇게 말할 것이다. 기꺼이 제자의 말대로. 그러니까 스승이 제자의 말을 따른 것이다." 랍비 이착Jizchak이 말했다. "이것은 거룩하신 분, 영광 받으소서 주님, 그분이 모세에게 다음과 같이 말했다는 뜻이다. '모세야, 너는 너의 말로써 나를 살게 하였다.'" 헤카이타니 비데바림(hechaitani bidevarim)이라고 합니다. 말을 통해서 너는 나를 살게 했다는 뜻이죠

저는 여러분에게 『탈무드』의 한 부분에 대한 주해를 해보여 드렸습니다. 물론 **간추린 형태**^{in nuce}지만요. 이 텍스트 전체는 신의 멸하심^{Vernichtung}이 있[을 수 있]다는 경험에 근거해야만 의미를 갖게 됩니다. 그러니까 요약하자면, 바울이 이야기한 것은 결국 화해^{Versöhnung}에 다름 아닙니다. 그리고 이제 저의 테제는 이런 것입니다. "여러분 그리스도교인들에게 성탄절에 해당하는 날인 **욤 키푸르**^{Jom Kippur}, 즉 화해의 날[속죄일]은 하느님과 모세 사이에서 벌어졌던 이 설전^{Kontroverse}을 제의^{das Rituale}로 옮겨 놓은^{übersetzt} 것이다." [그러니까] 그날을 지키기만 하면 용서를 받는 거죠.『탈무드』에는 이렇게 적혀 있습니다. **하-욤 메카페르**^{ha-jom mechaper}. 물론 이날을 지킨다고 해서 모든 것을 용서받을 수는 없습니다만, 어쨌든 이날은 화해의 능력을 갖고 있습니다. 왜냐하면 거기에는—이 구절이야말로 아주 『탈무드』적인데요—"이날에는 내가 너희의 모든 죄를 덮으리라"고 적혀 있기 때문입니다. 하느님 앞에서 말입니다. 주님 앞에서 너희는 깨끗해질 것이라는 겁니다. 그러니까 이날에는 용서를 받는 거죠. 따라서 이날은—뭐, 약간 있어 보이는 말을 쓰자면—'마법의 효능'을 갖는다고도 말할 수 있을 겁니다. 이 말이 우리에게 앞으로 한 걸음 더 나아가게 해주는 건 아니지만요. 저는 이날에 [유대인들에게] 일어나는 내적인 경험이 어떤 건지 알고 싶습니다.

그리고 저의 테제—이건 결코 우연이 아닌데요—는 욤 키푸르의 저녁이 되면 [유대인들은] 이러한 떨림^{Erzittern}에 사로잡힌다는 겁니다. 회

당에 가 봤거나 유대인을 [개인적으로] 아는 분은 이게 어떤 건지 짐작하실 수 있을 겁니다. 심지어 [자기가 사는 나라의 문화에] 동화된 유대인들, 그러니까 "3일 동안만 유대인"이라 불리는 사람들——이들이 이렇게 불리는 이유는 1년 중에 딱 3일만 회당에 가기 때문인데요, 이 3일이란 새해를 맞이한 날[새해의 첫 이틀]과 욤 키푸르입니다. 이 두 절기는 10일 간격으로 떨어져 있죠——, 이런 유대인들조차 이날들만큼은 엄격히 지킵니다(물론 그리스도교인들의 입장에서 보면 3일도 너무 많이 가는 거죠. 하지만 우리[유대인들]에게는 너무 적게 가는 겁니다. 우리는 원칙적으로 매일매일 회당에 가려고 합니다. 하지만 [현실적으로 불가능하니까] 안식일^{Sabbat}만은 그래도 철저히 지키려고 하죠. 우리는 여기에 더없이 큰 가치를 둡니다. 그래서 저는 개신교에 있어서 교회의 출석률이 어떤 의미를 갖는지 모르겠습니다. 듣기로는 4%, 5%, 6%, 아니면 7%라던가요? 유대교 공동체에서는, 설령 믿지 않는 사람들이 포함된 숫자라고 해도, 어쨌든 20%는 됩니다. 이것도 베를린의 경우죠. 취리히, 그러니까 정통파 신자들이 있는 도시에서는 98%에 이릅니다. [교회나 회당에 가는 것의 의미에 대해] 전혀 다른 시각을 갖고 있는 거죠. 하지만 지금 여기서 교회-사회학이나 뭐 그런 걸 할 수는 없겠죠. 이렇게 늙은 나이에 그런 걸 어떻게 하겠습니까).

자, 이제 여러분에게 나누어 드린 텍스트로 가 보도록 하지요. 처음은 기도입니다. 강연 시작 때 말씀드렸던 거지요. 아주 건조하고 관련이 없어 보이는 기도입니다. 지루해도 너무 지루한 부분이지요. 이것은 이스라엘인들이 절기에 드리는 기도인데요, 19세기——적응과 순응의 시대였지요——의 부르주아 유대인이었던 미하엘 작스 박사가 번역하고 해설한 겁니다(혹시 아시는지 모르겠습니다만, 19세기에 우리 유대인들은 독일에서 공식적으로 '모세 종파'로 취급받았습니다. 그리스도교인들이 그리스도로부터 유래했다면, 유대인들은 모세로부터 나왔다는 거지요. 이건 유대인들이 스스로 지어낸 말이 아닙니다. [독일 시민사회에] 동화된 사회 명사라는 양반들이 지은 쓰레기 같은 이름^{Schrottname}이지요).[5] 이 기도는 맹세의 형식으로 되어 있습니다. 우리는 이때 탈리트^{Tallit}, 즉 기도용 숄^{Gebetsschal}을 걸칩니다. 이게 바로 유대인들이 이날 저녁에 하는 일입니다. 그 다음에는 축복의 기도를 올리지요. 그러고 나서 먼저 다음과 같은 기도가 이어집니다. 보통은 공동체 가운데 유명 인사 두 사람이 나와서 합창 지휘자^{Kantor} 옆에 서서 말할 준비를 합니다. 그러고는 세 번 반복해서 말합니다(뭔가가 세 번 말해질 경우, 그건 이미 기도가 아니라 일종의 정식^{定式}입니다).

위에 있는 하늘에 있다는 말이죠 가르침의 집^{Lehrhaus}의 허락과 아래에 있는 가르침의 집의 허락을 받아, **비예쉬바 셸 말라 우비예쉬바 셸 마타**^{bijeschiva schel mala ubijeschiva schel mata}. 가르침의 집이란 우리 유대인들에게는 최상의 심급입니다 **알 다앗 하마콤**^{Al daat hamakom}, 하느님의 뜻에 따라서. 마콤(makom)이란 하느님의 이름인데요, 장소를 의미합니다 **베 알 다앗 하카할**^{Ve al daat hakahal}, 그리고 공동체의 합의에 따라 우리는 죄인들이 우리와 함께 기도할 것을 허락합니다. 이 말은 죄인들을 공동체에 받아들이는 게 허락되었다는 뜻입니다. 그리고 이제 합창 지휘자가 읊조리기 시작합니다 분노와 공포와 강렬함 속에서. 카바나(Kavana)라고 하죠

그러면 공동체도 나직이 읊조리기 시작합니다. 선창자^{Vorbeter}를 따라 한 단어 한 단어씩 반복하지요. 선창자는 **샬리아흐 지부르**^{Schaliach zibbur}라고 합니다. 합창 지휘자란 우리가 위에서 얘기한 사람, 즉 공동체에 의해 연

---

⁵⁾ Michael Sachs, *Die Festgebete der Israeliten*, Breslau: Wilhelm Jacobsohn, 1898.

단에 서서 기도하도록 뽑힌 사람을 일컫는 독일식 캐리커처^{Karikatur}지요. 합창 지휘자는 프로테스탄티즘의 관례를 모방한 것에 지나지 않습니다.

자, 이제 여러분이 실로 도무지 뭐가 뭔지 조금도 알 수 없는 텍스트로 가 볼 차례입니다. 여기서도 다시 세 번 반복되어 말해지는 정식이 중요합니다. 예멘의 공동체에서 폴란드의 공동체에 이르기까지 모든 유대인들은 이 정식들을 똑같은 톤——이 톤에 대해서는 『유대 백과사전』$^{Jewish\ Encyclopaedia}$에 자세히 나와 있습니다——으로 읊조립니다.

오늘부터 다음 속죄일까지 세파르디계 유대인들은 "작년부터 올해 속죄일까지"라고 말합니다 우리가 서약하고 확증하고 의무로 삼거나 혹은 포기하면서 하게 될 모든 말들, 모든 맹세, 모든 서약, 모든 선서, 파문 선언 혹은 단념, 속죄에 대해서, 이 자리에서 참회하오니 그 모든 말들은 취소되고 철회되며 지워질 것입니다. 아무 효력도 없고 존립하지도 못하는 텅 빈 말이요 아무것도 아닐 것입니다. 우리의 맹세는 맹세가 아니요, 우리의 단념은 단념이 아니며, 우리의 서약은 서약이 아닙니다.

세계 각지에 있는 유대인 공동체들이 전혀 기도 같지 않은 이 기도를 하면서 흥분한다는 사실을 이해하기는 어려우실 겁니다. 가온[엘리트]^{Gaon}[6]들은 민중의 미신이라는 이유로 이 기도를 거부했지요. 그렇지만 랍비 엘리트 계층에 맞서 이 기도는 광범위한 지지를 받았습니다. 그리고 여기서 빼놓을 수 없는 사실은, 부르주아의 19세기에 미하엘 작스가 비유대

---

6) 본래는 7~11세기 바빌로니아 지역에서 『탈무드』 해석을 맡은 최고 직급의 학자를 일컫는 명칭이었다. 바빌로니아 출신의 가온들은 중세 동안 유대교에서 지도자와 같은 역할을 맡았다고 한다.—옮긴이

인들Gojim을 달래기 위해 다음과 같은 말을 덧붙였다는 점입니다. "이 주문은 급하게, 격정에 못 이겨 내뱉은 지킬 수도 없는 서약과 맹세를……무효로 선포하려는 목적을 가진 것이다." 무효Nichtigkeit라는 겁니다. 분노는 했지만, 그래도 이런 말을 기도책에 써 넣었다는 것, 바로 이런 게 동화된 독일 유대교의 스타일에 속하는 것입니다.

거 참, 그런데 이제 또 어떤 말이 나오느냐? 이것도 기도가 아니라 주문Formeln입니다. 더욱이 「민수기」 두번째 부분에 나오는 멸족의 위협Vernichtungsdrohung, '광야에서'Bamidbar라는 부분에 나오는 것이지요. "나 이제 염병을 내려 이 백성을 없애 버리고 이들보다 훨씬 더 큰 민족을 너에게서 일으키리라." 전례에서는 계속해서 이렇게 이야기됩니다.

중심을 지키는 이스라엘과 이방인의 모든 공동체는 용서받으리라. 왜냐하면 그것은 단지 실수로 저질러진 일이기 때문이다. 이 말은 세 번 반복됩니다. 주문처럼 말이지요

그리고 이제 막간극이 상연됩니다. 선창자가 말합니다.

"오, 당신의 커다란 은총으로 당신 백성의 죄를 사하여 주소서. 이 말은 「민수기」에 그대로 나옵니다 당신께서 이제껏 미즈라임[이집트]에서 나온 백성들을 사하여 주셨듯이 말입니다." 그리고 똑같이 따라한다. 이것도 역시 주문처럼 세 번 반복됩니다 그러자 영원한 분께서 말씀하셨다. "너의 말에 따라 용서하겠다." 이 부분에 관해 「민수기」에 나오는 두번째 멸족 이야기를 직접 읽어 보시면, 이 말들이 모두 문자 그대로 쓰여 있다는 것을 아실 수 있을 겁니다

물론 백성 전체가 마음 깊이 떨었다고 여긴다면, 그게 더 멍청한 생각이겠지요. 왜냐하면 어떻든 성급한 맹세들을 [진짜로] 했을 수도 있으니까요. 때문에 여기서 저는 로젠츠바이크[7]의 텍스트를 덧붙이고 싶습니다. 그렇게 되면 여러분은 적어도 제가 방금 읽어 드린 이 텍스트가 가진 아우라를 조금이나마 느끼실 수 있을 겁니다. 로젠츠바이크의 책『구원의 별』은 천재성의 출현이었습니다. 이 책에서 그가 계획한 것은 전례^{Liturgie}를 통해 종교 공동체를 해석하는 것이었습니다.

더없이 분명한 한 가지 기호가 이 엄청난 날들 엄청난 날들이란 새해의 첫 이틀과 욤 키푸르, 즉 화해의 날을 말합니다. 히브리어로는 야밈 노라임(jamim noraim)이라고 하지요 의 기조, 즉 개개인을 위해 영원한 것이 시간 속으로 들어오게끔 해 주는 이날들의 기조를 처음부터 끝까지 밝혀 주고 있다. 기도자는 이날들 동안 수의^{Sterbekleid}를 입는다. 더 나아가 일상생활에서 기도복——클라미스^{Chlamys}와 토가^{Toga} 같은 고대적인 복장——을 입는 것 역시 최후의 옷[수의]과 영원한 삶 쪽으로 생각을 이끌어 가는 것이다. 이 영원한 삶에서는 하느님께서 당신의 겉옷으로 영혼들을 감싸 주실 것이다. 그래서 일상의 나날들과 매주 찾아오는 안식일^{Sabbat}은 마치 창조의 때처럼 죽음에 빛줄기가 드리워진다. 창조의 왕관이자 목적인 죽음에. 그렇지만 완벽한 수의, 그러니까 외투뿐 아니라 하의^{Rock}——키톤^{Chiton}과 튜니카^{Tunica}——까지 포함한 수의는 결코 일상의 복장이 아니다. 죽음은 창조의 궁극, 한계

---

7) 프란츠 로젠츠바이크(Franz Rosenzweig, 1886~1929). 독일의 철학자이자 유대 사상가. 마르틴 부버와 공동으로 히브리어『성서』를 독일어로 번역하는 작업을 했으며,『구원의 별』(*Der Stern der Erlösung*, 1921)이라는 저서로 유명하다. 발터 벤야민, 게르숌 숄렘, 그리고 에마뉘엘 레비나스 등 동시대 및 후대의 사상가들에게 지대한 영향을 끼쳤다.——옮긴이

일 따름이다. 창조는 죽음 자체를 볼 수 없다. [죽음을] 알게 되는 것은 계시에 이르러서이다. 그리고 계시의 첫번째 지식의 내용은 이와 같다. 사랑은 죽음만큼 강하다. 그리고 개인은 삶 속에서 꼭 한 번은 완벽한 수의를 입게 마련이다. 결혼식 날 신부의 손에서 건네받은 신부 휘장이 그것이다. 왜냐하면 결혼을 통해서야 비로소 그는 떳떳하고 온전한 민족의 성원이 되는 것이기 때문이다. 그가 태어날 때 그의 아버지가 토라를 가르칠 수 있게 해주십사, 결혼할 수 있게 해주십사, 좋은 일들을 많이 하게 해주십사 기도하는 것은 바로 이 때문이다.

태어날 때가 아니라 할례Beschneidung를 받을 때죠.

토라, 이것을 배우고 지키는 것, 이것이 유대인들의 삶을 항상 현재적으로 떠받치고 있는 토대이다. 이 삶은 결혼과 함께 완벽하게 실현된다. 그때에서야 비로소 본래적인 의미에서의 '좋은 일들'guten Werke을 할 수 있게 되는 것이다. 그렇다. 오직 남자만이 의식[적인 교육]의 토대로서 토라를 필요로 한다. 여자아이가 태어나면 아버지는 그저 결혼하고 좋은 일들을 할 수 있게 해달라고만 기도한다. 왜냐하면 여성들은 이미 이 토대를 가지고 있기 때문이다. 남성들은 여성보다 대지의 자연적인 삶에 더 헐거운 뿌리로 연결되어 있어서 반드시 '배움'을 통해서 그 연결을 의식적으로 쇄신해야 한다. 게다가 옛 법에 따를 경우에도 유대인의 혈통이 이어지는 것은 남성이 아니라 여성을 통해서다. 그러므로 부모 두 사람이 다 유대인이 아니어도, 다시 말해 모계 쪽 혈통만 유대인이라 해도 그 아이는 유대인이다.

그러므로 한갓된 유대교적 현존이 영혼으로 충만해지는 것은 개개인의
삶 속에서 치러지는 결혼을 통해서이다. 유대인의 마음의 방은 집과 같
다. 그리고 죽음만큼 강한 무언가를 창조 안에서 일깨우는 계시가 죽음에
대해서, 창조 전체에 대해서 새로운 창조를, 영혼을, 삶 속에 있는 초현세
적인 것을 맞세우는 것과 마찬가지로 신랑은 신부 휘장 아래에서 결혼 예
복으로서의 수의를 입고서 죽음에 전쟁을 선포한다. 영원한 민족으로 들
어가는 바로 그 순간에, [사랑은] 죽음만큼 강하다[고 선포하는 것이다].
개인의 삶 속에서는 [그저 한갓된] 순간^{Augenblick}이던 것이 이제 정신적인
세월 속에서는 영원한 순간이 된다. 이때에도 가장^{Hausvater}은 수의를 수의
로서가 아니라 결혼 예복으로서 딱 한 번 입는다. 즉 계시의 축제날들 가
운데 첫번째 날에, [하느님께서 이스라엘] 민족을 해방시키신 일을 기념하
며 먹는 저녁 식사 자리에서.

유월절 저녁^{Pessachabend}에도 마찬가지로 가장은 이 옷을 입습니다. 그
때는 이 옷을 '가운'^{Kittel}이라고 부르죠. 욤 키푸르 때에는 이디시어로 '자르
게니스'^{Sargenis}라고 부릅니다. 관 속에서 입는 옷이란 뜻입니다.

여기서도 수의는 한갓된 창조로부터 계시로 넘어가는 이행을 표시한다.
축제의 세 날 중 첫 이틀에는 이 옷을 입은 채로 포도주를 마시고 음식을
먹으며, 유치한 농담을 나누고 즐거운 돌림노래를 부른다. ──이것 역시
죽음에 대한 반항^{Trotz}이다.

그러나 저 엄청난 날들에 기도자가 입는 옷은 이와는 다르다. 이때는 결
혼 예복이 아니다. 그것이 아니고 정말로 수의인 것이다. 그리고 언젠가
사람이 이 옷을 입을 때는 오직 홀로일 것과 마찬가지로, 이날에 행하는

기도 중에도 그는 역시 홀로이다. 그리고 이날들 또한 그로 하여금 벌거벗은 외로움 속에서 신의 보좌寶座 앞에 직접 서게 만든다. 하느님께서는 언젠가 그를 심판하실 때 오직 그의 행실과 마음에 품은 생각들에 따라 하실 것이며, 그의 주변 사람들이나 그들이 그에게 행한 잘못과 공로에 대해서가 아니라 오직 그 자신에 대해서만 심판하실 것이다. 그러므로 그는 이날에 완전한 고독 속에서, 마치 살고 있지만 죽은 자처럼, 그곳에 모인 전 인류의 일원으로서 심판자의 눈앞에 나아갈 것이다. 거기 모인 인류는 모두 그 자신이 그렇듯이 삶 한가운데서 이미 무덤 너머에 설 줄 알았던 사람들이다.

제가 덧붙일 수 있는 말은 이것뿐입니다. 이 고독은 [다름 아닌] 독일 낭만주의라는 사실이지요. 욤 키푸르 때 하는 기도는 [고독한 개인이 아니라 공동체로서의] 우리가 드리는 기도Wir-Gebet입니다. 로젠츠바이크가 전례를 진지하게 생각해야 한다고 가르쳐 주었으므로, 이 점에 있어서도 정확하고 엄밀해야 합니다. 그러니까 독일 프로테스탄티즘이나 내면성 따위를 끌고 들어와서는 안 된다는 말이지요. 베니슬라흐Wenislach, 즉 공동체 전체가 용서받을 것이라는 뜻입니다. [로젠츠바이크가 말하는] **홀로와 함께 홀로**solus cum solo, 이런 건 없습니다.

모든 것은 그 뒤에 있다. 마지막 날이 시작될 때 이미, 그전 아흐레는 그저 이날을 위한 준비에 불과한데, 이때 이미 그는 저 기도 가운데 모든 서약Gelübde, 모든 자기봉헌Selbstweihen, 그리고 좋은 결심들을 폐기하기 위해 순수한 겸손으로 자기를 내려놓는다. 지식을 가진 자로서가 아니다. 그게 아니라 아직 [자아에] 사로잡혀 있는 아이로서 그를 용서해 주실 분 앞에 나아가는 것이다. 그분께서는 "이스라엘 전체 민족과 이스라엘 안에 머무는 이방인까지 용서하시는 것과 마찬가지로 망상에 빠져 있던 모든 민족 또한 용서하실 것이다". 이제 그는 하느님 앞에서 항상 새로이 자신의 죄를 거듭 고백할 만큼 성숙해졌다. 그러므로 이제 인간들 앞에는 더이상 아무런 죄도 없는 것이다. 죄가 억누르기 시작할 때면, 인간은 다른 인간에게 지은 죄로부터 우선 벗어나야 한다. 화해의 날은 그런 죄를 대속代贖해 주지 않는다. 이날은 [인간들 사이의] 죄는 전혀 알지 못한다. 이날에는 모든 죄가, 심지어 인간들 사이에서 범해지고 사해진 죄들까지도 모두 하느님 앞에서 범한 죄이다. 즉 고독한 개인의 죄, 영혼의 죄인 것이다.──왜냐하면 죄를 범하는 것은 영혼이기 때문이다. 그리고 이처럼 수의를 입은 인류, 무덤을 넘어온 인류, 영혼의 인류가 올리는 공동 탄원에 대해 하느님께서는 얼굴을 보여 주신다. 죄를 짓기 전이나 지은 후나 변함없이 인간을 사랑하시는 하느님, 곤경에 처한 인간이 왜 나를 버리셨냐고 물어도 벌하지 않으시는 하느님, 자비롭고 은혜로우시며 오래 참으시는 하느님, 대가를 바라지 않고 베푸시며 언제나 충실하신 하느님, 수천 세대가 이어지도록 당신의 사랑을 보존하시고 악행과 반항과 죄를 용서하시며 돌아오는 자를 용서하시는 하느님. 그러니까 하느님께서 얼굴을 향해 주시는 인간은 고백 가운데 환호할 수 있다는 사실. 그분, 이 사랑의 하느님, 오직 이분만이 신이시다.

세속의 모든 것은 이 고백을 통한 영원성의 도취 뒤로 완전히 물러나게 되어서 이제 이로부터 다시금 돌고 도는 지상의 세월로 돌아가는 길을 찾는다는 것은 도무지 상상할 수 없을 정도이다. 때문에 영혼의 해가 가진 구조에 있어서 가장 의미심장한 사실은, 직접적인 구원의 축제가 구원의 축제의 달 자체를 완결시키지는 못한다는 점이다. 이 축제의 달은 1년 동안 계속되는 안식일을 완결시키지만 말이다. 그래서 구원되지 못한 시간과 역사적 민족의 토대 위에 있는 구원의 축제로서의 초막절Hüttenfest이 이 날들 뒤에 이어지는 것이다. 하나인 인류의 완벽한 공동성 속에서 영혼은 오직 하느님과 함께 있었다. 그렇게 미리 맛본 영원성의 기쁨Vorgenuß에 반해 저 축제에서는 시간의 현실성이 다시금 권리를 얻는다. 그래서 다시금 돌고 도는 1년이 시작될 수 있는 것이다. 이 순환 안에서만 우리에게는 영원성이 시간 속으로 들어오기를 원하는 소망이 허락된다.[8]

저는 이 텍스트 자체가 다 말해 주고 있다고 생각합니다. 다만 한 가지만 덧붙이고 싶은데, 말하자면 여러 가지 핵심 중에서 진짜 핵심이 뭔지에 대해서 말입니다. 「출애굽기」 34장은 이런 문장으로 시작됩니다.

주님께서 모세에게 말씀하셨다. "돌판 두 개를 다듬어 놓아라. 처음 것처럼."

유대인들의 표상에 따르면, 옛 계명 석판을 기념하는 축제는 칠칠절[오순절]Wochenfest입니다. 칠칠절은 이집트로부터 탈출한 이후 7주째 되는 시점부터 행해집니다. 계시의 날der Tag der Offenbarung이지요(이것을 그리스도교적으로 변주한 게 성령강림절Pfingsten입니다). 자, 들어 보세요. 여기에 대해서 『미드라쉬』에 어떻게 적혀 있는지 말입니다.

---

8) Franz Rosenzweig, *Der Stern der Erlösung*, III. 1, Heidelberg: L. Schneider, 1954, SS. 83~86(2. Aufl., Frankfurt: Suhrkamp, 1990, SS. 361~364).

그리고 하느님께서 모세에게 말씀하셨다. "여기 석판들을 만들어라." 혹은 '다듬어라'로 번역될 수도 있습니다 엘룰^{Elul} 9월에 해당합니다 달 초생달이 뜰 무렵 모세는 산으로 올라갔다. "이 돌들을 [적당한 모양으로] 다듬고 아침이 되면 준비하고 있어라." 그리고 모세는 [석판을] 만들고 아침이 되자 일어나서 산으로 갔다. 그는 거기서 엘룰 달을 모두 보내고 티슈레^{Tischre} 달의 열흘도 보냈다. 이 열흘이 바로 엄청난 날들입니다 그리고 그는 열흘째 되는 날 내려왔다. 이날이 바로 화해의 날이죠 그리고 이스라엘은 기도와 단식 가운데 있었는데, 이날에 모세는 다음과 같은 이야기를 들었다. "당신의 말 덕분에 용서를 얻을 것이오." 그러자 거룩한 분께서, 영광 받으소서, 「레위기」 화해의 날에 대해 이야기하는 부분은 16장입니다 에 기록한 대로 모든 세대에 걸쳐 용서와 화해의 날을 지낼 수 있도록 정하셨다. "이날에 너희는 용서를 받고 정결케 되리라." 그리고 곧바로 모세에게 명하셨다. "새로운 성소를 건축하여라."

이것으로 마무리하겠습니다. 제 생각엔 이 주제에 대해 학문이 건드릴 수 있는 한계, 또 숨겨져 있던 전례[의 의미]를 명백히 드러낼 수 있는 한계까지 온 것 같습니다. 어쨌든 저로서는 진지하게 시도해 본 셈입니다.

자, 그럼 제가 여러분에게 욤 키푸르에 대해서 강의한 것과 바울의 문제, 즉 「로마서」 9장에 나온 바울의 문제 사이에 존재하는 연관성을 어떻게 정식화할 수 있을까요? 이 사태의 핵심이자 ─ 제가 보여 드린 것처럼 ─ 『신약』 주석과 유대 전례 의식 사이의 대조가 갖는 의미는 바울이 모세와 똑같은 문제에 봉착했었다는 사실에 있습니다. 백성이 죄를 범한 것이지요. 그들은 자기들에게 온 메시아를 비방했던 겁니다. 그러니까 이 때문에 바울의 사명이 생긴 겁니다. 「갈라디아서」에서 읽어 볼 수 있는 내용이지요. 그러니까 그는 빛의 계시Lichtvision 덕분에 개종하기 전까지는 신도들을 박해하던 사람이었던 겁니다. 빛 때문에 눈이 먼 그는 묻습니다. "어째서 저를 박해하시나이까?" 이때 그의 머리에 다음과 같은 기막힌 생각이 떠오릅니다. "여기 메시아가 있다. [율]법에 의해 처형당한 메시아가." [이건] 완전 낭패였죠Tant pis. [율]법에 반대되는 거니까요. 그렇죠, 저는 '[율]법'이라는 것의 다층성과 그에 대한 해석[의 가능성]들 중 몇 가지를 보여 드리려고 했습니다. 그리고 이제 바울의 사명은 이방인을 위한 사도의 직분이 아니라 유대인에서 이방인으로 넘어간 자로서의 그것이었습니다. 여기에 어떤 변증법이 들어 있는지는, 여러분이 직접 「로마서」 9장을 읽어 보시면 알 수 있습니다. 즉 이스라엘을 질투하게 만들기 위해 이방인을 끌어들인 것이지요. 바울은 찌꺼기의 개념을 도입하고, 범이스라엘[이스라엘 세상]pas Isarael에 대해서 말합니다(이 점과 관련해 우리는 뒤에서 다시 로젠츠바이크에 대해 이야기하게 될 텐데요. 그는 두 가지 길이라는 비전을 통해 바울에 맞섰습니다). 제가 말씀드린 모든 것은 바울이 "나는 그리스도로부터 저주를 받을 것이다"라고 말했을 때 대체 어떤 생각을 품었던 것인지를 이해하기 위해서 필수적인 것들이었다고 생각합니다. 이건 전혀 말로만 떠드는 허풍이 아니었습니다. 오히려 그것은 하느님의 백성이 더 이상 하느님의 백성이 아니라는 충격[의 표현]이었던 겁니다.

　여러분에게 이 점에 대해 강의하면서 저는 또한 이 말이 여전히 현재성을 띠는 것이라는 사실을 보여 드리고 싶었던 겁니다. 왜냐하면 화해의 날은 말하자면 오늘날에도 모든 유대인이 함께 경험하게 되는 모종의 힘을 가지고 있기 때문입니다. 로젠츠바이크는 화해의 날에서 유대인들의 영혼이 가진 현상학적 면모의 핵심을 정말 천재적으로 간파해 냈던 겁니다. 도대체 누가 그런 책을 쓸 수 있겠습니까? 그것도 [제1차 세계대전

중] 마케도니아 전선에서 어머니께 보내는 우편엽서에다 쓰는 글을 통해서 그 책을 마무리했다니 말입니다. [언뜻 하찮아 보이는 전례용] 의복과 제스처에 주목함으로써 그는 엄청난 사실을 보여 주었습니다. 그리고 이 방식은 어쨌든 저한테는 눈이 번쩍 뜨이는 것이었지요. 신학부에서 전례학Liturgik이라는 분야를 얼마나 경시하는지에 대해서 저는 잘 알고 있습니다. 만약 전례를 통해 어떤 사태가 벌어지는지에 대해서 정말로 잘 아시는 분이 있다면, 그분은 정말로 정말로 중요한 분일 겁니다. 그것만으로도 초빙을 할 필요가 있을 정도로 중요한 분이지요.

어쨌든 이 점에 있어 전례학에 대한 일반적 표상과 저의 표상은 근본적으로 갈라집니다. 저는 전례학으로부터 신학을 도출해 내는 방식에 끌립니다. 아마도 이건 가톨릭적 사고방식이겠지요. 제가 보기에 이런 생각엔 프로테스탄트보다는 가톨릭적 사유가 더 공감하기 쉬울 것 같습니다. 여기서 제가 예로 들고 싶은 인물은 한스 우어스 폰 발타자르[9]입니다.[10]

---

9) 한스 우어스 폰 발타자르(Hans Urs von Balthasar, 1905~1988). 스위스의 신학자. —옮긴이
10) Hans Urs von Balthasar, *Herrlichkeit, Eine theologische Aesthetik*, Einsiedeln: Johannes Verlag, 1961.

4장 프네우마: 구원사의 능가와 이 세계의 극복
—「로마서」9~13장 독해

제 친구이자 동료인 아스만Jan Assmann이 보내 준 멋진 그림이 하나 있는데——귄터 보른캄Günther Bornkamm이 쓴 책에서도 볼 수 있는 그림이지요——저는 이 그림을 특별히 아껴서 항상 가방에 지니고 다닙니다. 왜냐하면 이 그림은 중세 석공이 가졌을 법한 소박함 속에서 모든 것을 말해 주고 있기 때문이지요. 그림 읽는 법을 아는 사람에게 말입니다. 이 그림은 베즐레Vézelay 성당——제가 보기엔 이 성당이야말로 유일한 교회인 것 같은데요——의 기둥머리를 찍은 것입니다. 이 기둥에 대해 제가 할 수 있는 말은, "성스러운 것이 돌로 만들어졌다"라는 것입니다(샤르트르Chartres 성당만 해도 저한테는 그냥 키치에 불과합니다. 베즐레 성당에 견주어 보자면요. 다시 한번 베즐레를 가 보는 것은 제 소원 가운데 하나입니다). 이 그림은 위에서 곡물을 쏟아붓는 모세와 아래에서 그것을 복음의 자루에 받아 넣는 바울을 보여 줍니다. 이 장면을 설명하는 텍스트를 쓴 사람은 생드니Saint Denis 수도원장 쉬제Suger입니다. 라틴어로 여러분을 괴롭히고 싶지 않아서, 제가 직접 번역을 했습니다(단어 하나가 불분명해서 중세 라틴어 연구소에 전화를 해야 했습니다. 이 연구소가 누구한테서 문의 전화를 받은 건

제 전화가 처음이었답니다). 텍스트는 이렇습니다.

> 바울, 당신께서는 곡물을 빻아서 껍데기를 빼고 곡물가루만 가려내십니다. 모세 [율]법의 알맹이를 당신께서는 우리에게 알려 주십니다. 저 모든 곡물들에서 껍데기가 섞이지 않은 참된 빵이 나오고, 그래서 우리와 천사의 영원한 양식이 됩니다.

저는 이 글이 진짜 멋지다고 생각합니다. 제가 지니고 다니는 이 텍스트는, 생각의 끈을 놓쳤을 때면 한번씩 들여다보곤 하는 것인데, 이걸 보면 제가 어디에 서 있는지를 다시금 깨닫게 됩니다.

이것은 모세와 바울이라는 테마입니다. 물론 이 그림은 그리스도교적 이미지입니다. 중세적 알레고리죠. 더 정확히 말하자면, 그리스도교인들이 생각하는 모세-바울의 예표론^{Typologie}[1]을 표현한 그림입니다. 물론 이 그림은 제가 **생각하는** 바울을 그린 건 아닙니다. 여기서 저는 11세기의 한 수도원장이 바울을 어떻게 생각했는지를 알 수 있습니다. 이것은 그리스도교적 경험의 총체^{Summe}입니다(그렇죠. '그리스도교 신자'^{Christ}라는 단어는 바울에게는 존재하지 않습니다. 놀랍게 들리시겠지만, 어쨌든 사실이 그렇습니다. 이건 사소한 문제가 아닌데요. 왜냐하면 바울이 이 말을 쓰려고 했다면, 얼마든지 쓸 수 있었을 테니까요). 저는 이 텍스트 자체가 너무나도 촘촘하다고 생각했고, 그렇기 때문에 항상 몸에 지니고 다닙니다. 모세와 바울에 대해서 제가 할 수 있고 해야 하는 이야기는 물론 이와는 다른 겁니다.

---

1) 『신약성서』의 사건이나 인물을 『구약성서』의 그것에 의거해서 해석하는 방법론을 가리킨다. 가령 큰 물고기 뱃속에 사흘 동안 갇혀 있다가 빠져나온 요나는 죽었다가 사흘 후에 부활하신 예수 그리스도를 '예표'한다는 식으로 해석하는 것이다. ―옮긴이

저의 테제는, 바울이 스스로를 모세를 능가하는 자^{Überbieter}로 생각했다는 것입니다. 여러분은 분명 『구약성서』과 『신약성서』 사이의 예표론적 관계에 대해서 알고 계실 겁니다.

「마태복음」을 예로 들어 봅시다. 여기서는 산상수훈이 시나이산 설교^{Sinai-Predigt}를 능가하죠. "옛 사람들에게는 이렇게 말씀이 내려졌다. 그러나 나는 너희에게 말하노니……"[이런 식이죠]. 이것은 『구약』을 능가하기 위한 전략입니다. 그러니까 구원사라는 것은 모조리 모방된 겁니다. 예수는 이집트로 도망을 가야 했고, 또 이집트에서 돌아와야 했으며, 또 이런저런 등등이지요. 여기서는 그리스도가 모세를 능가하는 방식으로 평행선이 그어집니다. 바울에게 모세가 문젯거리였다는 사실, 그것도 아주 골치 아픈 문제였다는 사실, 이 사실을 여러분은 「고린도후서」에서 확인해 볼 수 있습니다. 거기에는 모세-인용이 수두룩합니다. 이 자리에서 일일이 다 열거할 수 없을 정도입니다. 거기에는 가려진 얼굴[모세]도 있고, 드러난 얼굴[바울]도 있습니다. 그러니까 옛것과 새것이라는 문제가 너무도 철저하게 다루어지고 있어서, 도무지 이 철저함을 능가할 수 없을 정도입니다. 그리고 거기서는 모세의 이름이 직접 거론되지요. 이에 반해, 그렇죠, 마태는 능가를 의도한 버전 치고는 너무 비실비실합니다. 「고린도후서」의 능가 전략에 비교하자면 말이죠. 가장 중요한 구절들을 떠올려 보세요. 모세와 유대인들에게 드리워진 너울이 벗겨질 것이라는 내용 말입니다.[2]

바울-모세의 비교는 바울 자신이 직접 억지로 만든 겁니다. 그러니까 저의 테제는, 그리스도교의 근원은 본디 예수가 아니라 바울에게 있다는

---

2) 「고린도후서」 3장 16절을 참조하라. "이 너울은 모세의 경우처럼 사람이 주님께로 돌아갈 때에 비로소 벗겨집니다." ―옮긴이

것입니다. 그리고 이 테제의 근거는 모세와 바울의 평행성에서 찾을 수 있습니다. 종교사가로서 ——신학자가 아니라—— 저는 바울이 이 문제로 씨름했다고 봅니다. 제가 여러분에게 이토록 길고 벅차고 과도한 도입 강의를 한 것은 바울의 문장, 「로마서」 9장 1~3절을 제대로 이해하기 위해서였습니다. 저주를 받아 떨어져 나간다는 것, 이게 바울에게 무엇을 뜻했는지를, 그리고, 그럼에도 바울은 모세와는 다른 선택을 했다는 사실을 진지하게 생각해 보기 위해서였습니다. 그리고 바울의 모세 비판의 근거를 여러분은 「고린도서」에서 보실 수 있습니다. 어쨌든 저는 봤습니다. 저는 이 테제가 문헌학적으로도 타당하고, 또 종교상징학의 차원에서도 그렇다고 생각합니다(이 점에 대해 이야기할 때 저와 칼 슈미트는 아무런 이견이 없었습니다. 상징이 무엇인지를 그는 곧바로 이해했지요. 곧바로 정확하게 이해하더군요. "나머지 이런저런 주해 작업들은 모두 학자들의 몫으로 남겨 둡시다" [라고 슈미트는 말하더군요]. 확실히 이런 식의 직관적 방법은 위험하긴 합니다만, 그래도 그것도 할 수 있는 사람이 따로 있는 법이지요. 아, 물론 제가 아니라 슈미트를 말하는 겁니다. 슈미트가 할 수 있다는 뜻이죠). 그리고 저는 이 논쟁적인 태도, 바울이 모세를 평가했던 것과 같은 논쟁적인 이 태도, 이게 절대적으로 핵심이라고 느낍니다.

그렇습니다. 바울이 경쟁 상대로 삼은 인물은 그리스도라는 테제를 내세우는 사람들이 있습니다. 바울이 그리스도요, 그리스도의 고통을 짊어지는 사람이라는 것이지요. 저는 이게 완전히 과장이라고 생각합니다. 왜냐하면 바울은 항상 종^{doulos}이었기 때문입니다. 항상 봉사하는 사람이었기 때문이지요. 아닌 겁니다. 그 테제는 아닙니다. 바울은 그렇게 생각하지 않았습니다. 바울이 경쟁하려 한 건 모세였습니다. 분명합니다. 그리고 그에게는 모세와 똑같은 과업이 있었습니다. [새로운] 민족을 세우는 것이었지요. 그리고 이 일은 「로마서」 9~13장을 통해 수행됩니다. 9~11장에서는 새로운 신의 백성[민족]의 정당성이 마련되고, 12장에서는 그리스도교적 삶이 어떤 것인지 제시됩니다. 그리고 13장, 흠, 여기서는 어쨌든 저 악한 로마 제국에서 살아가야 할 사람들에게 어떻게 살아야 되는지를 말해 줍니다. 어차피 망해 갈 나라인데, 반란이나 봉기를 일으켜서 뭐하겠냐는 말이지요. [이 제국을 위해서] 열심히 일해 봐야 소용없다, 어차피 그 모든 게 다 사라질 거다, 이런 내용입니다. 그런 건 이야기할 가치도 없는 것이라는 거죠. 정적주의quietistisch인 겁니다. 트뢸취[3] 씨가 말하는 것처럼 말입니다. 한번 보세요. 그런데 문제는 이렇습니다. "정적주의인 것은 맞다. 그러나 그 깊이가 도대체 얼마나 깊으냐?" 저는 이렇게 생각합니다. 그런데 여기서 칼 바르트[4]가 「로마서」 주해를 하면서 정말 천재적인 방식으로 판결을 내려 버립니다. 12장의 마지막 문장을 13장에 가져다 붙임으로써 사태 전체를 바라보는 데 완전히 새로운 관점을 준 것이지요. 여기서 그는 우리 눈을 번쩍 뜨이게 만든 겁니다. "네가 [이 세상에서] 무슨 일을 하건 그 모든 건 결국 악das Böse이다"라고 말한 겁니다. 저는 이런 유의 멘털리티를 잘 알고 있습니다. 저한테는 전혀 낯설지 않은 것이죠. 저는 여권을 가지고 있습니다. 그렇지만 제가 제 조국과의 관계에 있어서 여권 말고 그 이상 가진 게 뭐가 있겠습니까? 대통령 이름이 레이건이라는 걸까요? 여러분한테는 제가 미국 사람처럼 느껴지십니까?

---

3) 에른스트 트뢸취(Ernst Troeltsch, 1865~1923). 독일의 프로테스탄트 신학자, 정치가, 문화철학자. 한국에는 그의 책 중 『기독교사회윤리』(현양학 옮김, 한국신학연구소, 2003)가 번역되어 있다.—옮긴이
4) 칼 바르트(Karl Barth, 1886~1968). 스위스의 복음주의적 개혁주의 신학자. 20세기의 가장 중요한 신학자로 꼽히며, 주저로 『로마서 강해』(조남홍 옮김, 한들출판사, 1997)가 있다.—옮긴이

그러니까 바울은 자기가 무슨 말을 하고 있는지를 잘 알고 있었던 겁니다. 새로운 공동체를 정당화하려는 과업에 착수했을 때 말입니다. 잘 모르겠군요. 9~11장에 『구약성서』 인용이 그득 들어 있다는 사실이 여러분한테도 분명히 인지되었는지 말입니다. 바울이 평소 인용하는 비율을 훨씬 상회합니다. 평소에도 충분히 많이 하긴 하지만요. 그러니까 「로마서」 9~11장은 바로크적으로 과부하가 걸려 있는 겁니다. 물론 바울에게는 절대적으로 필요한 일이었지요. 왜냐하면 이제는 이방인에게 문을 열어 줄 때가 됐다는 사실을 확증하기 위해서는 『성서』상의 전거典據가 필요했기 때문입니다. 유대 민족, 하느님의 거룩한 백성이 되는 문을 이방인에게도 여는 겁니다. 그리고 이 거룩한 하느님의 백성의 형상이 변화됩니다. 다시 말해 옛 사람들의 존재가 어딘가 흐릿해지는 것이지요. 모세라면 이런 일을 절대 하지 않았겠지요. 이 점을 바울은 너무도 잘 알고 있었습니다. 자기가 맡은 사명은 전무후무한 것이고 유일무이한 것이라는 사실을 말입니다. 저한테는 여기, 9장 초반부에서 바울이 한 이야기들이 겉치레 수사로 읽히지 않습니다. 지금 그는 엄청난 슬픔과 고통 속에 짓눌려 있는 겁니다. 아들의 자격, 연합Bund 5) 선조들, 이 모든 것들과 결별하는 순간이니까요. 이 하나하나가 다 이 민족[의 삶]을 지탱해 주는 것들이지요. 과연 누가, 그렇게 끔찍이 이스라엘을 생각하면서도, 과연 누가 그것들과 결별하려는 발걸음을 떼는 일을 할 수 있겠냐는 말입니다.

이와 관련해 한 가지 이야기를 여러분에게 들려드리겠습니다. 저에게는 정말 좋은 친구가 한 사람 있습니다. 지금은 스톡홀름의 주교지만, 예전에는 하버드 대학 교수였지요. 거기서 알게 되어 친해졌습니다. 크리스

---

5) 『성서』와 신학 서적들에서는 보통 '언약'으로 번역되는 개념이다. —옮긴이

테르 스텐달[6]이라는 사람입니다. 그리고 제가 기억하기로——이 이야기는 순전히 개인적인 이야기로 들려드리는 겁니다!——이 친구가 언젠가 뉴욕의 저희 집을 방문한 적이 있습니다. 우리는 엄청나게 큰 벽난로 앞에 앉아 있었지요. 그런데, 크리스테르, 괴벨스Paul Joseph Goebbels가 질투할 정도로 진짜 전사형 인물이었던 이 친구가 저한테 이렇게 말하는 겁니다. "내 진짜 걱정은, 내가 '이스라엘 국가'commonwealth of Israel에 소속될 수 있을까 하는 점이라네"(우리는 영어로 대화했습니다). 그때 저는 이렇게 혼잣말을 했지요. "크리스테르, 슈퍼-아리아인Super-Arier인 자네에게, 지중해 쪽에서 보자면 세계의 끝이라 할 만한 스웨덴 출신의 슈퍼-아리아인인 자네에게, 그것 말고 다른 걱정이 없단 말인가?" 없었던 거죠. 다른 걱정거리라고는 전혀 없었습니다! 그때 저는 바울이 어떤 일을 해냈는지 알게 되었지요. 저 스웨덴의 원시림——제 출신 지역에서 보자면 그렇다는 겁니다——에서 태어난 사람으로 하여금 '이스라엘 국가'에 소속될 수 있을까를 걱정하게 만든다는 것, 이것은 바울이 없었다면 생각할 수 없는 일이지요(저는 이렇게 말해서 그를 안심시켰습니다. "내 옆에 있으면 들어갈 수 있을 걸세").

　　문제는 이렇습니다. 도대체 어떻게 하면 프네우마[성령]pneuma라고 불리는 것에 이를 수 있는가? 독일어로 번역하자면, '가이스트'Geist가 되는 단어지요. 자, 가이스트란 무엇일까요? 저는 헤겔이 이 단어를 어떻게 이해했는지를 확인하는 것에서부터 시작하고 싶습니다. 헤겔은 우리한테 그리 먼 사람이 아닙니다. 헤겔과 우리 사이에 엄청난 폭포, 가이스트를 때리는 엄청난 폭포가 흐르고 있긴 하지만 말이죠. 헤겔과 우리 사이에는

---

6) 크리스테르 스텐달(Krister Stendahl, 1921~2008). 스웨덴의 신학자, 신약학자. 하버드 대학 신학부 교수로 봉직했다. ─옮긴이

폭로와 고발이 판을 치고 있습니다. 가이스트는 굴욕을 당한 겁니다. 경제학적으로 굴욕당했고, 맑스죠, 충동에 의해 굴욕당했습니다. 니체와 프로이트가 그랬지요. 그래서 이렇게, 가이스트는 굴욕을 당했습니다. 그리고, 이제, 신마저 고소를 당하기에 이릅니다. 그러고 나니 남는 건 머저리들Nebbich[7]밖에 없게 되었지요. 이 정신과학[인문학][8]이라는 것을 공부하는 사람 중에 가이스트라는 개념이 무슨 일을 하는 것인지 아는 사람은 한 명도 없게 된 겁니다. 이건 헤겔의 개념일까요? 아니면 [이도 저도 아니어서 그냥] 도매금으로 처리되는 개념인가요? 아무튼 저로서는 이 한 가지는 말씀드릴 수 있습니다. 정신과학이 말하는 가이스트라는 것은 제가 보기에 너무 애매한 개념입니다. 저는 그 개념을 이해하지 못하겠습니다.

그렇지만 헤겔에게 정신이 무엇이었는지는 분명히 알 것 같습니다. 이와 관련해서 핵심적인 책이 바로 『정신현상학』——원래 제목은 좀 달랐는데, 결국 『정신현상학』으로 낙찰됐죠——입니다. 그리고 [정신과는 별도로] 이 책 자체 역시 이 세계에서 제 나름의 행보를 취하지요. 그래서 그 자체로 또 해석이 되어야 하고요. 그런데 여기서 제 눈에는 「서문」의 두 문장이 눈에 띕니다. 이 「서문」은 원래는 「후기」였는데요. 헤겔은 이 글을 맨 마지막에 썼는데, 인쇄 과정에서는 먼저 인쇄되었습니다. 그렇지만 이 저작이 어떻게 생겨났는가 하는 점이 지금 우리의 문제는 아니지요. 아무튼 두 문장이 매우 흥미로운데요. 그런데 이 두 문장 덕분에 대학에서 월급

---

7) 이디시어에서 유래한 단어로 오늘날에는 '따분한 사람' 정도의 뜻을 갖고 있다.—옮긴이

8) 정신과학(Geisteswissenschaft)은 17세기부터 독일어에서 프네우마티카(pneumatika), 즉 '영혼론', '심리학', '철학'을 뜻하는 단어였으나, 오늘날에는 인문학 전반을 뜻하는 용어가 되었다. 이 단어를 이렇게 확장시킨 사람은 빌헬름 딜타이(Wilhelm Dilthey)로 그는 『정신과학 서설』(*Einleitung in die Geisteswissenschaften*, 1883)이라는 책에서 이 말을 오늘날 통용되는 의미로 사용하였다.—옮긴이

받아먹고 사는 철학 교수들이 많습니다. 20년에 한 번씩 이 문제에 관한 견해를 갈아 치우는 사람들이지요. 「서문」에서 두 문장을 뽑아 읽어 드리겠습니다. 강령적인 문장과 설명하는 문장입니다.

오직 체계 자체를 제시함으로써만 정당화될 수 있을 나의 견해로는 결국 모든 문제는 참된 것[진리]을 실체Substanz로서뿐 아니라 주체Subjekt로서도 파악하고 표현해야 한다는 것으로 귀착된다.[9]

그렇죠, 실체. 이것에 대해서는 할 이야기들이 많으실 겁니다. 스피노자, 청년 셸링 등등 말이죠. 그런데 [헤겔은] "문제는 이것을 주체로서도 파악하는 데 있다"고 말하고 있습니다. 물론 여기서 그가 생각한 게 무슨 조그마한 유한한 자아Ich는 아니었습니다(왜 아닐까요? 하지만 지금은 이 물음을 제쳐 둡시다). 이게 바로 헤겔 현상학의 강령입니다. 이 문장은 호프마이스터Hoffmeister판 24쪽에서 이렇게 설명됩니다.

참된 것은 오직 체계로서만 현실적인 것이며, 혹은 실체는 본질적으로 주체라는 사실, 이것은 정신Geist으로서의 절대적인 것[절대자]이 발화하는 표상 속에서 표현된다.[10]

이제 우리는 어째서 그가 가이스트를 힘주어 강조하고 있는지를 이해할 수 있습니다.

---

9) 게오르크 빌헬름 프리드리히 헤겔, 『정신현상학 1』, 임석진 옮김, 한길사, 2005, 51쪽. 번역은 수정했다. ― 옮긴이
10) 같은 책, 61쪽. 번역은 수정했다. ― 옮긴이

[이것은] 가장 숭고한 개념이자 근대와 근대의 종교에 속하는 개념이다.[11]

그러니까, 이것은 아리스토텔레스의 누스[신적 이성]^Nous 가 아닙니다. 헤겔은 이것을 『엔치클로페디』*Enzyklopädie der philosophischen Wissenschaften* 말미에서 불러들이지요. 그러나 실제로 헤겔은 누스를 [아리스토텔레스와는] 전혀 다른 방식으로 이해했습니다(제 생각으로는 토이니센[12]이 그의 책에서 이 점을 아주 명확하게 해명한 것 같습니다[13]). 그렇지만 저는 여기서 무슨 헤겔주의 잡담학^Schmonzologie 같은 걸 강연하려는 게 아닙니다. 이 문장은 바로 헤겔이 가이스트를 가장 숭고한 개념으로, 근대와 근대 종교에 속하는 것으로 해석한 최초의 문장, 그리고 명시적인 문장입니다.

그러면 이렇게 생각할 수도 있을 겁니다. "헤겔은 참 경건한 영혼이었구나." 그러나 헤겔은 비열할 정도로 똑똑한 인간이었습니다. "도대체 이 가이스트란 녀석은 어디에 나오는 건가" 하고 물어봤다고 칩시다. 물론 제가 이렇게 물어봤다는 말입니다. 가이스트는 『정신현상학』 6장에 나옵니다. 여기서 헤겔은 그리스의 도시국가들[폴리스], 통치, 그리고 전쟁에 대해서, 그리고 로마 임페리움^Imperium, 로마 제국에 대해서, 프랑스 혁명에 대해서, 그리고 프랑스 [계몽]철학자들^philosophes이 준비했던 프랑스 혁명의 전사前史에 대해서, [독일] 계몽주의에 대해서, 또 뭐 이런저런 많은 것

---

11) 헤겔, 『정신현상학 1』, 61쪽. ─옮긴이

12) 미하엘 토이니센(Michael Theunissen, 1932~). 독일의 철학자. 저서로 『존재와 가상: 헤겔 논리학의 비판적 기능』(나종석 옮김, 용의숲, 2008) 등이 있다. ─옮긴이

13) Michael Theunissen, *Hegels Lehre vom absoluten Geist als theologisch-politischer Traktat*, Berlin: de Gruyter, 1970.

들에 대해서 이야기하고 있습니다. 그는 여기서 세계사를 묘사하고 있는 것이지, 무슨 정신과학이 생각하는 정신[가이스트]에 대해서 이야기하는 게 아니란 말이지요. 종교, 예술, 문화, 이런 게 아니라 피 터지는 세계사를 가이스트라고 얘기하고 있단 말입니다!

당연히 이것은 바울이 프네우마를 말하면서 생각했던 것과 같은 게 아닙니다. 헤겔에게는 "세계정신"Weltgeist이라는 말이 있지요. 이 단어는 니트함머Friedrich Niethammer한테 보낸 편지에 나옵니다.[14] 제가 알기로는요. 이 편지는 예나에서 대포가 터지고 난리가 나던 중에 쓴 편지입니다. 그리고 여기서 헤겔은 니트함머한테 ──정말 자주 인용되는 구절이지요── "말 위에 탄 세계정신을 본 것 같다"고 씁니다. 이건 정말 말도 안 되는 소리지요. 그리고 이 부분은 헤겔이 말한 것[가이스트]에 대해서 사람들이 전혀 모르고 있다는 사실을 증명해 줍니다. 왜냐하면 여기서 헤겔은 명시적으로 세계영혼Weltseele을 말하고 있으니까요. 그리고 세계영혼이란 그리스어로 프시케 코스모우psyche kosmou인데요. 이것은 신플라톤주의가 말하는 무의식적인unbewußt 영혼에 해당합니다. 말 위에 탄 나폴레옹 안에 역사가 응축되고 있다는 거죠. 그런데 이 역사가 무슨 의미를 갖는 것인지, 이것을 헤겔 씨는 이 책에서 말하고 있는 겁니다. 이게 바로 세계정신이지요. 예나 시의 언덕 위에 서 있던 나폴레옹에게서 역사가 응축되었다면, [이 역사에 대한] 해석은 헤겔의 『정신현상학』 안에서 응축되고 있는 겁니다.

그런데 세계정신이란 것은 존재합니다. 그것도 바울에 대항하는 논쟁적인 개념으로서 존재합니다. 왜냐하면 바울은 「고린도서」 2장에서 프네우마 토우 코스모우pneuma tou kosmou, 즉 이 세계의 프네우마[세계정신], 혹

---

14) 1806년 10월 13일자 편지.─옮긴이

은 이 아이온^{Äon}의 프네우마를 부정적인 개념으로 이야기하고, 이와 구별되는 것으로 **프네우마 토우 테오우**^{pneuma tou theou}, 하느님의 영[성령]을 이야기하고 있으니까요. 헤겔은 일부러 논쟁적인 방식으로 세계정신을 긍정적인 것으로, 마치 실제로 있는 것^{Positivum}인 양, 실체^{Hypostase}인 양 말하고 있는 겁니다(물론 실러의 영향으로 **세계심판으로서의 세계사**^{Weltgeschichte als Weltgericht}를 말하는 부분도 있습니다. 이런 것들은 전부 관념론의 잔재라고 할 수 있지요). 그러니까 헤겔만 해도 가이스트가 무엇을 뜻하는지를 제대로 알아내기는 매우 어렵습니다. 24쪽에서는 또 이렇게 씁니다. "정신적인 것^{das Geistige}만이 현실적인 것^{das Wirkliche}이다."——그러니까 이런 것들은 제가 더 이상 전혀 이해할 수 없는 것들입니다. 무슨 본질적인 것^{das Wesende}이니 즉자존재적인 것^{das Ansichseiende}이니 하는 것들 말이죠. 이런 것들은 전부 전문가 분들이나 알 수 있는 것들이겠지요.——하지만 어쨌든 정신[가이스트]이 현실적인 것이라는 점은 분명합니다.

요즘 누가 이런 말을 할 수 있겠습니까? 우리는 정신이 굴욕을 겪었다는 사실을 알고 있습니다. 우리는 이 굴욕^{Blamage}의 증인으로 세 명을 꼽습니다. 19세기를 돌파하기 위해서는 꼭 알아야 될 사람들이지요. 경제적인 이유(맑스죠), 철학적인 이유(니체입니다), 그리고 심층심리학적인 이유(프로이트죠)로 정신에게 혐의를 덮어씌운 것입니다. 그러면 우리는 어떻게 프네우마의 개념에 도달할 수 있을까요? 저는 여기에 아주 심각한 문제가 있다고 느낍니다. 제가 이제부터 여러분에게 제시해 드리는 길^{Weg}은 삶의 경험으로서의 프네우마적인 것을 알레고리적 텍스트 경험과 결합시키는 방향으로 나아갈 겁니다.

알레고리적 해석^{sensus allegoricus}은 이미 루터 이래로 프로테스탄트 교회에서는 엄격히 금지되었습니다. 왜냐하면 알레고리 안에는 자의성^{das}

Arbiträre이 있다고 보았으니까요. 꼴리는 대로 해석할 수 있고, 꼴리는 대로 말할 수 있고, 마음대로 A에 C를 갖다 붙일 수 있다는 말이죠. 브리콜라주스러운bricolage-artig 방식이라는 말입니다. 여기서 우리 눈을 번쩍 뜨이게 해준 첫번째 인물이 바로 『독일 비애극의 원천』을 쓴 발터 벤야민이죠. 벤야민은 알레고리적 해석이 텍스트 형식에 그치는 것이 아니라 삶의 형식Lebensform이기도 하다는 점을 보여 주었습니다. 이 문제에 대해서는 나중에 다시 언급할 생각입니다. 반면에 스피노자에서부터 시작되는 근대 『성서』 비평——이 부분에서 저는 에벨링처럼 루터에서 시초를 잡는 프로테스탄트 『성서』 비평[15]과 거리를 두는 편입니다——따위는 전혀 쓸모가 없다고 생각합니다. 역사적 해석sensus historicus은 가톨릭 신학자 리하트르 지몬Richard Simon에 의해서 전개된 겁니다. 이 사람에 대해서는 뭐라 말하기가 어렵습니다. 어떤 이들은 자유로운 정신Freigeist이라고 하고, 또 어떤 사람들은 하느님한테 미친 사람gotttrunken이라고 부르니까요. 여러분이 알아서 생각하시면 되겠습니다. 베네딕투스 스피노자는 교회의 해석, 회당의 해석, 그러니까 랍비적인 해석이나 그리스도교적인 해석을 뒷받침하던 근거를, 그러니까 생명줄Lebensfaden을 끊어 버리려 시도했던 최초의 인물이죠. 텍스트를 다양하게 해석할 수 있게 해주는 열린 의미sensus가 아니라, 역사적 의미sensus historicus나 축자적 의미sensus literalis만을 인정했던 겁니다. 이게 『에티카』Ethica에서는 기하학적 방식more geometrico으로 전개되었든 아니든 간에, 아무튼 『신학-정치적 논고』Tractatus Theologico-Politicus에서는 확실히 벌거벗은 의미sensus nudus가 될 뿐입니다. 역사적 해석 안에서 전개되는 것만 정당성을

---

15) Gerhard Ebeling, *Evangelische Evangelienauslegung: Eine Untersuchung zu Luthers Hermeneutik*, 3. Aufl., Tübingen: Mohr, 1991.

갖는 것이고, 나머지는 전부 이데올로기 아니면 사기^{Schwindel}라는 것이죠.

스피노자의 문제는 문헌학에서, 신학과 철학에 맞서서 순화 기능을 하는 문헌학에서 철저해집니다. 문헌학은 신학과 철학에 대한 암묵적인 비판이지요. 이 점과 관련해서는 여러분에게 니체의 텍스트 하나를 직접 읽어 드리고 싶습니다. '그리스도교의 문헌학'^{Die Philologie des Christentums}이라는 제목의 글입니다.

〈그리스도교의 문헌학〉

정직과 정의에 대한 감각을 육성하는 데 그리스도교가 얼마나 무심했던가에 대해서는 그리스도교 학자들의 저술이 갖는 성격을 살펴보면 잘 알 수 있다. 그들은 자신들의 추측을 마치 교리인 양 뻔뻔하게 제시하며, 『성서』 구절의 해석에 있어서 정직한 당혹감을 보이는 적이 거의 없다.[16]

키워드는 "정직성"^{Redlichkeit}입니다. 더 이상은 진리가 존재하지 않게 되자——니체 이후로, 니체부터 베버까지죠——이제 새로운 기준^{Kriterium}이 등장합니다. 정직성이라는 기준이죠. 그리고 니체는 이제 이것을 들이파기 시작합니다.

그들은 끊임없이 "나는 옳다. [『성서』에] 이렇게 쓰여 있으니까"라고 말하면서, 여기에 파렴치한 자의적 해석을 갖다 붙인다. 이 소리를 듣는 문헌학자는 어이없는 분노에 사로잡혀서 거듭 이렇게 자문한다. 이게 가능한

---

16) 프리드리히 니체, 『아침놀(니체 전집 10)』, 박찬국 옮김, 책세상, 2004, 94쪽. 번역은 수정했다.—옮긴이

일인가! 이런 것을 정직하다고 하는 것인가? 이런 걸 두고 건실하다고 하는가?──이 점과 관련해, 프로테스탄트 교회의 설교 단상에서 어떤 부정직성이 자행되고 있는지, 자기 말에 감히 대들 수 없다는 이점을 목사가 어찌나 노골적으로 휘두르는지,『성서』가 얼마나 짜부라져 있는지, 온갖 형태의 **조악한 독서의 기술**이 민중에게 얼마나 제공되고 있는지, 이런 것들을 과소평가하는 사람이 있다면, 그는 분명히 단 한 번도 교회에 가 본 적이 없거나 항상 교회에 가는 사람일 것이다. 아무튼 결국, 이 종교가 창시된 이후 수세기 동안『구약성서』에 대해 저 전대미문의 문헌학적 광대극을 상연한 결과로부터 무엇을 기대할 수 있겠는가. 내가 말한 광대극이란, 유대인들은『구약성서』를 부당하게 자신들의 것인 양 취했을 뿐이라고 주장하며『구약성서』에는 오직 그리스도교의 가르침만이 들어 있으며, 따라서『구약성서』는 **참된** 이스라엘 민족인 그리스도교인에게 속하는 것이라고 주장하는 것을 뜻한다. 그래서 이제 사람들은 선한 양심을 가진 이에게는 도무지 어울리지 않는 짓인 온갖 곡해와 억지를 일삼게 되었다. 유대인 학자들이 그토록 격렬하게 항의했음에도, 이제『구약성서』는 곳곳에서 그리스도에 대해서, 오직 그리스도에 대해서만 이야기하는 텍스트가 되어 버렸다. 다시 말해 장작, 막대기, 사다리, 나뭇가지, 나무, 초원, 지팡이 등등이 살짝 언급되기만 해도 그것은 이미 십자가에 대한 예언을 뜻하게 되었다. 외뿔 짐승과 청동 뱀이 곧추서는 것도, 기도를 하기 위해 팔을 뻗친 모세도, 더욱이 어린양을 꿰어 굽는 꼬챙이까지도, 모든 것이 십자가에 대한 암시가 되었고, 또 말하자면 서곡이 되었던 것이다! 일찍이 이렇게 주장한 사람들 중에 정말로 그렇게 **믿은** 사람이 있었을까?『70인역』*Septuagint*의 원문을 늘려서(「시편」96장 10절이 그 예이다) 그리스도교 예언을 의미하는 구절로 슬쩍 밀수입해 쓰는 일을 교회가 전혀 주저하지 않았던 것을 생각해 보라. 이들은 다름 아니라 전쟁을 하고 있었으며, 그렇기에 정직성 따위는 안중에도 없이 오로지 적을 때려 부수는 일에만 골몰해 있었던 것이다.[17]

보셨죠? 이 텍스트의 근본 어휘는 정직성입니다. 그리고 여기서 니체는 묻습니다. 도대체 누군가가 정직해야 한다고 주장하면서 그 말 그대로 믿었던 적이 있었던가? 저는 이렇게 말하겠습니다. "있다. 사도 바울." 그리고 「로마서」 9~11장의 기획이 바로 이겁니다. 저는 이제 밀도 높은 독해를 시작해 보려 합니다. 하지만 이 독해를 하루 이틀 만에 끝낼 수 있으리라는 희망을 갖고 있진 않습니다. 누구든 이 텍스트에 담긴 내용을 거시적이고 전체적인 차원에서는 알고 있다는 전제를 깔아 둡시다. 저는 이보다는 좀더 밀착해서 9~11장을 읽어 보려고 하는데, 왜냐하면 여기서 니체가 철저히 그 정직성을 의심했던 작업, 프네우마를 정립하려는 작업 Pneumatisierung이 행해지고 있기 때문입니다. 프네우마를 백성[민족]을 변화시키는 힘, 텍스트[『성서』]를 변화시키는 힘으로 정립하는 작업이지요.

자, 그런데 물론 어떤 것도 진공 상태에서 생겨나는 법은 없습니다. 장 페팽의 『알렉산드리아 알레고리 주석가들』Alexandrinische Allegorese이라는 책을 참조할 수 있겠군요. 알렉산드리아 학자들에서 불트만까지를 다루고 있는 책인데요. 너무 전형적으로 프랑스적인 책이기는 합니다.[18] 뭐가 중요하고 뭐가 안 그런지는 전혀 고려하지 않고 써 내려간 책이죠. 그래서 저

---

17) 니체, 『아침놀』, 94~95쪽. 번역은 수정했다. ─옮긴이

18) Jean Pépin, *Mythe et Allégorie: Les origines grecques et les contestations judéo-chrétiennes*, Paris: études Augustiniennes, 1958; Pépin, *La tradition de l'allégorie de Philon d'Alexandrie à Dante*, Paris: études Augustiniennes, 1987.

는 한스 벤슈케비츠가 1932년에 쓴 별책본^{Beiheft}을 참조할까 합니다. 『『신약성서』에 나타난 제의 개념들의 성령화[정신화]에 대하여: 사원, 사제, 희생양』이라는 제목의 책입니다.[19] 이 책을 참조하는 이유는 제가 여기서 의도하지 **않은 것**이 무엇인지를 보여 드리기 위해서입니다. 이 책에서 벤슈케비츠는 성령화에 대해 말하고 있는데, 이것은 물론 바울한테서 중요한 역할을 하는 개념이지요(벤슈케비츠 책 110~138쪽을 참조하시기 바랍니다). 여기서 이 책에 대해 자세히 이야기할 수는 없습니다만, 간단히 말씀 드리자면 바울을 알레고리 주석가^{Allegorese}로 파악하고 있는 책입니다. 이와 관련해 오늘날 우리가 가지고 있는 개념들은 너무도 정확해서 여기서 문제가 되는 것이 위쪽으로의 **변화**^{transfiguratio}, 항상 위쪽으로만 향하는 변화만은 아니라는 사실을 보여 주지 못하지요. 이렇게 시시한 얘기를 늘어놓는 걸 용서하시기 바랍니다. 그렇지만 이 이야기는 『슈피겔』^{Spiegel}에 실린 이야기입니다. 전혀 모순된 이야기가 아니지요. 브레즈네프^{Leonid Brezhnev}가 여기 있었을 때 ─몇 년 전이죠─그때는 마침 휴일^{Feiertag}이었습니다. 그는 이렇게 물었습니다. "오늘날에 휴일이라는 게 대체 무엇일까요? 그것은 [원래] 그리스도의 승천을 기리는 날이었습니다." 그러자 사람들이 브레즈네프에게 뭐라고 말했는지 아십니까? "이날은 독일 공군의 날이에요." 이 두 날에 공통된 게 뭐냐 하면 이른바 위를 향하는 화살^{Pfeil}이라는 점입니다.

　저는 바울이 단순히 위를 향하는 화살이라고 생각하지 않습니다. 50년 전에 벤슈케비츠가 강연에서 이야기한 것처럼 성령화의 의미에 대해

---

19) Hans Wenschkewitz, *Die Spiritualisierung der Kultusbegriffe Tempel, Priester, Opfer im Neuen Testament*, Angelos Beiheft 4, Leipzig: E. Pfeiffer, 1932.

무슨 알레고리적 주해만 했던 사람은 아니라는 것이지요. 오히려 바울은 알레고리적 해석과 예표론의 아주 독특한 혼합형이었습니다. 그리고 예표론적인 것은 절대로 무슨 독일 공군의 날처럼 위를 향하는 게 아니라, 전사Vorgeschichte에서 역사Geschichte로 이어지는 활입니다. 전사는 전주곡에 해당합니다. 뒤에 가서 본곡으로 마무리되어야 한다는 뜻이지요. 그러니까 아브라함에 의해 제단 위에 묶인 이사악은 예수의 십자가에 대한 전주곡이었던 셈입니다(니체를 유달리 격분하게 만들었던 사례를 말씀드리고 있는 겁니다). 이것은 '위를 향하는'nach oben 벡터Vektor에는 들어맞지 않는 사례지요. 여기에는 논의할 내용이 더 있습니다.

이제 서론을 이야기했고 준비운동을 했으니 [본격적으로] 「로마서」 9~13 장에 대한 종합적 독해zusammenhängende Lektüre를 시도해 보죠.

그리스도 안에서 나는 진리를 말하고, 거짓을 말하지 않습니다. 그리고 성령heiliger Geist 안에 있는 내 양심이 이 점을 증명합니다. 나에게는 큰 슬픔이 있습니다. 나의 마음은 끊임없이 고통을 겪고 있습니다. 나 자신이 저주를 받아 그리스도로부터 떨어져 나가고 싶습니다. 파문(Anathema)을 말하죠 혈육을 같이하는 이스라엘의 내 형제들, 내 친족들을 위해서라면 말입니다.

이 다음에 이제 엄청난 푸가가 나옵니다. 이스라엘 공동체의 연대를 가능하게 해주는 모든 요소들에 대한 푸가죠. 아들의 자격Sohnestitel("너는 내가 낳은 첫 아들이라", 「출애굽기」죠), 영광Doxa, 유언, 율법 수여, 제의, 약속 등등입니다.

그들은 저 훌륭한 선조들의 후손이며 그리스도도 육신으로 보자면 그들에게서 나셨습니다. 그리고 이제 제가 읽은 바대로, 은총의 공식(Benediktions-formel)이 나옵니다 만물을 다스리시는 하느님을 영원토록von Äon zu Äon 찬양합시다, 아멘.

그러니까 여기에 이스라엘 민족에게만 고유한 특징들이 가득 들어 있다는 것을 아시겠지요? 바울은 바로 이것을 말하는 겁니다. 무슨 늙은 할아버지 바울이 아니라 지금의 바울Jetzt-Paulus이 말하는 것이지요. 늙은 바울이라면 "나도 한때 그런 것을 믿었었지"라는 식으로 말할 겁니다. 문제는 이렇습니다. 만약 그렇다면 우리는, 그렇죠, 이스라엘의 충격Erschütterung으로부터 뭔가를 직접 얼굴을 맞대고 보게 됩니다. 황금 송아지[20]와 [가나안으로] 정탐자를 보낸[21] 뒤에 이스라엘이 겪었던 충격 말이죠. 이 두 가지 사건 때문에 하느님은 이 백성을 멸하고 모세와 더불어 새로운 백성을 건설하리라는 말씀을 하시게 되지요(저는 여러분에게 이 텍스트들을 다소 유대교적 색채를 강하게 띠는 부버의 번역으로 읽어 드렸습니다. 왜냐하면 한 번쯤은 다른 관점에서 이 텍스트를 음미해 볼 필요도 있으니까요). 그러고 나서 이것을 다시 화해의 날의 저녁 시간 전체와 연결 지었지요. 여기서 이것을 다시 반복할 필요는 없을 것 같습니다. 여러분에게 의례기도문Festgebeten에서 발췌해서 읽어 드린 이 텍스트들이 바울 이전의vor-paulinisch 것이라는 주장을 하려는 게 아닙니다. 저는 여러분에게 현상학을 강의했던 겁니다. 그러니까 질문은 이렇게 됩니다. "유대인은 이것을 어떻게 느

---

20) 「출애굽기」 32장을 참조하라. ―옮긴이
21) 「민수기」 13~14장을 참조하라. ―옮긴이

끼는가? 유대인은 어째서 은밀히, 분명히가 아니라, 은밀히 느끼는 것일까? 무엇 때문에 유대인들은 화해의 날 저녁에 다름 아닌 회당^{Synagoge}으로 몰려가서는 맹세의 말들^{Schwurformeln}을 폐기하는 것일까? 그렇게 말을 깨트리기 때문에 그리스도교인들한테 미심쩍은 눈초리를 받는데도 불구하고." 실제로 중요한 것은 하느님께서 하셨던 맹세, 이 민족을 멸하리라는 맹세를 폐기하는 것, 그러니까 근원적인 장면^{Urszene}의 반복입니다. 바로 이게 끝없이 상연되고 또 상연되는 바로 그 장면입니다. 그리고 여기서 어려운 점은 이런 겁니다. 어떻게 사람이 하느님으로 하여금 맹세를 풀게 만들 수 있는가? 그렇죠, 할 수 있습니다. 그런 제자가 있다면 스승은 흐뭇하겠죠! 스승한테 맹세를 푸시라고 감히 덤비는 제자가 있다면 말입니다. 저는 여러분에게 이것[맹세의 철회]이 화해의 날이 시작되면서 치러지는 전례^{Liturgie} 전체를 얼마나 뿌리깊이 규정하고 있는가를 보여 주고 싶었습니다. 물론 은밀하게^{latent} 규정하고 있죠. 그러나 이 점을 일단 알게 되면, 누구라도 분명히 알아차릴 수 있습니다.

이 문제들은 무슨 부모 자식 관계처럼 서로 엮여 있는 게 아닙니다. 여기서 질문은 바울이 이 모든 것을 잘 알고 있었는가 그렇지 않은가 하는 게 아닙니다. 오히려 바울은 이런 문제 ——제가 짚어 보고 싶었던 문제도 이것인데요——, 즉 모세와 바울의 비교라는 것은 바울 자신에게서(제가 아니라요) 유래한 것이라는 문제 앞에 서 있었습니다. 아무튼 문제는 있었습니다. 그리고 물론 『성서』 비평에 단련된 사람이라면 더 이상 파고들지 않을 문제죠. [이 문제란] 하느님의 말씀도 실패^{Mißerfolg}할 수 있고, 하느님의 약속도 말하자면 삐끗할 수 있다는 것입니다. 그러나 하느님의 말씀은 절대로 어긋나지 않습니다! 하느님의 말씀은 신실하고 곧으십니다. 유대인이 매일 드리는 기도에서 강조되고 있듯이 말입니다.

아니지요. 어긋난 게 아닙니다. 왜냐하면 이스라엘에서 유래한 모든 것이 곧 이스라엘인 것은 아니니까요. 바로 이게 결정적인 명제입니다. 다시 말해서, 육신[의 질서]에 따라 본 이 '모든 것'이란 것이 약속에 따라서 본 것과 동일하지 않다는 뜻이지요. ……[22] 전부는 아니라는 것입니다. 이 사도는 이스라엘 민족이 [하느님으로부터] 받은 선택을 진지하게 여겼습니다. 이것은 근대 그리스도교에는 당혹스러운 진술이겠지만, 어쨌든 사실이 그렇습니다. 당혹스럽다는 것, 사람은 이 감정과 함께 살아갈 줄 알아야 합니다. 믿고 싶은 대로 텍스트를 조작할 바에야 차라리 당혹감을 안고 살아가는 게 더 낫다는 겁니다. 왜냐하면 바울은 스스로를 이방인을 향한 유대인의 사도라고 생각했으니까요. 게다가 이 일을 소명Berufung으로 여기기까지 했습니다. 「갈라디아서」에는 존재를 무너뜨리는 것과 같은 의미에서 개종Bekehrung에 관한 언급은 전혀 나오지 않습니다. 대신에 소명이 나오지요. "어미의 태중에서부터 나는 너를 택했다." 「예레미야」에 나오는 말입니다. 선지자[예언자]가 되도록 택했다는 것이지요. 그리고 여기[바울]에서는 사도가 되도록 택했다고 되어 있습니다. 물론 열방을 향한 **유대인 중의 사도**를 뜻하지요.

프네우마적 질서와 자연적 질서 사이의 구별은 바울에게서 결정적인 중요성을 갖습니다. 저는 이 점을 앞에서 이미 말씀드렸습니다. 바울 텍스트 중에서 「로마서」 9~11장만큼 인용으로 가득 찬 텍스트는 없다는 애기였죠. 게다가 이 인용은 토라와 예언서로부터의 인용들이었습니다. 여기서 변형Transfigurierung의 정당성이 토라와 예언서 덕분에 증명되기 때문이

---

22) 생략된 이 부분에서는 "불트만을 비롯해 전적으로 개인주의적으로 이 문제를 생각하는 주석가들"과 논쟁적으로 선을 긋는 문장들이 이어진다. 바울은 루터가 아니다. 그 문제는 이와는 별개의 문제다.

지요. 바울은 이런 예를 들면서 시작합니다. "아브라함을 한번 봐라!" 아이를 가질 수 있는 평범한 나이였던 아브라함은 첩인 하가[Hagar]와의 사이에서 먼저 아들 한 명을 얻습니다. 이 아들이 이스마엘[Ismael]이지요. 나중에 태어난 아들——이때 아브라함과 사라[Sarah]는 이미 할아버지, 할머니였는데요——의 소식을 전해 주러 온 천사에게 사라는 이렇게 대답합니다. 이착[jizchak]![23) 그렇죠, 이것은 웃음소리였습니다. 그리고 이착[이사악][Jizchak]이란 이름의 뜻은 웃음입니다. 이 지상의 기준에 따라 보자면, 웃을 수밖에 없었던 겁니다. [할아버지, 할머니한테 아들이라니] 있을 수 없는 일이지요. 그런데 사라는, 아들이 자란 뒤에, 아브라함이 첩과 첩의 소생인 이스마엘과 연을 끊길 바라게 됩니다. 그렇지만 그는, 아브라함은 전혀 그러고 싶지 않았죠. 그러나 하느님께서 그에게 말씀하셨습니다. "네 아내 사라가 네게 하는 모든 말을 귀 기울여 들어라!"

자, 그리고 두 소년이 있었습니다.[24) 한 명은 활쏘기를 좋아하고, 다른 한 명은 집에 있기를 좋아했지요. 한 명은 뻔뻔스러운 성격이고, 다른 한 명은 순종적인 성격이었습니다. 어머니는 둘째 아들이 나쁜 짓만 하고 다니는 형을 닮을까 봐 둘을 떼어 놓고 싶어 했지요. 그런데 여기서 바울은 이렇게 말합니다. "문제는 그렇게 단순하지 않다. 왜냐하면 레베카[Rebekka] 같은 경우도 있지 않느냐?" 레베카의 경우에는 두 아들이 이미 태중에서부터 싸우지요! 그리고 바울은 예언자 말라기[Maleachi]를 인용합니다. "그리

---

23) 「창세기」 21장 6~12절을 참조하라.—옮긴이
24) 프랑스어 번역본에는 이 문장이 다음과 같이 번역되어 있다. "그리고 레베카의 경우도 있지요. 그녀에게는 아들이 둘 있었습니다." *La théologie politique de Paul*, traduit de l'allemand par Mira Köller et Dominique Séglard, Paris: Édition du Seuil, 1999, p. 77.—옮긴이

고 하느님께서는 야곱을 사랑하시고, 에사오를 싫어하셨다."[25] 그러니까 이것은 행위[의 옳고 그름이나 정당성] 따위의 문제가 아닌 겁니다. 이미 어미의 태중에서부터 결정되었다는 것, 바로 이게 [하느님의] 선택인 겁니다! 끔찍한 일이라고, 현대인들이라면 그렇게 말하겠지요. 어떻게 엄마 뱃속에서부터 결정이 내려질 수 있느냐, 그리고 그게 어떻게 하느님의 정의일 수가 있느냐 하고 말이죠. 완고한 마음^Verhärtung의 경우도 이와 다르지 않습니다. 파라오는 마음이 완고해져서 이스라엘 족속들을 풀어 주지 않죠. 이집트의 장자들^Erstgeborenen이 모두 죽임당할 때까지, 더불어 가축들의 맏배가 깡그리 몰살당할 때까지, 그리고 이집트의 신이란 신들은 모조리 심판당할 때까지 버틴 겁니다. 그렇죠, 파라오는 이렇게 가는 중에 어디쯤에선가 퍼뜩 깨닫게 되었던 거죠. 그리고 이게 바로 수없이 되풀이되는 저 「출애굽기」의 암울한 문장입니다. "그리고 그분께서 파라오의 마음을 완고하게 하사." 그분이란 하느님이죠. 그러니까 무슨 계몽주의적 박애주의^Philanthropie에 따라 일이 진행되는 게 아닌 겁니다.

윤리 따위와는 아무 관련도 없는──그러니까 행위도 공로도 아니고, [오직 하느님의] 선택이라는 거지요──이 예에서 출발해 더 나아갑니다.

그렇다고 해서 우리가 무슨 말을 하겠습니까? 하느님께서 공정하지 못하다고 말하겠습니까? 절대로 그럴 수 없습니다. 왜냐하면 하느님께서 모세에게 이렇게 말씀하셨기 때문입니다. "나는 자비를 베풀고 싶은 사람

---

25) 「말라기」 1장 2~3절을 참조하라. "나 야훼가 너희를 사랑한다고 하였더니, 너희는 '주께서 우리를 사랑한 것이 무엇입니까?' 하는구나. 내 말을 들어 보아라. 에사오는 야곱의 형이 아니냐? 그런데 나는 야곱을 사랑하고, 에사오를 미워하였다. 에사오가 살던 지방을 황폐하게 만들고 대대로 물려주던 땅을 빈 들로 만들었다."─옮긴이

에게 자비를 베풀고 동정하고 싶은 사람을 동정한다." 그러므로 하느님의 선택을 받고 안 받는 것은 인간의 의지나 노력에 달려 있는 것이 아니라 오직 하느님의 자비에 달려 있는 것입니다. 9장 14~16절입니다. 「출애굽기」 33장 19절과 비교해 보세요[26]

흠잡을 데 없는impeccable 논리죠. "이런데도 네가 감히 하느님 앞에 반론을 들이밀고 그럴 수 있겠느냐?"

그러고 나서 바울은 더 강력한 예언자들로부터 사례를 끌어옵니다. 독백으로 일관했던, 저 위대한 형벌의 예언자 호세아——그렇죠, 이스라엘의 창녀짓Hurentum을 탄핵하기 위해 창녀와 결혼하라는 명령을 받은 예언자죠. 상징적 행위를 통해서 탄핵하라는 뜻이었던 겁니다——는 속으로 곪아 드는 깊은 슬픔 속에서 말합니다.

내 백성이 아니었던 사람들을 내 백성lo'-'ami이라 부르겠고 내 사랑을 받지 못하던 백성을 내 사랑하는 백성lo'-ruhama이라 부르리라.[27]

그러니까 토라와 예언서에는, 육신-에-따라 이스라엘 민족이 된 음험한 무리들 가운데 일부만이nur ein Teil 진짜 이스라엘이라는 생각이 담겨

---

26) 「출애굽기」 33장 19절은 다음과 같다. "야훼께서 대답하셨다. '내 모든 선한 모습을 네 앞으로 지나가게 하며, 야훼라는 이름을 너에게 선포하리라. 나는 돌보고 싶은 자는 돌보아 주고, 가엾이 여기고 싶은 자는 가엾이 여긴다.'"——옮긴이

27) 「로마서」 9장 25절이다. 25절에는 여기서 인용한 부분 앞에 "「호세아」에 이런 말씀이 있습니다"라는 문장이 있는데, 이는 「호세아」 1장 9절을 암시하는 것으로, 「호세아」 1장 9절에는 다음과 같은 문장이 있다. "야훼께서 이렇게 이르셨다. '이 아기의 이름을 로-아미(lo'-'ami)라고 하여라. 너희는 이미 내 백성이 아니요, 나는 너희의 하느님이 아니다.'"——옮긴이

있는 겁니다. 그리고 이제 바울은 두번째 예언자 이사야를 인용합니다. 이스라엘을 향해 이렇게 외친 사람이죠.

이스라엘의 아들들이 바다의 모래처럼 많아진다 해도, 남은 자들만이 구원될 것이다.[28]

저는 여러분에게 설교를 하려는 게 아닙니다. 여기서 바울을 움직이고 있는 성령론Pneumatik의 논리를 보여 드리려는 겁니다. 그리고 놀라운 건 이런 겁니다. 칭의[하느님으로부터 의롭다는 인정을 받는 것]를 전혀 바라지 않던 이방인들이 정의, 디카이오시네dikaiosyne를 얻게 된다는 겁니다. 믿음으로 얻는 것이지요. 이 문장을 생각해 보세요.

『성서』에 "아브라함은 하느님을 믿었고 하느님께서는 그의 믿음을 보시고 그를 올바른 사람z'daka으로 인정해 주셨다"라고 하지 않았습니까?[29]

그리고 바울은 묻습니다. "언제 이 말씀을 하셨을까요? 할례를 받기 전vor일까요, 후nach일까요?" 할례를 받기 전이라는 겁니다. 그러니까 여러분도 아브라함의 약속Bunde에 입문할 수 있는 겁니다. 노아의 약속, 두 발 달린 피조물——무지 시끄러운 존재들이죠——이면 다 들어가는 노아의 약속에만 들어갈 수 있는 게 아닌 겁니다. 바울에게서 믿음이란 것은 메

---

28)「이사야」 10장 22절에는 다음과 같은 내용이 있다. "이스라엘아, 너의 겨레가 바다의 모래 같다 하여도 살아남은 자만이 돌아온다. 파멸은 이미 결정된 것, 정의가 넘치리라." —옮긴이
29)「로마서」 4장 3절. 이와 관련해서는 「창세기」 15장 6절도 참조하라. "그가 야훼를 믿으니, 야훼께서 이를 갸륵하게 여기시어." —옮긴이

시아에 대한 믿음이라는 의미에서, 십자가에 매달리는 저주를 받았으니까 이 지상의 척도에서 보자면 메시아일 수 없는 메시아에 대한 믿음을 강조하는 측면에서 이해되어야 합니다. 어떻게 그럴 수 있을까요? 메시아가 온 것은 이스라엘을 구원하기 위해서입니다. 분명한 사실이죠. 이 얘기는 「사도행전」에서 읽어 보실 수 있습니다. 바로 이게 사도들이 처음으로 경험했던 사실이지요. 그들은 이렇게 물었습니다. "메시아의 왕국, 바실레이아basileia는 언제 옵니까?" 그렇죠, 이것은 정치적인 개념이었던 겁니다. 문제는 여기 있습니다. 저는 이 역설적인 믿음을 여러분에게 종교사적으로 설명해 드리려고 했던 겁니다. 유대 신비주의에 나타난 메시아주의의 논리를 사례로 들어서 말이죠. 이 논리는 역사 속에서 여러 번 반복되었던 논리입니다. 숄렘이 『유대 신비주의의 주요 흐름들』*Hauptströmungen der jüdischen Mystik* 8장에서 설명한 내용을 이해하는 사람은 바울의 메시아적 논리에 대해 훨씬 더 깊이 침잠해 들어갈 수 있을 겁니다. 무슨 저 주석가들이 내놓은 책들을 읽는 것보다 훨씬 더 깊이 말입니다.

바울이 『성서』의 이야기에서 이 모든 사례들을 끌어들인 것은 질투의 드라마Eifersuchtsdrama의 예를 보여 주기 위해서였습니다. 이방인을 향해 가는 이 모든 기획은 이런 맥락에서 질투의 장면을 만들기 위해, 그러니까 유대인들, 이 메시지의 수신자인 유대인들을 질투하게 만들기 위해서였던 겁니다. 이것은 제가 생각해 낸 게 아닙니다. 텍스트에 쓰여 있는 이야기입니다. 하느님께서는 이 백성을 내쫓으시려는 게 아니라 질투하게 만들고 싶어 하셨던 겁니다.[30] [처음 이 이야기를 한 사람이 모세였는데] 모세는 죽기 직전 이런 마지막 말을 남겼습니다(말보다는 일종의 노래라고 할 수 있지요). 우리 유대인들은 이것을 하아지누Ha'azinu라고 부릅니다.

하늘아, 들어라, 땅아 귀 기울여라. 나는 너희들로 하여금 내 백성이 아닌 자들을 질투하게 만들^{eifersüchtig31)} 것이다. 무지한 민족을 돌봐 주어 너희를 분노케 할 것이다.³²⁾

그리고 이사야는 대담하게도 이렇게 말합니다.

나를 찾지 않던 자들이 나를 발견하게 해주었고, 나에게 빌지 않던 자들에게 나를 계시해 주었다. 그러나 이스라엘에게는 그분께서 이렇게 말씀하신다. 순종치 않는 그들을, 제멋대로 하는 그들을 나는 종일토록 두 팔 벌려 기다렸다.³³⁾

그러면 이제 이렇게 말할 수도 있겠지요. "하느님께서는 당신의 백성을 내치셨다"는 식으로 말입니다. 나중에 교회가, 그러니까 성전 파괴 이후, 열심당원들이 주도한 70년 봉기 이후에 교회[그리스도교도]가 그런 식으로 이야기했지요(아시다시피 저는 바울을 열심당원 중 하나라고 생각합니다. 바울 자신이 이 레테르를 요구했지요. 그것도 막연한 의미로 그랬던 게 아니라──저는 이 점에 대해서 모턴 스미스^{Morton Smith}와 이야기를 했었습니다──오히려 이를 **전문 용어**^{terminus technicus}로 생각했습니다). 바울은 말합니다. "아니다. 그럴 리 없다. 나도 아브라함의 씨에서 나온 이스라엘인 중 하

<hr>

30) 「로마서」 11장 11절을 참조하라. "그러면 이스라엘이 걸려 넘어져서 완전히 패망하고 말았다고 할 수 있겠습니까? 절대로 그렇지 않습니다. 그들의 죄 때문에 오히려 이방인들은 구원을 받게 되었고 이스라엘은 이방인들을 질투하게 되었습니다."──옮긴이

31) '열심'을 뜻하는 zelos와 같은 계열의 단어이다.──옮긴이

32) 「신명기」 32장 21절.──옮긴이

33) 「이사야」 65장 1~2절.──옮긴이

나다." 그리고 바울은 심지어 자기가 벤야민^{Benjamin} 지파에서 나왔다는 것도 알고 있었습니다(「로마서」 11장 1절을 보시기 바랍니다). 바울이 이 얘기를 한 시점은 벌써 [이스라엘 열두] 지파들이 서로 마구 뒤섞여 있을 때였고, 또 "나는 무슨 지파 출신이다"는 식의 말은 거의 하지 않던 시점이었습니다. 추방^{Exil} 이후에는 사제 지파와 레위 지파만 남아 있었을 뿐이니까요. 이 지파에 속한 사람들은 특권 계급으로 인정받았지요. 그런데 바울은 벤야민 지파 출신인 것을 내세우고 있는 겁니다. 약간은 우스꽝스러운 짓이었지요. 그렇죠, 그는 사도들 중에서도 벤야민이었던 겁니다!³⁴⁾ 그런 다음에 바울은 엘리아^{Elias}의 에피소드로 넘어갑니다. 남은 자, 이스라엘의 남은 자 칠천 명에 대한 이야기지요.³⁵⁾ 바알^{Baal}에게 무릎을 꿇지 않은 사람들 말입니다.

그러면, 그 다음은 어떻게 이야기할까요? 11장 11절입니다.

그러면 이스라엘이 걸려 넘어져서 완전히 패망하고 말았다고 할 수 있겠습니까? 절대로 그렇지 않습니다. 그들의 죄 때문에 오히려 이방인들은 구원을 받게 되었고 이스라엘은 이방인들을 질투하게 되었습니다. 이렇게 이스라엘의 범죄가 세상에 풍성한 축복을 가져왔고 이스라엘의 실패가 이방인들에게 풍성한 축복을 가져왔다고 한다면, 이스라엘 전체가 구원을 받는 날에는 그 축복이 얼마나 엄청나겠습니까?

---

34) 벤야민 지파는 이스라엘 열두 지파 중 맨 마지막 지파이다. 예수의 열두 제자에 속하지 않았던 바울이 스스로를 맨 마지막 제자로 생각했다는 뜻이다.─옮긴이
35) 「열왕기상」 19장 18절에는 이런 내용이 있다. "그러나 내가 이스라엘 백성 가운데서 바알에게 무릎을 꿇지도, 입 맞추지도 않았던 칠천 명을 남겨 두리라."─옮긴이

여기서 다시 한번 바울은 이스라엘의 질투라는 개념을 내세우고 있습니다. 자극적인 개념이지요. 이스라엘이 버림받은 결과로 우주에, 세상에 화해가 주어졌다면, 다시 말해 이방인들이 **바실레이아 토우 테오우[하느님의 왕국]**basileia tou theou ——이스라엘이지요——, 이 왕국에 받아들여지게 되었다면, 나중에 이스라엘 민족이 다시 받아들여진다면 그것은 죽은 자들이 다시 일어나는 것Totenerweckung 말고 달리 어떤 모양일 수가 있겠느냐는 겁니다. 죽은 자의 부활과 이스라엘 민족의 바실레이아[왕국] 입성은 바울에게 동일한 것이었습니다.

그런데 미스테리는 이런 겁니다. 25절입니다.

일부 이스라엘 사람들이 지금은 완고하지만, 모든 이방인들이 하느님께 돌아오는 날에는 그 완고한 마음을 버릴 것이고 그리고 이제 결정적인 개념이 등장합니다 따라서 범이스라엘pas Israel도 구원받게 되리라는 것입니다. 『성서』에도 예언서를 말합니다 "시온에서 해방자가 나와 야곱의 후손으로부터 죄악을 제거하리라. 이것이 내가 그들의 죄를 없이할 때 그들과 맺으려는 나의 계약이다"[36]라는 말씀이 있습니다.[37]

아무튼 정통 유대교도들 사이에서 행해지는 설교는 항상 이런 문장으로 끝납니다. 아시겠지만, 이 문장은 이렇게 말하는 겁니다. "이제 마지

---

36) 「이사야」 59장 20~21절을 참조하라. "시온을 구하시러 오신다. 죄를 뉘우치고 돌아오는 야곱의 후손을 구하시러 오신다. 야훼의 말씀이시다. '내가 스스로 그들과 맺은 나의 계약은 이것이다.' 야훼께서 말씀하신다. '나의 영을 너에게 불어넣고, 나의 말을 너의 입에 담아 준다. 나의 이 말이 이제부터 영원히 너의 입과 너의 자손의 입과 대대로 이어질 자손들의 입에서 떠나지 아니하리라. 야훼가 말한다.'"—옮긴이
37) 「로마서」 11장 25~27절.—옮긴이

막이다. 이제 끝에 다다랐다.”

그리고 이제 제가 칼 슈미트와 논쟁했던 엄청난 문장이 등장할 차례입니다. 이 문장 때문에 저 90살 먹은 노인네가 50살 먹은 사람하고 같이 밥 먹고 나서 9장부터 11장까지를 한 글자 한 글자 읽어 내려 갔던 겁니다. 그리고 이제 우리도 이 문장에 이르렀습니다. “복음의 견지에서 보면 이스라엘 사람들은 여러분이 잘 되라고 하느님의 적이 되었지만.” ——하느님의 적Feinde Gottes! 적이란 것은 전혀 사적인 개념이 아닙니다. [여기서] 적은 호스티스hostis입니다. 이니미쿠스[원수]inimicus가 아니라 말이죠. 이것은 [개인으로서의] 나의 적을 가리키는 것이 아닙니다. “너의 원수Feinde를 사랑하라”라고 할 경우에는 그럴지도 모르지요. 아무튼 저는 산상수훈에 나온 이 말이 무슨 뜻인지 확실히 알지 못합니다. 그러나 어쨌든 여기서에는 개인적인 적대가 아니라 구원사적인 의미에서의 하느님의 적이 문제인 것입니다. “여러분이 잘 되라고 하느님의 적이 되었지만, 하느님의 선택의 견지에서 보면 그들의 조상 덕택으로 여전히 하느님의 사랑을 받는 백성입니다.”[38]

제가 슈미트한테 짚어 준 사실이 바로 이겁니다. “당신이 못 본 게 바로 이 변증법이다. 이게 바로 바울을 움직이게 만든 변증법이고, 70년 이후 그리스도교가 망각한 변증법이다. 당신은 [가톨릭의] 텍스트가 아니라 [바로 이 망각의] 전통을 계승한 것이다. 다시 말해 당신은 교회의 반유대주의라는 민족적 전통을 계승한 것이고, 그 덕분에 전혀 거리낌 없이 1933~1936년 당시 인종주의적인 신-동물학Theozoologie[39]을 만들어 낼 수 있었던 것이다”라고 말이죠. 그런데 이 사람, 최고로 중요한 국가법학자였

---

38) 「로마서」 11장 28절. —옮긴이

던 슈미트는 이 이야기를 교훈으로 받아들이더군요. "그 사실을 내가 미처 몰랐구려!" 핵심이 무엇인지 모르는 채로도 텍스트를 읽을 수가 있는 겁니다. 게다가 1500년 그리스도교 역사가 그를 옹호해 주고 있었으니까요. 그 때문에 슈미트는 이 사실을 알 수가 없었던 겁니다. "하느님께서는 한번 주신 선물이나 은총은 다시 거두어 가시지 않습니다."[40]

여기서 다시 본래의 맥락으로 시선을 돌려 봅시다. 그리고 이렇게 물어 봅시다. 9~11장은 12, 13장과 어떤 관계에 있는가? 당연히 저는 엄청 많은 관계가 있다고 생각합니다. 12장은——제가 보기에 그렇다는 건데요——11장 끝부분에 나오는 커다란 환호성에 뒤이어 나오는 장이죠. 이 장은 공동체의 생활을 묘사하려고 합니다. 바울은 하느님께 드리는 예배와 그리스도의 몸 안에서 봉사하는 일의 은총에 대해서 말하고 있습니다. 이 유기체론적인 생각은 로마적인 사유에서 한 부분을 담당하고 있던 것이고, 또 「출애굽기」에도 등장합니다. 그러나 「출애굽기」에서 이야기되는 것은 머리뿐인 데 반해, 여기에서는 몸을 이야기하죠. "그리스도 안에서 한 몸을 이루고 있고, 각 지체는 평등합니다."[41] 서로 상이한 기능들을 갖더라도 말이죠. 그런 다음 바울은 이처럼 아가페^{Agape} 안에 있는 그리스도교 공동체의 삶의 형식에 대해서, 성령에 따라 아가페 안에서 함께 살아가는 그리스도교인들의 삶에 대해서 묘사합니다. 사회학적으로 보면 이렇게 말할 수 있습니다. "새로운 형태의 약속, 새로운 친밀성이 창조되었다."

---

39) 이 명칭은 아돌프 요제프 란츠(Adolf Josef Lanz)라는 사람이 처음 썼다. 란츠는 1905년 자신이 발행하던 잡지 『오스타라』(*Ostara*)에 「신-동물학」이라는 표제글을 게재했다고 한다.—옮긴이
40) 「로마서」 11장 29절.—옮긴이
41) 「로마서」 12장 5절.—옮긴이

그러면 이제 여러분은 분명히 「로마서」 13장에 나오는 긴장감에 대한 이야기를 기대하실 겁니다. 「로마서」 13장만큼 털리고 털린 텍스트도 없죠. 울리히 두흐로[42]라는 사람이 있습니다. 이 건물과 관계가 있는 사람이지요. 그렇죠, 이 사람은 [「로마서」 13장에 나오는] 두 왕국[론]에 관해 진짜 진짜 두꺼운 책을 썼습니다. 이렇게 두꺼운 책을 불쌍한 읍인 제가 진짜로 처음부터 끝까지 다 읽었다는 거 아닙니까(이 책을 저한테 선물해 준 사람은 가스틀 여사Frau Gastl입니다. 제가 처음으로 에른스트 블로흐를 방문하러 튀빙겐에 갔을 때였죠). 주해 작업이건 신학적 저술이건 아무튼 [이 13장에 대해 행해진] 수백 가지 변주들에 대해서 제가 빠삭하게 안다고 한번 생각해 보세요. 한번 그렇게 가정해 보자는 거죠. 나쁠 건 없잖습니까. 저는 그렇게 빠삭하게 알아 보았자 13장에서 바울이 생각한 것이 무엇이었는지를 제대로 이해하는 데에는 거의 도움이 안 된다고 생각합니다. 왜냐하면 「로마서」 13장은——저는 여기서 칼 바르트한테 기대고 있는 건데요——12장 마지막 절에서부터 벌써 시작되고 있는 텍스트이기 때문입니다. 이런 문장이죠. "악에게 굴복하지 말고 선으로써 악을 이겨 내십시오."[43] 저는 이게 정말 천재적인 문헌학적 술책Griff이라고 생각합니다. 사람들이 너무 쉽게 실수를 저지르는 이유는, 제가 보기에는, 첫 부분에만 시선을 고정시키기 때문입니다. 권위Obrigkeit라는 테마에 고착되기 시작하면, 권세를 마치 [징그러운] 뱀 보듯이 보기 시작하면, 거기서 빠져나가는 방법을 찾는 것은 매우 어려워집니다. 그렇지만 13장은 세 부분으로 구성되어 있습니다. [우선] 권위에 대한 복종을 이야기하는 부분이 있습니다.

---

42) 울리히 두흐로(Ulrich Duchrow, 1935~). 복음주의 신학자이자 사회윤리학자.—옮긴이
43) 「로마서」 12장 21절.—옮긴이

정말 해석하기 어려운 부분이죠. 이 부분은 나머지 두 부분을 보고 나서야 이해할 수 있는 겁니다.

두번째 부분은 [율]법의 완성[충족]으로서의 사랑을 이야기합니다.

아무에게 아무 빚도 지지 마십시오. 오직 서로 사랑의 빚만을 지십시오. 다른 사람을 사랑하는 사람은 [율]법을 완성한 것입니다. "간음하지 말라, 살인하지 말라, 도둑질하지 말라, 탐내지 말라"라는 계명과 또 그밖에 다른 모든 계명들은 이 한 문장으로 집약되기 때문입니다. "네 이웃을 네 몸과 같이 사랑하라!" 이웃을 사랑하는 사람은 이웃에게 해로운 일을 하지 않습니다. 그러므로 사랑한다는 것은 [율]법을 완성하는 것입니다.[44]

너무 감상적이라느니, 또 뭐가 어떻니 저떻니 말할 수 있을 겁니다. 하지만 이 텍스트는 전혀 감상적인 텍스트가 아닙니다. 이건 정말 논쟁적인 텍스트입니다. 예수한테 논쟁을 거는 텍스트인 거죠. 왜냐하면 우리가 복음서에서 배운 것은 이중 계율Doppelgebot이기 때문입니다. 예수는 이런 질문을 받았습니다. "무엇이 가장 중요한 계율입니까?" 이렇게 대답하죠. "네 힘과 네 영혼과 네 능력을 다해 너의 주 하느님을 사랑하여라." 그리고 또 이어서 말합니다. "네 이웃을 네 몸과 같이 사랑하라." 바울은 이중 계율을 이야기하지 않습니다. 딱 한 가지만 이야기하죠. 저는 거의 코제브[45] 식으로 이렇게 말하고 싶습니다. "바로 여기서 포이어바흐Ludwig Feuerbach가

---

44) 「로마서」 13장 8~10절.─옮긴이
45) 알렉상드르 코제브(Alexandre Kojève, 1902~1968). 러시아 태생의 프랑스 철학자. 헤겔 독해를 통해 이후 프랑스 철학계를 주름잡은 자크 데리다, 자크 라캉, 미셸 푸코, 조르주 바타유 등의 사상가·철학자들에게 커다란 영향을 끼쳤다.─옮긴이

나온 것이다." 죄송합니다. 포이어바흐는 이 맥락에서 거론할 만한 가치가 있는 사람이 아니긴 하죠. 그러나 하느님에 대한 사랑이 아니라 이웃에 대한 사랑이 핵심인 겁니다. 두 개의 계율이 아니라 단 하나의 계율입니다. 저는 이게 최고도로 혁명적인 행위라고 생각합니다. 이 이중 계율의 핑퐁 게임이 어느 쪽에서 끝날지는 잘 모르겠습니다만, 그래도 이 딜레마가 그리스도교 전통의 근원적인 상황에 속하는 것이라는 생각은 꽤 확실합니다. 그리고 바울 역시 이 딜레마를 피해 갈 수 없었습니다. 그렇기 때문에 이렇게 논쟁적인 공식을 내세운 겁니다. "이것[이웃사랑]만 있으면 된다. 이것만이 타당한 계율이다."

그러나 이게 타당한 계율이라면, 이렇게 묻지 않을 수 없습니다. "우리는 어떤 시대에 살고 있는 것인가? 우리가 사는 시대는 대체 어떤 시대인가?" 바울은 이렇게 대답합니다.

여러분이 잠에서 깨어나야 할 때가 왔습니다. 지금은 우리가 처음 믿던 때보다 구원이 더 가까이 다가왔기 때문입니다.[46]

아시겠지요. 자기가 알지 못하는 공동체를 향해 쓴 바울의 마지막 편지에는 묵시록적–종말론적 신념^{Bekenntnis}이 확고부동하게 표현되어 있는 겁니다. 「데살로니가서」에서처럼 처음에는 환상을 쫓고 있었는데, 나중에 가서는 현명해졌다는 식의 뭐 그런 얘기가 아닙니다. 이 신념은 「로마서」를 처음부터 끝까지 관통하고 있는 겁니다. 다르게 이야기를 하고 싶은 분이 있다면, 이 텍스트를 설명해야 될 겁니다.

---

46) 「로마서」 13장 11절. ─옮긴이

밤이 거의 새어 낮이 가까웠습니다. 그러니 어둠의 행실을 벗어 버리고 빛의 갑옷을 입읍시다. 진탕 먹고 마시고 취하거나 바울이 자기 생각을 표현할 때 쓰는 이런 구체적인 표현들을 저는 무척 좋아합니다 음행과 방종에 빠지거나 분쟁과 시기를 일삼거나 하지 말고 이 아가페, 함께 빵을 나누는 사랑은 결코 변하지 않습니다. 이 아가페에 대해서는 라이케가 쓴 책이 있습니다[47] 언제나 대낮으로 생각하고 고결하게 살아갑시다. 주 예수 그리스도로 새 예복을 입으십시오. 그리고 육체의 정욕을 만족시키려는 생각은 아예 하지 마십시오. 저는 이 텍스트—13장 11~13절을 말합니다—를 읽을 때면, 이어서 「고린도전서」를 읽습니다. 무슨 말이냐 하면, 저 니힐리즘적인 부분 있잖습니까? 호스 메[마치 아닌 듯이, hos mä]를 말하는 부분 말이죠[「고린도전서」 7장 29절—편집자]. 마치 아무것도 가지지 않은 듯 살라고 말하는 부분을 이어서 읽는다는 겁니다

이제 때가 얼마 남지 않았습니다. 이렇게 시작되죠 이제부터는 아내가 있는 사람은 아내가 없는 사람처럼 살고, '마치 없다는 듯이'(comme si)라는 겁니다 슬픔이 있는 사람은 슬픔이 없는 사람처럼 지내고, 기쁜 일이 있는 사람은 기쁜 일이 없는 사람처럼 살고, 물건을 산 사람은 그 물건이 자기 것이 아닌 것처럼 생각하고, 세상과 거래를 하는 사람은 세상과 거래를 하지 않는 사람처럼 살아야 합니다. 왜냐하면 이 세상 토우 코스모우(tou kosmou)죠의 모습 모르페(morphä)를 말하죠 은 사라져 가고 있기 때문입니다. 그러나 나는 여러분이 근심 걱정 없이 지내기를 바랍니다.[48]

---

47) Bo Reicke, *Diakonie, Festfreude und Zelos in Verbindung mit der altchristlichen Agapefeier*, Uppsala: Lundequistska bokhandeln, 1951.
48) 「고린도전서」 7장 29~32절.—옮긴이

무슨 말입니까. 이렇듯 시간이 압박해 온다면, 내일 아침 당장 이 모든 지루한 악다구니들이, 이 모든 요지경이 싹 지나가 버린다고 한다면, 그렇다면 혁명 따위는 아무 소용없다는 얘깁니다! 절대적으로 옳은 말이죠. 저라도 이렇게 충고할 겁니다. 국가 권력에 복종심을 보이고, 세금을 내고, 나쁜 짓 저지르지 말고, 싸우지 말아라. 그렇지 않으면, 그렇죠, 이미 일어났던 [수많은] 혁명 운동과 똑같아질 것이다. 그렇습니다. 결국 이 혁명가들은 정당성을 얻지 못했습니다. 가령 유대인들이 그랬죠. 자기들 종교를 인정받았는데도[허용된 종교]religio licita 불구하고 카이사르 숭배에 참여하지 않았습니다. 그런데 이상한 지하 조직이 하나 나타난 겁니다. 유대인도 조금 있고, 이방인도 조금 있고, 모르긴 몰라도 양아치, 깡패 같은 애들도 있었겠죠, 거기에는……. [이 사람들한테 아마도 바울은 이렇게 이야기했을 겁니다] 하느님 맙소사! 눈에만 띄지 말아라!

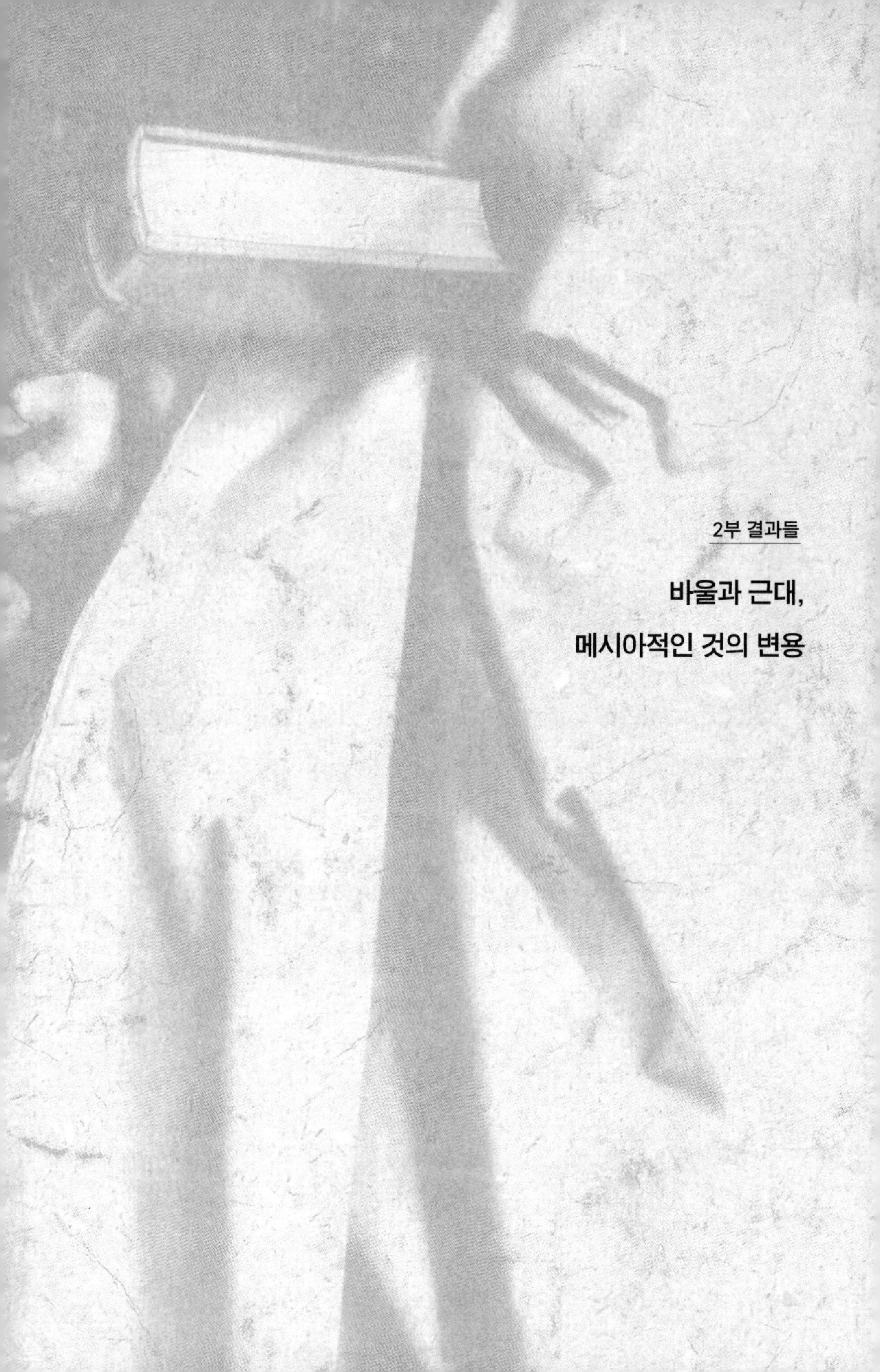

바울과 근대, 메시아적인 것의 변용

5장 이 세계 안에 있는 낯선 자들
—마르치온과 그 후계자들

여러분은 모두 복음서가 후대에 쓰여졌다는 것, [따라서] 바울은 복음서와는 아무 관련이 없다는 걸 아실 겁니다. 하지만 저는 그의 이중 계율^{Doppelgebot}이 [당시] 공동체들의 기억 속에 가장 깊이 뿌리내려 있었다고 생각합니다. 그리고 이미 몇 가지는 극단적인 축약이라고 생각합니다. 사랑을 유일무이한 힘으로 칭송하는 「고린도전서」 13장의 유명한 구절뿐 아니라 「로마서」 13장에서도 사랑이 명시적으로 드러나는 것처럼 말입니다. 저는 이것이 여러분을 불편하게 만들 거라는 걸 알고 있습니다.

어째서—우리는 이렇게 물어야 합니다—사랑이 믿음과 소망보다 더 좋은 것일까요? 이건 좀 웃긴 말입니다. 거기[「고린도전서」 13장 13절—편집자]에 적혀 있는 말은 메네이^{menei}란 단어입니다. 믿음과 사랑과 소망, 이 세 가지가 모두 있지만, 그 가운데 사랑이 가장 위대한 것이라고 적혀 있지요. 왜 사랑이 가장 위대한 것일까요? 우리가 그런 로맨틱한 사랑의 관념을 갖고 있어서 그런 걸까요? 물론 그런 사랑을 바울이 생각했을 리 없지요. 그런 사랑은, 드니 드 루주몽[1]이 『서구 세계에 있어서의 사랑』에서 쓴 것처럼, 12세기부터 시작되니까요.[2] 이 텍스트는 습관적으로 오독되어 온 겁니다. 세 가지가 모두 남아 있을 거라는 식으로 읽힌 거지요. 하지만 세 가지가 모두 남을 수는 없습니다. 전혀 그렇지 않아요. 소망이 어떻게 남을 수 있겠습니까? 우리가 얼굴과 얼굴을 맞대고 볼 때가 되면, 소망 따위는 필요 없게 됩니다. 무릇 사람은 소망이 없어야 제대로 잘 볼 수 있는 법이니까요. 내가 만약 버스를 기다린다면, 그건 소망을 갖는 겁니다. 버스가 오면, 버스가 오기를 소망하지 않고 그저 버스를 타면 되죠. 그리고 믿음이란 이런 겁니다. 어둠 속을 걷는다고 칩시다. 그런데 여러분은 그 장소를 잘 알아요. 그러면 여러분은 믿음 속에서 걷는 것이지, 보면서, 보는 덕분에 걷는 게 아닙니다. 만약 볼 수 있다면 믿을 필요는 없어지죠. 그렇다면 이제 사랑은 어떨까요? 사랑이란 게 대체 뭘까요(이렇게 멍청한 질문을 던지는 걸 용서하시기 바랍니다. 하지만 우리는 이 문제를 풀어야만 합니다)? 사랑이란 것은, 자기 안에 중심을 가지고 있는 게 아니라——플라톤의 『향연』을 생각해 보시기 바랍니다——모종의 결핍을 갖고 있다는 뜻입니다. 다른 누군가가 필요한 거죠. 다른 사람이 없이는 못 살겠다는 겁니다. 다른 사람이란, 에드문트 후설이 말하는 것처럼 무슨 자기^{Selbst}니 에고^{Ego}니 어쩌고 하는 따위의 구성물이나 피히테가……. 아, 죄송합니다. 제가 평생 철학 강의를 하다 보니 또 버릇이 나왔군요. 아무튼 사랑은 그런 게 아닙니다. 사랑은 나의 결핍을 고백하는 겁니다. 이렇게 말할 수 있겠군요. 하느님의 왕국이 도래해서 모든 사람이 부활했는데, 어째서 여전히 사랑이 필요한 걸까요? 그때는 우리 모두가 완전해져 있을 텐데 말입니다! [바로 여기서] 우리는 바울의 천재성을 보게 됩니다. 완전

---

1) 드니 드 루주몽(Denis de Rougemont, 1906~1985). 스위스의 정치철학자.—옮긴이
2) Denis de Rougemont, *Love in the Western World*, New York: Schoeken Books, 1990.

한 상태가 되어서도 인간은 [개별적인, 다시 말해 홀로 자족할 수 있는] '내'가 아니라 [항상 서로를 필요로 하는 공동의] '우리'로 존재할 거라는 겁니다. 이건 그러니까, 결핍은 완전함 자체 안에도 존재할 거라는 뜻이죠. 「고린도후서」에 이렇게 쓰여져 있듯이 말입니다. "너의 힘은 너의 약함 속에서 작용한다."[3] 텔로스Telos, 즉 완성Vollendung이란 개념은 신비주의에서, 신비주의자들의 언어에서, 그리고 물리학에서 나온 겁니다. 여기서 핵심은 엔 아스테이네이아en astheineia, 약함 속에서라는 표현이죠.

지금 저는 하르나크와 라이첸슈타인[4]이 벌였던 논쟁, 즉 바울이 변형시킨 이 계율이 이단적인 형식인가 아닌가 하는 논쟁에 개입하려는 게 아닙니다. [참고로] 저는 라이첸슈타인의 해석이 더 흥미롭다고 생각합니다.[5] 어쨌든 구원의 존재론이란 건 결핍을 포함하는 겁니다. 그리스도의 몸을 통해 형성되는 공동성Gemeinsamkeit을 전제한다는 뜻이죠. 영지주의자Gnostiker들이 생각하는 것처럼 각자가 홀로 완벽한 게 아니라 공동의 결핍을 느끼면서 그리스도의 몸 안에 있는 것입니다. 이게 바로 그노시스Gnosis, 영지주의적 경향——이건 당시에 이미 완벽하게 발달해 있었는데요——에 대한 비판이었고, 이 점에는 전혀 의심의 여지가 없습니다.

바울로부터 두 갈래의 길이 뻗어 나왔습니다. [하나는] 교회로 이어지는 길——베드로, 교황 클레멘스 7세적인 전통의 국교주의, 그리고 감독의

---

3) 「고린도후서」 12장 9절을 참조하라. "그러나 주님께서는 '너는 이미 내 은총을 충분히 받았다. 내 권능은 약한 자 안에서 완전히 드러난다' 하고 번번이 말씀하셨습니다. 그래서 나는 그리스도의 권능이 내게 머무르도록 하려고 더없이 기쁜 마음으로 나의 약점을 자랑하려고 합니다."——옮긴이

4) 리하르트 라이첸슈타인(Richard Reitzenstein, 1861~1931). 독일의 고전문헌학자이자 종교사가.——옮긴이

5) Richard Reitzenstein, *Die hellenistischen Mysterienreligionen*(3. Aufl., 1927), Nachdr. Darmstadt: Wissenschaftliche Buchgesellschaft, 1980.

편지들 따위를 가리키죠——이었습니다. 하지만 다른 길도 있었는데, 제가 보기엔 이 방향이 결정적입니다. 그러니까, 마르치온^{Marcion}으로 이어지는 길이죠. 여러분은 하르나크가 쓴 책[『마르치온』]을 아실 겁니다. 하르나크는 50년 동안 이 책을 썼습니다. 그리고는 결론 부분에 무시무시한 테제를 적어 놓았죠. "우리는 『성서』에서 『구약』을 싸그리 뽑아내 버려야 한다." 마르치온은 자기가 바울의 제자라고 생각했습니다. 그것도 적통 제자라고 말이죠. 자기를 프레스비테로스[장로]^{Presbyteros}라고 부르면서 다른 이들은 전부 틀렸다고 말하고 다녔습니다. 그런데 마르치온의 **핵심**^{point}은 무엇일까요? 그것은 예수 그리스도의 아버지 하느님이 **하늘과 땅을 지으신 창조주**^{creator cœli et terrae}와 동일한 하느님이 아니라는 것이었습니다. "『구약』이 완전한 질서를 보여 주고 있다고? 그 완벽한 질서가 창조주에 의해 이 세계의 창조와 함께 시작되었다고? 그 세계 안에 모기가 얼마나 많은지 한번 봐라"(마르치온을 인용하고 있는 겁니다). 예수 그리스도의 아버지는 절대로 이 세계를 만든 신과 동일한 분이 아니라는 겁니다. 그분은 낯선 신, **데우스 알리에누스**^{deus alienus}, 다른 신이라는 거죠. 이 모든 말들은 하르나크의 책에서 읽어 보실 수 있습니다.

　　그리스도교 정경^{正經}의 탄생은 마르치온이 복음서를 편집해 만든 『성서』에 대한 응답이었다는 사실, 이 사실은 캄펜하우젠[6]의 책에 나옵니다. 모든 학생이 이걸 직접 읽어 볼 수 있지요. 마르치온이 편집한 『성서』는 「루가복음」 및 선별된 바울 서신들로 되어 있습니다.[7] 그가 편지를 선별

---

6) 한스 폰 캄펜하우젠(Hans von Campenhausen, 1903~1989). 독일의 복음주의 신학자. 고대와 중세 교부들에 대한 저서로 유명하다. —옮긴이

7) Hans von Campenhausen, *Die Entstehung der christlichen Bibel*, Tübingen: Mohr-Siebeck, 1968.

한 이유는 문헌학적 근거에 기반한 것이 아니었습니다. 이렇게 선별한 이유는 [바울의 편지들에 『구약』의 하느님과 『신약』의 하느님을] 조화시키려는 사상이 섞여 들어가 있기 때문이라고 그는 말합니다. [마르치온이 보기에] 이런 생각은 전혀 정당화될 수 없죠. 그리고 이 점에서 마르치온은 바울의 핵심을 건드린 셈입니다! 바울의 불안, 하느님의 사랑으로부터 끊어지는 데 대한 바울의 극심한 불안감만 생각해 봐도 알 수 있죠. 누가 이걸 잘라 내는 겁니까? 저 창조주 하느님은 악마적인 특성을 갖는 존재일 수밖에 없는 겁니다. 그는 권능이 있습니다만, 그러니까 이제 바울-마르치온적 관점에서 보자면, 구원과 관련해서는 아무 능력도 없습니다. 구원은 예수 그리스도의 아버지로부터, 알려지지 않은 신, 아이온의 시간 저편에 있는, 진짜 초월적인 신으로부터 오는 겁니다. 창조주가 보여 준 초월성과는 다른 것이죠. 창조주의 초월성 같은 건 마르치온한테는 대수롭지 않은 것이었습니다. 이 세계의 창조자란 이 세계의 모든 악을 창조한 사람이란 뜻입니다. 이런 말들은 그의 저작들에서 찾아볼 수 있습니다. 그러니까 이 신이 어떤 존재인가 하면요, 질투심 많고 분노하는 신입니다. 이런 게 전부 나중에 가면 프로테스탄트 신학이 『구약』의 신을 섬기는 유대교를 비난하는 근거가 되죠.

이런 영지주의적 특성은 바울에게도 이미 있던 겁니다. 그래서 저의 물음은 이런 것이었죠. "[이런 식의 사유는] 어디서 시작된 것일까?" 「고린도전서」 13장과 「로마서」 13장에서처럼 한 문장으로 이중 계율을 도입하는 건 아마 그리 어려운 일이 아니었을 겁니다. 전혀 문제도 아니었지요. 그런데 거기서 지평이 열리면서 마르치온의 교회 ——이 교회가 그러니까 최초의 교회인 셈인데요——가 그 안으로 들어가게 된 겁니다. 여기서 저한테 중요했던 문제는 폰투스Pontus 출신의 한 선박 소유주가 많은 돈을 가지고 로마로 와서 자신의 [고유한] 복음서를 내놓았다는 사실이 아니라, 극심한 충격을 겪게 된 한 사람을 이해하는 것이었습니다. 기억하실지 모르겠습니다만——아, 우리에게는 마르치온 복음서가 없고 다만 그것에 대한 안티테제들을 통해서만 이 복음서를 알고 있을 뿐이긴 합니다——아무튼 마르치온은 이렇게 말했습니다. "오, 기적 중의 기적이로다! 이 [악한] 세계와 이 세계를 만든 신에도 불구하고 구원이 있다니!" 여기서 예수 그리스도의 아버지는 이 세계의 창조주와 같은 신이 아닌 겁니다.

교회는 이런 생각에 반대했습니다. 그렇게 해야만 목숨을 부지할 수 있었으니까요. 교회는 『구약』과 『신약』의 조화^{concordia, vetus testamentum et novum testamentum}를 만들어 냈습니다. 바로 이 때문에 교회의 입장에서 알레고리적 해석은 거의 목숨을 좌우하는 문제가 되었고, 결코 자의적인 것이 허용될 수 없었던 거죠. 그리고 바로 이 점에서 마르치온은 교회에 반대했습니다. 왜냐하면 그는 19세기에 하르나크, 그 불쌍한 사람이 했던 것처럼 순수한 식탁을 만들고 싶어 했기 때문이죠.[8]

바울의 이야기[서신]들이 일면적으로 읽혀 왔고 또 그 안에 숨겨져 있던 요소들이 간과되어 왔다는 걸 이제 분명히 아실 겁니다. "아무도 그를 이해하지 못했다"고 말할 수 있습니다. 하지만 "아무도 그를 완전히 오해하지는 않았다"고도 말할 수 있습니다. 문제는, 마르치온이 어떤 점에서 바울과 다른지를 일일이 따져 가며 보여 주는 게 아닙니다. 그런 건 전혀 어려운 일^{Kunststück}이 아니죠. 문제는, 그가 [바울의] 의중을 타격한 것은 어디인가 하는 점, 그리고 그가 스스로를 바울의 진짜 제자라고 생각했

---

8) Adolf von Harnack, *Marcion: das Evangelium vom fremden Gott*(2. Aufl., 1924), Darmstadt: Wissenschaftliche Buchgesellschaft, 1985.

다는 점입니다. 바울을 이렇게 (논쟁적으로) 제한시키는 데 대한 다른 전거Hinweise가 있는 걸까요?「로마서」8장을 얘기하면서 우리가 다뤘던 환호성Jubelruf에 대해 잘 생각해 보세요. 그리스도를 통한 하느님의 사랑에서 분리되는 것에 대해서 말이죠. 바울이 생각한 하느님의 사랑은 너무나, 너무나 멀리 있는 겁니다. 이 지상과 이 하늘의 권력들에 의해, 혹은 [로마] 집정관들의 권력에 의해 하느님의 사랑, 예수 그리스도의 아버지의 사랑은 끊어져 있었습니다. [그 하느님의] 빛은 [여기까지] 미치지 않을 거였죠. 그 얼굴 ——「고린도후서」의 의미에서 말씀드리자면 —— 그리스도의 얼굴prosopon이 현전해 있지 않았다면 말입니다.

저로선 이런 말씀을 드리는 게 참 싫긴 하지만, 어쨌든 여기는 복음을 공부하는 개신교 신학생들이 모인 곳이니까 말씀드리자면, 루터라는 사람 역시 바울과 마찬가지로 절대 만만한 인물이 아닙니다. 루터가 쓴 저작들 안에는 하느님에 대한 증오, 진짜 증오에 대해 얘기하는 부분들이 있습니다. 물론 그리스도 안에 있는 건 아닙니다만.

제가 뉴욕에서 처음으로 읽은 루터에 관한 책은 에릭 H. 에릭손이 쓴 책[9]이 아니라 아돌프 폰 하르나크의 아버지, 그러니까 도르파트Dorpat의 테오도시우스 하르나크가 쓴 것이었습니다.[10] 두 권으로 된 아주 두꺼운 놈Ding이죠. 흥미롭게 읽었습니다. 그건 말하자면 순수한 마르치온주의였습니다. 두 가지 측면, [율]법과 복음이라는 두 측면, 그러니까 한편의 잔혹한 신과 다른 편의 그리스도, 사랑을 베푸시는 주님이 완전히 찢어져 버린 건 루터에게서였습니다. 그리고, 교리학의 측면에서 보자면, [이 둘을

---

9) Erik H. Erikson, *Der junge Mann Luther*, 4. Aufl., Frankfurt: Suhrkamp, 1989.
10) Theodosius Harnack, *Luthers Theologie*(1862), Amsterdam: Editions Rodopi, 1969.

이어 주던] 끈은 아주, 아주 가느다란 것이었죠. 하지만 이 저작이 경험적으로 보여 준 설득력Erfahrungsmächtigkeit은 교리에 [정면으로] 맞서는 것이었습니다. 아돌프 폰 하르나크가 이 책을 알았으리라고 가정하는 건 전혀 이상한 게 아니죠. 19세기의 신학자가 쓴 이 책은 루터의 마르치온적 본질을 우리에게 보여 줍니다.

예수 그리스도의 아버지를 다룬 부분들——이 부분들은 누군가가 엄밀하게 연구해야 할 겁니다. 저로서는 그저 손가락으로 가리켜 드릴 수 있을 뿐입니다——은 뭔가 양가적인 성격을 띠고 있습니다. 이따금은 부록Addendum 같다는 느낌을 주기도 하지요. 그리스도로 충분한 것 같은데……뭔가 사족Addendum이 덧붙여진 것 같다는 말이죠(이것에 대해서는 고도의 감식안을 갖고서 문헌학적인 연구를 해야만 할 것 같군요). 우리는 또 이렇게도 물어볼 수 있습니다. "예수 그리스도가 나타나기 전까지 하느님 아버지는 어떤 모습이었을까?" 이것도 쓰여져 있습니다. 그러니까 이렇게 가정해 볼 수 있습니다. 잠복해 있다가 마르치온에게서 싹터 나온 한 요소가 교회를 창조하기에 이르렀다고 말입니다.——마르치온은 [이런저런] 이념을 가진 아무개Individuum가 아니라 교회를 창조한, 고행으로 이루어진 교회를 창조한 장본인입니다. 이 교회의 근본 계율은 결혼 금지Ehelosigkeit였습니다. 결혼을 한다고 해도 부부관계라는 건 있을 수 없었죠. 그러니까 모든 구성원이 항상 새롭게 편성되어야 했습니다. 민중 교회로서는 절대 맡을 수 없는 급진적인 사명을 가진 교회였던 거죠. 마르치온주의 교회는 북아프리카에서 마니교도와 혼합되었고 중국으로까지 뻗어 나갔습니다. 그러니까 이건 절대 무시할 수 있는 게 아닌 겁니다! 이 사상을 끝까지 밀고 나가 보면 이렇게 됩니다. "씨를 뿌리지 않음으로써 세상을 텅 비게 하라." 이 교회는 세계종말을 실천하는 혹은 집행하는 교회였던 겁니다. 여기서 가톨릭 교회는 어떻게 해서인지 타협점을 찾았습니다. 그러니까 수도사Mönch라는 계급을 만들어 낸 겁니다. 이 계급은 **날마다 순교해야 하는 사명**martyrium cottidianum을 가진 계급이죠. 그리고 나중에 12세기부터는 결혼이 일종의 성사聖事, Sakrament가 됩니다. 이건 처음에는 교리에 없던 거죠. 처음에는 결혼Ehestand이란 걸 전혀 생각할 수 없었습니다. 이 점에 대해서는 바울만 봐도 충분합니다. 바울의 편지들이 결혼에 대해 말한 것을 오늘날 우리 근대인의 관점, 프로테스탄트적인 관점에서 보면 전혀 터무니없습니다. 그가 그렇게 쓴 건 오직 [욕망에] 불타오르지 않기 위해서였을 뿐이기 때문에 거기에 어떤 긍정적인 측면 같은 것이 있을 수가 없는 거죠. 한번은 『바울은 홀아비였는가?』*War Paulus Witwer?*라는 학위 논문——참 별의별 연구가 다 있죠? 그렇죠, 없는 건 없습니다——을 읽은 적도 있습니다. 그 자신이 쓰고 있는 대로 한번 이렇게 가정해 봅시다. 바리사이의 아들인 이 바리사이가 질투심이 아주 강했다고 말입니다. 바리사이들이 결혼하지 않는 건 아주 드문 일이었습니다. 유대인이란 족속——이건 로젠츠바이크의 텍스트에서도 보실 수 있는 건데요——이 족속은 결혼을 해야만 비로소 완전한 인간이 된다고 믿는 족속입니다. 그런데 바울은 완전한 인간이 아니었던 거죠.

이제 계속 가 볼 수 있겠군요. 이런 사유는 약간 엇나간 것이지만, 어쨌든 흥미롭기는 합니다. 언젠가, 미국에서 대학 강의를 할 때——아, 그때 저는 **인문학부**Humanities에서 『구약』과 『신약』을 가르쳐야 했는데요——한 학생한테 이런 질문을 받은 적이 있습니다. "그렇다면 도대체 『구약』과 『신약』의 차이가 뭡니까?" 한번 생각해 보세요, 여러분이 학생——저에게 질문한 이 학생은 오늘날 중요한 문학이론가 중 한 사람이 된 마이클 베어만Michael Baermann입니다——한테서 이런 질문을 받게 된다면 어떨 것 같습니까? 그러면 뭐라고 답을 할까요? 기존의 공식적인 대답으로는 이 학생을 돌려보낼 수가 없다는 건 분명했습니다. 그런 대답 따위는 이미 알고 있는 눈치였으니까요. 그는 그 차이가 뭔지를 제대로 알고 싶어 했습니다. 저로서도 질문을 받고 보니까 궁금해지더군요. 그때 제 머리에 뭔가가 떠올랐습니다. 그 학생한테 말했지요. "잘 알겠지만 한 가지 주요 모티프를 갖고서『구약성서』를 읽어 보면, 아이를 낳지 못하는 여인이 아이를 주십사고 하느님께 소리 높여 기도하는 장면들을 볼 수 있습니다. 사라^Sara, 레베카^Rebekka, 라헬^Rahel, 한나^Hanna, 한나는 사무엘^Samuel의 어머니죠, 그밖에도 많습니다. 그리고『신약성서』를 들여다보면, 그리스도가 행한 온갖 기적에 대해 이야기를 하고 있죠. 저는 자를 걷게 하고, 눈먼 자를 보게 하고, 죽은 자를 부활시키고 등등 많습니다만, 딱 한 가지는 절대 얘기되지 않습니다. 한 여인이 옵니다. 이건 정말 더없이 분명한 사실일 겁니다. 와서 그리스도 앞에 몸을 던지거나 그리스도의 옷자락을 잡아당기면서 말하는 거죠. '아들을 갖고 싶습니다!' 이런 장면은 안 나옵니다."

그런데 이 마이클 베어만이란 학생은 아주 꾀돌이^Pfiffikus였어요. 이렇게 말하더군요. "그런 장면 나옵니다. 세례자 요한이 태어나는 장면에 나오잖습니까."[11] 이렇게 대답하면서 수업에서 저를 넉다운시키고 싶었던 거였겠죠. 저는 말했습니다. "마이클, 그건 착각입니다. 그 장면은 다름 아니라 제 이야기에 대한 증거가 되어 주는 겁니다. 그건 그리스도 이전에 일어난 일입니다. 그 장면은『구약』에서『신약』으로 넘어가는 이행인 셈이지요."『신약성서』에 그런 장면이 나오지 않는다는 사실은 정말 놀라운 겁니다. 물론 나중에 중세 성인 전설들에서는 이런 기적이 성인의 표징으로

---

11)「루가복음」1장을 참조하라. ─옮긴이

등장하긴 합니다. 왜냐하면 이때는 완벽한 자기-관계성이나 구원의 자아 관계성이란 건 더 이상 존재하지 않았기 때문입니다. 그런 건 초대 교회적 멘털리티였을 뿐이고, 이후로 계속 지속되진 못했죠.

제 생각에 이 문제는 바울이 이중 계율을 한 가지로 환원한 것 혹은 바울의 영지주의적 특성과 연결되는 겁니다. 창조는 『신약성서』에서는 아무런 역할도 못하지요. 그러니까 만약 하는 역할이 있다고 말하는 사람이 있다면, 제가 알기로는 신학자들이 하는 일이 대부분 그런 겁니다만, 아무튼 그렇게 말하는 건 무시하셔도 됩니다. 『신약성서』에서 창조는 아무것도 아닙니다. 『신약성서』에는 딱 한 가지, 구원밖에 없습니다. 이게 [우리의] 관심사입니다. 그러니까 문제는 이렇습니다(지금 저는 이 두 가지 주제를 연결하고 있는 셈인데요). 창조와 구원을 잇는 실이 아주 아주 가느다란 실이란 사실이지요. 그리고 이 실은 끊어질 수 있지요. 그리고 실제로 끊은 사람이 바로 마르치온이었습니다. 마르치온에게서 실이 끊어진 겁니다. 그가 읽은 『성서』——그는 제대로 읽는 법을 알았습니다——에 따르면, 예수 그리스도의 아버지는 하늘과 땅의 창주조가 아니었습니다. 하늘과 땅의 창조주는 『구약성서』에 등장하는 신이고 정의로운 신이지, 악한 신이 아닙니다. 그리고 정의롭기 때문에 그는 예수 그리스도의 아버지가 아닌 겁니다. 마르치온이 급진화시킨 관점을 따르자면, 정의란 죽는 겁니다. 정의란 저 **창조주의 좁은 방**^{haec cellula creatoris}입니다. 이 세계는 저 창조주의 조그만, 벌레로 가득 찬 방인 겁니다.

이제 여러분에게 마르치온의 첫번째 문장, 우리한테는 없지만 하르나크가 여러 가지 출처에서 마르치온의 글이라는 사실을 밝혀 놓은 책에서 뽑은 첫번째 문장을 들려드리려고 합니다. 이 문장에서는 복음이 선물로 이해되고 있는데요. 자, 이렇습니다.

오, 기적 중의 기적, 황홀케 하는 권능이요, 놀라움이로다. 인간들은 복음에 대해서 아무 말도 할 수 없고 그런 것은 생각지도, 그에 비길 게 무언지조차 생각할 수도 없도다.

그러니까 이 세계와는 전혀 아무런 관련이 없다는 말이지요. 복음은 낯선 것입니다. 낯선 신 ——마르치온의 표현으로는 데우스 알리에누스^{deus} ^{alienus}인데요——, 이 낯선 존재로서 우리에게 오신 것입니다. 만약에 사람들이 "우리는 이 땅에 낯선 자[나그네]들이다"라고 말한다면, 그 말은 어쨌든 어떤 의미를 가지는 것이어야 합니다. 낯선 자들이란 우리지요. 왜냐하면 우리는 어떤 다른 심급^{Instanz}과 결합되어 있으니까요. "우리는 낯선 자들이다"라는 건 아주 진부한, 닳고 닳은 그리스도교식 표현입니다. 하지만 이 문장에 얼마나 어마어마한 잠재력이 들어 있는지 한번 잘 생각해 보세요! 이 문장에는 전복^{Umkehrung}을 위한 잠재력이 숨어 있습니다.

그리고 이제 여러분에게 하르나크, 빌헬름 시대 가장 중요한 자유주의 신학자 하르나크의 테제를 알려 드리겠습니다. 그렇죠, 그는 카이저–빌헬름–협회$^{Kaiser-Wilhelm-Gesellschaft12)}$의 회장이었습니다. 사실 이 사람이 손을 안 댄 부분이 거의 없을 정도죠. 오버벡이 그를 아주 심하게 경멸했는데(그리고 인식공격으로 가득 찬 하르나크 입문서를 쓰기도 했는데요. 이 책의 주된 내용은 옛적에 에우세비우스가 콘스탄티누스 황제의 가발을 다듬는 이발사 노릇을 한 것처럼 하르나크가 빌헬름 2세의 이발사 노릇을 한다는 것이었습니다), 이걸 하르나크는 견뎌 냈습니다. 우리로선 감당 못할 일이죠.

---

12) 1911년 창립되어 제2차 세계대전까지 지속된 연구소로 '막스–플랑크–연구소'(Max-Planck-Gesellschaft)의 전신이다. —옮긴이

아래에서 토대를 부여받게 될 테제는 다음과 같다. "2세기에 [마르치온이] 『구약성서』를 내버린 것은 실수였고, 큰 교회들이 이를 거부한 것은 정당했다. 16세기에 『구약성서』를 보존한 것은 운명이었고, 종교개혁도 이 운명을 회피할 수는 없었다. 하지만 19세기 이후로 프로테스탄티즘에서 이 정전화된 문서를 여전히 품에 안고 있는 것은 종교적이고 신학적인 마비 증세의 결과라고 할 수 있다."

어떻습니까, 상당히 세게 나가죠? 이게 바로 독일 자유주의 프로테스탄티즘, 1933년의 시험을 통과하지 못한 프로테스탄티즘의 비밀입니다. 그런데 도대체 왜 개신교도들은 『구약』의 목자 이야기들, 특히 야곱과 같은 이상한umwegig 타입의 목자 이야기에 관심을 가졌던 것일까요? 아이들이 이걸 배우는 이유가 도대체 뭘까 이겁니다. 아이들에게 필요한 건, 가령 게르만 전설에 대해 재밌게 배운 다음 예수 그리스도의 순수한 사랑을 배우는 거 아닐까요?! 바로 이런 게 자유주의 프로테스탄티즘이 시험을 겪던 시기에 생겨난 분위기Stimmung입니다. 엄청난 시험, 끝장을 보게 만든 시험이었죠. 물론 하르나크의 글이 동기가 된 건 아닙니다만, 어쨌든 그 글은 이러한 사태의 비밀을 담고 있는 것이죠.

하르나크는 다름 아니라 교회 안에서 유지되어 온 비밀스런 마르치온주의의 역사를 쓰고 있습니다. 그리고 그는 이신론Deismus ——이것을 [마르치온주의의] 딸이라고들 부릅니다만, 며느리 정도에 지나지 않죠——을 영국이 『구약성서』에 가한 타격이었다고 봅니다. 이신론은 [그리스도교를] 폭발시킨 원천이었고, 이렇게 폭발한 에너지는 영미권 교회들에 의해 다시 흡수된 뒤 볼테르에게까지 영향을 미친 거라는 말이죠. 이신론은 [마르치온주의와] 똑같은 논변을 통해 『구약성서』를 공격한 급진적 비판이었습니다. 아시겠지만, 역사를 공부하려는 사람은 무릇 논변이라고 하는 것은 반복되게 마련이라는 사실에 익숙해져야 합니다. 정의냐 사랑이냐라는 식의 대립을 둘러싼 논변은 항상 있었습니다. 그러니까 하르나크도 그렇게 본 겁니다. 루터로부터 독일 프로테스탄티즘의 계보는 끝까지 사랑을 말하는 것이고, 이에 반해 토마스 뮌처Thomas Münzer는 루터에게 "당신은 냉혹한 그리스도, [그리스도의] 분노를 망각했소"라고 말했지요. 그리고 칼뱅주의자들이 『구약성서』로 다시 돌아간 건 그들이 순수한 사랑이라는 [화사한] 색깔이 아니라 예정설, 공동생활Kommunalität, **조합 교회주의**congregationalism 따위의 어두운 색깔로 칠해진 교리를 가졌기 때문입니다. 그들에게는 루터적 프로테스탄티즘에 적합한 개인주의적 사랑의 요소가 없었죠. 물론 이 요소들의 비율이 어땠냐 하는 것은 논쟁할 수 있겠습니다만, 아무튼 루터와 프로테스탄티즘이 내면성과 관계가 있다는 점에 대해서는 논쟁의 여지가 없습니다. 이와 관련해서는 토마스 만의 『파우스트 박사』Doktor Faustus13)를 읽어 보시면 가장 좋을 것 같습니다.

그러면 이제 여러분은 저한테 이렇게 묻고 싶으실 겁니다. 그런 게 이미 바울한테 있었던 것이고, 그 한쪽 측면을 마르치온이 천재적인 실수를 통해서 끄집어낸 것이란 말이냐? 만약 여러분이 바울에게 질문을 했다고 칩시다. 그러면 그는 아마도 이런 답을 줄 겁니다. "당연히 예수 그리스도의 아버지와 그리스도는 한 몸Masche입니다. 그리고 그분은 『구약성서』의 하느님입니다. 분명합니다." 이에 대해서는 「로마서」9장에서 11장까지의 글들이 무수한 인용 묶음Zitations-Netz들로 이루어져 있다는 사실만 생각해 보셔도 됩니다. 그렇죠, 물론 핵심은 인용 묶음 자체가 아니라 [그것들이

---

13) 토마스 만, 『파우스트 박사』, 임홍배·박병덕 옮김, 민음사, 2010. — 옮긴이

딛고 서 있는] 경험의 토대입니다. 그리고 이 토대는, 여러분이 일반적으로 신학부 수업에서 들어 온 것보다는 좀더 양가적인 것입니다. 자, 그러니까, 어쨌든 저는 이 모든 것들을 저 혼자 고민하고 사유해야 했습니다. 제가 취리히 대학을 다니던 시절에는 이런 걸 배울 만한 건덕지가 전혀 없었으니까요.

6장 절대를 향해 결단하는 열심당원들

— 칼 슈미트와 칼 바르트

변증법적 신학은 [변증법의] 여러 가지 방식들 중 한 가지에 지나지 않습니다. 교회적인 변증법이란 말이죠. 이 교회 변증법에서 1920년대에 [「로마서」 독해라는] 문제가 제기된 것입니다. 칼 바르트의 『로마서 강해』*Der Römerbrief*에 대한 부정적인 서평들을 다 모아 보는 것은 한번쯤 품을 팔아 볼 만한 일입니다(제가 알기로는 단행본으로 묶인 적도 있긴 했는데, 그게 그렇게 많이 모아 놓은 건 아닌 걸로 알고 있습니다. 제가 아는 책은 율리허*Jülicher*가 쓴 거하고, 누가 썼는지는 모르겠는데, 바르트의 책을 『마르치온』과 비교하는 책, 이렇게 두 권 정도입니다). 저는 그 서평들이 모두 옳다고 주장하는 게 아닙니다. 그러나 그것들 중에서 완전히 틀린 서평은 하나도 없습니다. 조금이라도 건질 만한 것들은 다 있다는 말이죠. 제가 보는 시선은 이런 겁니다. [독일 개신교도들뿐 아니라] 독일 유대인들도 똑같이 참여하고 있던 문화 프로테스탄티즘이 제1차 세계대전으로 인해 박살이 났다, 이런 것이죠. 이건 말하자면 일종의 합작 회사 같은 것이었습니다(혹은 그런 걸 원했다고 할까요? 코헨[1]이 쓴 『독일주의와 유대주의』 같은 낯 뜨거운 글을 생각해 보세요. [이렇게] 짜맞추는 걸*Gleichung* 보면 그냥 [그런 게] 눈에 안 보이도록 고개를 푹 처박고 싶어질 따름입니다![2]). 근데 이 회사에는 힘 센 파트너[독일계 지식인들]하고 힘 약한 파트너[유대계 지식인들]가 모두 있었습니다. 물론, 약한 쪽은 자기들이 파트너라고 생각했는데, 반대쪽은 그 약한 쪽을 전혀 파트너라고 생각하지 않았지만 말입니다.

하느님과 인간과 세계가 조화를 이루던 빌헬름 황제 시대, 오래 계속되던 성장 시대, 뭐든지 커지고 잘 되고 그러던 건설 시대^{Gründerzeit}, 뭐 이런 것들이 모조리 프랑스, 마케도니아, 러시아 등지의 참호 속에서 어처구니없이 끝장이 난 겁니다. 이에 대해 다룬 영화·소설, 무지 많습니다. 아주 중요한 자료들이지요. 독일의 신학이 제1차 세계대전에 어떻게 반응했는가, 이것은 아주 흥미로운 주제입니다. 진짜 어마어마했던 교수들——뭐, 거의 신적인 존재들이었죠——이었던 마르틴 라데^{Martin Rade}나 아돌프 폰 하르나크, 이런 사람들이 영향력을 깡그리 상실해 버렸습니다. 마치 카드로 만든 집처럼 폭삭 내려앉은 거죠(라데가 바르트에게 보낸 편지를 한번 보시길 권합니다. 라데는 이 편지에 서명을 안 했죠). [이제] 사람들은 이 신학자들을 그냥 프로이센의 공무원 정도로 여기게 된 겁니다. 헤르만 코헨도 마찬가지죠. 약한 파트너 쪽이 사정이 더 좋았다고 생각하지 마시란 뜻에서 말씀드리는 겁니다.

이 참호 속에서 문화 프로테스탄티즘의 통합^{Synthese}은 쪼개져 버렸습니다. 신학으로 보자면, 하르나크와 바르트의 대화——아라우^{Arau}에서 한 건데요——정도만 생각해 봐도 충분할 것 같습니다. 이 대화에서는 두 세

---

1) 헤르만 코헨(Hermann Cohen, 1842~1918). 독일의 유대인 철학자. 신칸트학파의 수장이며 에른스트 카시러(Ernst Cassirer)의 스승이다. 제1차 세계대전을 전후한 당대의 수많은 젊은이들에게 엄청난 영향력을 끼쳤던 대철학자였다. —옮긴이

2) Hermann Cohen, *Deutschtum und Judentum*, Gießen: Töpelmann, 1923.

계가 맞선 셈인데요, 서로를 눈곱만큼도 이해를 못했지요. 하르나크는 이렇게 생각했습니다. "이제 새로운 경건주의Pietismus, 신정통주의Neo-Orthodoxie가 도래할 것이다." 뭐, 이런 식이었죠. 하르나크는 바르트가 쓴 책처럼 그런 「로마서」 주해가 있을 수 있다는 데 경악했습니다. "어떻게 그런 게 쓰여질 수 있나!" 이거죠. 아, 그렇죠. 이렇게 경악하면서 그는 죽었습니다.

그러니까 신학에서 [주요] 변수는 칼 바르트였습니다. 그 덕분에 여러분에게 그런 사상이 전해질 수 있었던 거죠. 그러나 변수들은 훨씬 많았고, 따라서 이것들을 세분해서 봐야 합니다. 저 문화 프로테스탄티즘[여당]에 아주 급진적으로 대항하는 유신론적 야당Fronde이 있었습니다. 여당을 잘 몰랐던 사람들이죠. "그게 절대자야? 그건 절대적인 게 아니잖아?" 예컨대 역사주의에 관해서 수백 편의 논문과 책을 쓴 트뢸취Ernst Troeltsch가 그런 경우죠. 이에 반해 어떻게 했는지 하여간 종파Konfession를 초월한 야당도 있었습니다. 가톨릭 학교 교사였던 페르디난트 에브너가 쓴 강력한 책, 『말씀과 정신적 현실들』이 그겁니다.[3] 1917~1918년을 이해하고 싶으시다면 반드시, 당장 읽어 보시길 권합니다. 이 책 「서론」이 아이러니한데요, 다름 아니라 원고를 거절한 출판사의 기획위원Lektor이 쓴 글을 그대로 싣고 있기 때문입니다. 그런데 이게 아주 멋집니다! 기획위원이 말한 건 이렇습니다. "이 책은 신경마비Nervenzusammenbruch 증세를 보인다." 나중에 길버트 머레이가 그리스도교가 부흥하던 고대 후기에 관해 얘기하면서 쓴 표현처럼 "the failure of nerves"라는 거죠.[4] 머리에 열이 나서 든 [이상한] 생각이라는 겁니다. 이런 이유로 거대 출판사가 출판을 거절합니다.

---

3) Ferdinand Ebner, *Das Wort und die geistige Realitäten*(1921), Frankfurt: Suhrkamp, 1980.
4) Gilbert Murray, *Five Stages of Greek Religion*, Oxford: The Clarendon Press, 1925.

제 생각에는 브라운-뮐러Braun-Müller였던 것 같습니다. 빈Wien에 있던 큰 출판사입니다. 그리고 에브너는 바로 이 글을 「서문」에 실어 놓은 거죠.

　바로 이 시기에 마르틴 부버의 『나와 너』도 속해 있었습니다([이 시기 지식인들이] 서로 어떻게 얽혀 있었는지를 차치하고 보자면, [그들은] 내도록 싸웠습니다. 이걸 연구하느라고 수많은 사강사Privatdozent들이 고생하고 있죠).[5] 부버의 신비주의적 시기를 갈무리한 저작이죠. '너'로 인해 겪게 되는 [아주] 격렬한 경험에 관해 이야기하는 책입니다. 별 게 아니긴 하지만, 신비주의와는 뭔가 좀 다릅니다. 부버는 결코 신비주의적인 시기를 떨쳐 내 버릴 수가 없었습니다. 왜냐하면 [그것 때문에] 존경을 받고 있었으니까요. 제가 1947년에 취리히에서 직접 겪은 일인데요, 다 큰 어른 두 명이 부버 앞에서 넋을 잃고 마치 어린애처럼 서 있는 걸 봤습니다. 이들은 칼 케레니[6]와 칼 구스타프 융이었습니다. 부버가 쓴 『황홀한 고백들』에 열광한 거였지요.[7] 이 책 덕분에, 한 몇백 마일 정도 될 겁니다, 사람들이 줄을 지어서 부버를 따라다니더군요. 이 사람이 이제 다른 사람이 되었다는 사실, 그러니까 벌레Finne나 또 뭐 악마 같은 것들에 대한 신비주의적인 이야기를 수집하기보다는 『성서』를 더 읽고 싶어 하는 사람이 되었다는 사실을 사람들은 알고 싶어 하지 않았지요. 이 사람들이 본 건 그저 동쪽 나라에서 온 긴 수염의 키 큰 신비가의 모습뿐이었던 겁니다. 겉모습만 보자면 다 맞게 본 거죠. 하지만 사람들은 제대로 못 본 겁니다. 그는 다른 사람이 되어 있었으니까요! 부버는 더 이상 약간의 하시디즘과 약간의 신비주의를

---

5) Martin Buber, *Ich und Du*, Leipzig: Insel-Verlag, 1923.
6) 칼 케레니(Karl Kerényi, 1897~1973). 오스트리아-헝가리 제국 태생의 고전문헌학자이자 종교학자. ―옮긴이
7) Buber, *Ekstatische Konfessionen*, Heidelberg: Lambert Schneider, 1984.

섞어 쓴 글들로 돈을 버는 표현주의 작가가 아니었습니다. 진지한 인간이 되었던 거죠.

그리고 마케도니아의 참호에서는 이 책[『구원의 별』]을, 그렇죠, 프란츠 로젠츠바이크가 이 책을 썼습니다. 이 책의 밀도, 집중력, 구성적 효과, 언어적 감각 등등을 하나하나 보노라면, 놀라지 않을 수 없습니다. 전쟁터에서 카셀Kassel에 있는 어머니한테 보내는 엽서에 쓴 책이라는 걸 안다면 말입니다. 조각 메모들을 엽서에 옮겨 적으면서 결국 책 한 권을 다 쓴 겁니다. 진짜 경이로운 사건이죠.

벤야민이 그랬고, 또 칼 슈미트도 그랬습니다. 그렇죠, 슈미트의 관심사는 안슈츠Gerhard Anschütz나 켈젠Hans Kelsen, 특히 켈젠이 정립한 국가법Staatsrecht을 깨부수는 것이었습니다. [켈젠 등의] [법]실증주의는 근본적인 문제들을 쳐내 버리고서는 자기들이 만든 개념들로 [국가법을] 중립적으로 처리할 수 있을 거라고 믿었습니다. 하지만 슈미트가 보기에 그런 건 자기기만Selbstbetrug이었죠. 슈미트에게 중요한 것은 바르트적인 관점에서가 아니라 가톨릭적 관점에 따라 세속화Säkularisierung를 비판하는 것이었습니다.──슈미트는 가톨릭 변종變種이었습니다. 교파들을 넘나들었으니까요. 이 변종에 속하는 것으로는 『어딘가』Irgendwo라는 잡지──이것 역시 종파들 사이를 왔다갔다 했습니다──와 부버, 빅토르 폰 바이츠제커Viktor von Weizsäcker, 그리고 슐레지엔 지방 출신인 요제프 비티히Joseph Wittig가 편집한 세 권짜리 잡지 『피조물』Kreatur 등이 있습니다. 『피조물』은 명품 잡지죠. 그리고 가톨릭 잡지인 『숨마』Summa도 있습니다. 여기서 후고 발[8], 그러니까

---

8) 후고 발(Hugo Ball, 1886~1927). 독일의 시인으로, 다다이즘 운동의 선구자로 유명하다.─옮긴이

다다이즘^{Dadaismus} 이후로 엄격한 비잔틴주의자가 된 후고 발이 이 잡지에서 일했지요. 발이 쓴 『성인들의 교회』^{Die Kirche der Heiligen}, 『비잔틴 그리스도교』 — 이 책은 독일어로 쓰여진 저술 중에 정말로 쎈 책입니다 —, 『독일 지식인 비판』 등의 책들도 이 시기에 나왔죠.[9] 또 언급할 만한 책들은 많습니다.

제가 어디를 향해 나아가려는지 아시겠지요? 칼 바르트의 『로마서 강해』 2판은 독일의 문화 프로테스탄티즘의 붕괴 속에서 생겨난 **하나의** 변종이라는 겁니다. 이 2판에 대해서 칼 바르트는 말하기를 "이 책은 돌 위에 돌 하나도 남지 않을 정도로 바꿨다"라고 합니다. 그리고 그 이유를 저 수수께끼 같은 오버벡에게로 돌렸지요. 「서문」을 읽어 보시면 알 수 있으실 겁니다.

자, 그리고 이제 칼 슈미트의 『정치신학』을 다룰 차례입니다. 이 책은 마른 하늘에 날벼락^{Paukenschlag} 치듯 시작됩니다. "주권자란 예외상태를 결정하는 자이다." 이 문장을 쓴 사람은 법학자죠, 신학자가 아니라요. 하지만 이건 결코 세속화에 대한 찬양이 아닙니다. 이 문장은 폭로^{Enthüllung}입니다. 국가법은 자기가 무슨 말을 하고 있는지 모른다는 겁니다. 왜냐하면 그 사람들[국가법학자들]이 사용하는 개념의 토대, 뿌리가 그들에겐 가려져 있으니까요. 암네시스^{Amnesie}, 망각 때문입니다. 그리고 그 때문에 [웅장한] 성들을 쌓습니다. 비상사태가 도래하는 날 깡그리 무너질 성들이지요.

그리고 아이러니한 것은, 이 책이 애초에 막스 베버 기념 논문집에 실린 글로 시작되었다는 점이고, 또 막스 베버에 대한 암묵적 비판, 그러니

---

9) Hugo Ball, *Byzantinische Christentum: Drei Heiligenlegenden*, Berlin/Leipzig, 1923; Ball, *Kritik der deutschen Intelligenz*, Bern: Der Freie Verlag, 1919.

까 사람들이 잘 꿰뚫어 보지 못하는 애매한 지점에 대한 비판이었다는 사실입니다. 그 지점이란 바로 카리스마Charisma입니다. 날벼락이라는 말, 맞죠? 여기서 출발해서 슈미트는 법학 저술들을 [단칼에] 꿰뚫어 버립니다. 그렇죠, 어쨌든 그는 법학 선생이었고, 또 자기 분야가 어디까지인지를 잘 알고 있었으니까요. 이 논문의 끝부분에는 이렇게 적혀 있습니다.

> 예외는 무엇도 증명하지 않으며 오로지 정상상태만이 학문적인 관심의 대상이 될 수 있다고 말한다면 일관적인 합리주의일 것이다. 그런데 예외는 합리주의적인 틀의 통일성과 질서를 흐트러뜨린다. 실제로 통용되고 있는 국가론에서도 자주 비슷한 주장과 만난다. 안슈츠는 예산법이 없을 때 어떻게 할 것이냐는 문제는 결코 법의 문제가 아니라고 답했다. "여기서는 법률, 즉 헌법 조문에 결함이 있다기보다는 법에 결함이 있는 것이며, 이 결함은 법학적 개념 조작 따위로 해결될 수 없다. 국법은 여기서 끝난다."[10]

이게 바로 당시 가장 위대한 국가법학자였던 안슈츠의 텍스트에 적혀 있는 문장입니다. "국법은 여기서 끝난다"Das Staatsrecht hört hier auf. 결정적인 지점에 이르러서 아무것도 말할 게 없다고 말하고 있는 겁니다. 도대체 이게 뭐란 말입니까!

구체적인 삶에 대한 철학이라면 예외와 극단적인 사태에 맞닥뜨릴 경우 오던 길을 되돌아가서는 안 되며 이 사례들에 최대한의 관심을 쏟아야 한

---

10) 칼 슈미트, 『정치신학』, 김항 옮김, 그린비, 2010, 27쪽. 번역은 약간 수정했다. —옮긴이

다. 이 철학에게는 규칙보다도 예외가 더 중요할 수 있는데, 이는 역설을 선호하는 낭만주의적 아이러니가 아니라 진지한 통찰에서 비롯된 인식이며, 이 통찰은 언제나 밋밋하게 반복을 일삼는 텅 빈 일반화보다 깊은 곳을 들여다보는 것이다. 예외는 정상사례보다 흥미롭다. 정상적인 것은 아무것도 증명하지 않지만 예외는 모든 것을 증명한다. 예외가 규칙을 보증할 뿐만 아니라, 규칙은 애당초 오로지 예외에 의해서만 존속한다. 예외 속에서 실제 삶의 힘은 되풀이됨으로써 굳어 버린 기계장치의 껍데기를 깨부술 수 있다. 자신의 생명력 넘치는 강렬함으로 19세기에도 신학적 성찰이 가능하다는 것을 증명한 바 있는 한 프로테스탄트 신학자는 다음과 같이 말했다. "예외는 일반적인 것을 설명하고, 자기 자신도 설명한다. 그리고 만약 일반적인 것을 올바르게 연구하고자 한다면, 오로지 진정한 예외에 눈을 돌리기만 하면 된다. 모든 것이 일반적인 것보다는 예외 속에서 백일하에 뚜렷이 드러나기 때문이다. 일반적인 것을 놓고 끝없이 떠들어 대면 힘이 빠지기 마련이다. 예외가 있기 때문이다. 이 예외를 설명하지 못한다면 일반적인 것 또한 설명할 수 없다. 만약 열정 없이 그저 겉치레로 일반적인 것을 사유한다면 결코 이 어려움을 감지할 수 없을 것이다. 예외는 이에 반해 일반적인 것을 뜨거운 열정으로 사유한다."[11]

이 19세기의 신학자는 누구일까요? 키르케고르Søren Kierkegaard입니다. 그렇죠, 아마추어 신학자Laientheologe였죠. 여러분은 키르케고르의 예외가 슈미트의 주권에 대한 정의로 이어지는 궤적을 보고 있는 셈입니다. 그리고 여러분은 자유주의적 법학자, 가장 대표적인 선수로는 라트브루흐Gustav

---

11) 슈미트, 『정치신학』, 27~28쪽. 번역은 다소 수정했다. —옮긴이

Radbruch와 안슈츠를 들 수 있는데요, 이들이 여기에 대해 뭐라고 말할 수밖에 없었는지도 아실 겁니다. [슈미트가 한 것과] 마찬가지로 키르케고르를 소환하는 것은 당시 신학이나 철학에서도 유행이었습니다. 하이데거는 이 유행을 뒤집으려고 했고, 키르케고르가 가진 그리스도교적 요소를 탈색시키려고 했습니다만, 여기서는 이에 대해 상세하게 말씀드릴 수 없겠군요. 아무튼 신학자들이 결코 알아채지 못한 건 이런 겁니다. 하이데거는 신학을 매장시키려 한 사람이었다는 사실이죠. 하지만 오늘 이 자리에서 불트만 등등이 보여 준 나이브한 생각을 입에 올리긴 싫군요. 자연적인 인간은 하이데거적 범주에 따라 파악하고 그리스도교적 인간은 바울적 범주에 따라 파악하려 했던 [한심한] 사람들이니까요. 그런데 하이데거는 이 사람들과 같이 놀아 줬습니다. 그렇게 함으로써 마르부르크 학파 신학자들을 모조리 자기의 사도使徒로 만들었던 겁니다. 이건 결코 대충 넘길 일이 아닙니다. 그러니까 하이데거는 전술가, 아니 진짜 일급의 전략가였다는 말이죠. 그러나 이게 제 강연의 주제는 아니니까, 이쯤 하고 넘어가도록 합시다.

어쨌든, 모두가 바로 이 예외를 설파했던 키르케고르 주위를 맴돌고 있었습니다. 로젠츠바이크도 그랬고, 에브너도 그랬고, 슈미트도 그랬지요. 이게 바로 [당대 지식인들의] 공통점Gemeinsamkeit이었습니다. 슈미트의 『정치신학』 3장에는 이렇게 적혀 있습니다.

현대 국가론의 중요 개념은 모두 세속화된 신학 개념이다. 예를 들어 전능의 신이 만능의 입법자가 되었다는 식으로 여러 개념이 신학에서 국가론으로 옮겨 갔다는 역사적 발전을 봤을 때만이 아니라, 이들 개념의 사회학적 고찰을 위해서 반드시 인식해야만 하는 체계적 구조를 봤을 때도 그렇다. 법학에서 예외상태는 신학에서의 기적과 유사한 의미를 갖는다. 이런 유비 관계를 의식했을 때 비로소 최근 수백 년간에 걸친 국가철학상의 여러 이념의 발전이 인식될 수 있다. 왜냐하면 현대 법치국가의 이념은 이신론理神論으로 지탱되어 왔기 때문이다. 이때 이신론이란 하나의 신학이자 형이상학인데, 이는 기적을 세계로부터 추방하고 기적 개념 속에 내포된 자연법칙의 중단, 기적의 직접 개입을 통해 예외상태를 설정하는 중단을 거부하는 것이며, 따라서 현행 법질서에 대한 주권의 직접 개입을 거부하는 것과 같다. 계몽 사상의 합리주의는 어떤 형식의 예외상태이든 모두 부정했다. 따라서 반혁명의 보수적 저술가들은 유신론적 확신을 가졌으며, 유신론적 신학과의 유비 속에서 군주의 인격적 주권을 이데올로기적으로 지지할 수 있었던 것이다.[12]

슈미트에게 세속화는 전혀 긍정적인 개념이 아니었습니다. 오히려 그 반대입니다. 말하자면 악마와 다름없는 개념이었다는 말이죠. 그는 이렇게 반박했습니다. "국법은 자기 자신에 대해 전혀 모른다." 그런데 슈미트에게는 문제를 [제대로] 보고 또 다른 탈출구를 제시할 줄도 알았던 적敵이 있었습니다. 칼 슈미트의 이 비밀스러운 적은 다름 아닌 한스 켈젠이었습니다. 슈미트를 본Bonn 대학으로 초빙한 장본인이죠. 이 문제를 더 깊이 공부하시려는 분들을 위해 곁가지로 말씀드리자면, 바로 이 시기에, 그러니까 1922년 같은 해에, 한스 켈젠 역시 정확히 똑같은 문제를 다룬 글을 썼습니다. 『로고스』Logos에 실린 「신과 국가」라는 논문이 그것이죠.[13] 켈젠 역

---

12) 슈미트, 『정치신학』, 54~55쪽. ―옮긴이
13) Hans Kelsen, "Gott und Staat", *Logos*, XI, 1922/23, SS. 261~284. Kelsen, *Staat und Naturrecht*, Hrsg. v. Ernst Topitsch, München: Wilhelm Fink, 1989, SS. 29~55에 재수록.

시 신학과 법 사이에는 유비Analogie가 존재한다는 점을 깨닫고 있었습니다. 우선은 형식적인 차원의 유비이고, 다음으로는 정신분석적 차원에서의 유비라고 보았지요. 바로 이런 게 1920년에서 1922년 사이 빈Wien의 분위기였습니다. 켈젠은 이제 [정신]분석이 신학의 기능을 위임받아야 한다고 보았습니다. 폭로하는 기능 말이죠. 이에 반해 슈미트는 신학은 항상 이미 덥지 않은 국가법학자들 앞에서 우위를 지닌다고 주장했습니다. 왜냐하면 개념들은 오직 신학에서만 의미와 일관성을 갖는 것이고, 국가법으로 들어가면 혼란을 초래한다고 보았기 때문이지요.

슈미트에게 뭔가 종합Synthese 같은 걸 기대한다면, 그건 오산입니다. 그런 건 없습니다.

독일 낭만주의자들에게 고유한 본원적 관념이 있다. 바로 '영원한 대화'가 그것이다. 노발리스Novalis나 아담 뮐러Adam Müller는 이를 그들 정신의 진정한 실현태로 간주하여 그 안에서 움직인다. 가톨릭계 국가철학자들은 보수적이고 반동적이었으며 중세적 세계를 이상화하고 있었기 때문에 독일에서는 낭만주의자라 불리고 있지만, 드 메스트르Joseph-Marie de Maistre, 보날드Louis Gabriel Ambroise de Bonald, 도노소 코르테스 등에게 영원한 대화 따위는 오히려 소름끼치는 희극이 불러일으키는 환상에 지나지 않았을 것이다. 왜냐하면 이들의 반혁명적 국가철학을 특징짓는 것은 시대가 결정을 요구하고 있다는 의식이기 때문이며, 이 결정의 개념은 1789년과 1848년의 두 혁명 사이에 극한의 임계까지 다다른 에너지를 가지고서 그들 사유 한가운데에 유입되었다. 19세기 가톨릭철학이 정신적 현재성을 드러내는 곳에는 언제나 그 어떠한 타협도 허락하지 않는 위중한 양자택일이 요청된다는 사상이 어떤 식으로든 나타난다. 가톨릭과 무신론

사이에 매개물은 없다고 뉴먼도 말한 바 있다. 모든 것이 위중한 양자택일을 형성하며 그 엄격함은 영원한 대화라기보다는 독재의 울림을 갖는 것이다.[14]

자, 이제 이 논문의 끝부분 78쪽[15]에서 칼 슈미트가 이끄는 배의 조종타와 같은 인물인 도노스 코르테스[16]를 소개하는 부분을 보도록 하죠. 도노소 코르테스는 스페인의 고위급 외교관으로 베를린에서 활동했고, 1848년 혁명이 일어나던 시기에 의회에서 패검佩劍과 단도短刀를 가진 독재에 대해 강력한 연설을 행했던 인물입니다. 그는 이렇게 말했습니다. "자유와 폭정 사이에서 선택을 할 수 있다면, 누가 자유를 택하지 않겠는가? 하지만 그런 선택지는 없다! 선택지는 패검의 독재냐 단도의 독재냐라는 두 가지다. 이 말은 국가 독재와 무정부주의자들의 독재 사이에서 선택해야 한다는 뜻이다."

드 메스트르나 코르테스에게는 이런 '유기체적' 사유가 불가능했다. 드 메스트르는 셸링의 생명철학에 대한 몰이해에서 이를 증명했고,[17]

무슨 말인가 하면, 슈미트에게 이행이니 종합이니 그런 것들은 전부 얼토당토않은 것이었다는 겁니다.

---

14) 슈미트, 『정치신학』, 74~75쪽. 번역은 다소 수정했다. —옮긴이
15) 한국어판 『정치신학』으로는 81쪽이다. —옮긴이
16) 후안 도노소 코르테스(Juan Donoso Cortés, 1809~1853). 스페인의 외교관, 정치가, 정치철학자. —옮긴이
17) 슈미트, 『정치신학』, 84쪽. 번역은 다소 수정했다. —옮긴이

1849년 베를린에서 헤겔주의를 코앞에서 목격한 도노소 코르테스는 아연실색했습니다. 드 메스트르와 도노소 코르테스는 모두 경험과 식견이 풍부한 외교관이자 정치가였습니다. 그리고 괜찮은 타협을 여러 번 이끌어 낸 경력을 갖고 있었지요. 하지만 체계적이고 형이상학적인 타협이란 건 이들로서는 도무지 이해할 수 없는 것이었습니다. 어쨌든 여기서 뭔가 결단이 내려져야 한다는 사실을 외면함으로써 결정적인 지점에서 결단을 미루는 짓거리는 이들에게 분명히 기묘하기 짝이 없는 범신론적 혼란으로 비쳤을 겁니다.

코르테스가 보기에 논리가 일관되지 않고 타협을 일삼는 자유주의란 한결같이 예수나 바라바^{Barabbas}냐라는 물음에 대해 회의의 연장을 발의하거나 조사위원회를 설치하자는 제안에 다름 아니라서 그저 잠깐 동안만 지속될 수 있을 뿐이었다.

이게 바로 도노소 코르테스가 스페인[의회]에서 행한 위대한 연설의 일부입니다.

이런 태도는 우연이 아니라 자유주의의 형이상학에 기초한 것이다. 부르주아지는 언론·출판의 자유의 계급인데, 이들이 이러한 자유에 도달한 까닭은 어떤 심리적 상황이나 경제적 상황, 그리고 상업적 사고방식 등에 있는 것이 아니다.[18]

---

18) 같은 책, 85쪽. 번역은 다소 수정했다. —옮긴이

이제 아시겠지요? 무슨 종합이나 타협, 세속화에 대한 긍정적 평가 따위는 전혀 언급되지 않고 있습니다. 그 반대지요. 그리스도와 바라바 사이에서는 무슨 조사위원회 같은 걸로는 도무지 한 발짝도 더 나아갈 수가 없는 겁니다. 토론하는 계급이라는 말로써 도노소 코르테스는 부르주아들의 자유주의적 문화 프로테스탄티즘을, 물론 전체를 파악한 건 아닙니다만, 핵심적인 부분을 파악해 낸 것이었습니다. 부버나 UN의 고층 빌딩에 있는 함머스쾰트^{Hammerskjöld}를 생각해 보세요. 이 사람들이 [끝없이] 얘기만 주고받는다고, 마치 그런 영원한 대화 속에서 평화로 가는 길이 뚫릴 거라는 듯이 얘기만 주고받는다고 생각해 보시란 거죠! 이런 것은 지금 실제로 지배력을 행사하는 권력의 발끝도 건드리지 못하는 겁니다.

수십 년 뒤 슈미트는 한스 블루멘베르크[19]란 적수를 만나게 됩니다. 이 사람의 첫번째 책은 『근대의 정당성』이란 책인데요, 완전 대박^{Knüller}인 책이죠.[20] 근대의 정당성이란 게 뭘까요? 1950~1960년대에는 근대 개념이 곤경에 처했었던 것 같습니다. 근대가 끝나고 중세가 시작된다고들 보았던 거지요. 구아르디니[21]나 『중심의 상실』을 쓴 제들마이어[22]를 꼽을 수 있겠네요. [이와 관련해서는] 원하시는 대로 카드를 이것저것 집어 들기만 하면 됩니다. [그런데] 블루멘베르크는 세속화라는 단어가 뭔가 부적절한 제목이라고 생각했습니다. 이 개념을 비난하면서 이 개념은 전혀 관철될

---

19) 한스 블루멘베르크(Hans Blumenberg, 1920~1996). 독일의 철학자. 『근대의 정당성』(*Die Legitimität der Neuzeit*, 1966), 『세계의 독서가능성』(*Die Lesbarkeit der Welt*, 1979) 등의 저서로 유명하다.─옮긴이

20) Hans Blumenberg, *Die Legitimität der Neuzeit*, Frankfurt: Suhrkamp, 1966.

21) Romano Guardini, *Das Ende der Neuzeit*, Würzburg: Werkbund-Verlag, 1951 [로마노 구아르디니(Romano Guardini, 1885~1968). 독일의 가톨릭 신부, 종교철학자].

22) Hans Sedlmayr, *Der Verlust der Mitte*, Salzburg: Otto Müller Verlag, 1948.

수 없는 거라고 말했지요(제 생각에는 어찌 됐건 관철될 걸로 보입니다만).
블루멘베르크의 생각은 이런 것이었습니다. "그건 마치 진흙 덩어리가 이
리저리 구르듯이 하나의 동일한 실체가 다른 영역으로 전승된 것이다. 신
학에서 법학으로, 법학에서 문학으로 굴러들어 간 것이다." 블루멘베르크
는 이렇게 이어진 끈을 방법론적으로 끊어 버리고 싶어 했습니다. 그래서
이렇게 말한 거지요. "그 개념은 관철될 수 없다." 그리고 이에 대해 칼 슈
미트가 응답을 했습니다. 응답을 한 유일한 사람이었지요. 『정치신학 2』에
블루멘베르크에 관한 보론補論을 끼워 넣은 겁니다.[23] 이 논박은 다시 블루
멘베르크로 하여금 역시 자기 책의 2판에서 칼 슈미트에 대한 응답을 하
게끔 만들었지요.[24]

　　아무튼 [제가 보기에] 결론은 이렇습니다. "슈미트에게 현실Wirklichkeit
인 것이 블루멘베르크에게는 은유Metapher다." 현존하는 독일 철학자들 중
에서 유일하게 저의 흥미를 끄는 이 블루멘베르크란 철학자는 은유학[의
창시]자Metaphorologe입니다. 슈미트는 묻습니다. "은유 뒤에는 무엇이 있는
가?" 그러고는 은유 뒤에는 자폐증이 도사리고 있음을 보여 줍니다. "자폐
아"autos가 한 명 있다는 말이죠. 직접 한번 읽어 보세요. 이게 세속화의 의
미라는 겁니다. 불법적인 범주라는 거지요. 만약 뭔가가 세속화된다면, 그
러면 그건 적법한 장소에 있던 것이 적법하지 않은 곳으로 옮겨졌음을 의
미하는 겁니다.

　　[지금] 저는 신학적으로 사유하고 있는 게 아닙니다. 신학적인 자료

---

23) Carl Schmitt, *Politische Theologie II: Die Legende von der Erledigung jeder Politischen
　　Theologie*, Berlin: Duncker & Humblot, 1970, SS. 109~126.
24) Blumenberg, *Säkularisierung und Selbstbehauptung*, Frankfurt: Suhrkamp, 1974, SS.
　　103~118.

들을 가지고 작업하고 있긴 합니다만, 정신의 역사, 현실의 역사의 차원에서 사유를 전개하고 있는 겁니다. 슈미트가 법학적 개념들의 신학적 잠재력에 대해 물었다면, 저는 신학적 은유들의 정치적 잠재력에 대해 묻습니다. 또 저는 도덕에 관해 사유하는 게 아닙니다. 저는 최후의 심판관이 아니니까요. 제 눈앞에 떠오르는 건 칼 슈미트도, 칼 바르트도 아닙니다. 저는 다만 그때 무슨 일이 생긴 것인지를 알고 싶은 겁니다. 1848년을 한번 생각해 보세요. 키르케고르가 가진 정치적 잠재력은 아주 오랫동안 평가절하되어 왔습니다. 이 점을 처음 지적한 사람이 바로 칼 뢰비트[25]였지요. 뢰비트는 이런 문장을 썼습니다. "군중이나 폭도의 고삐를 틀어쥘 수 있는 지배자나 왕은 이제 더 이상 존재하지 않는다. 이제 존재하는 것은 그저 순교자의 이미지뿐이다."[26] 이건 진짜 정치적인 언술입니다! 1848년의 폭도들은 정당성을 가진 형상들, 가령 왕이나 황제 혹은 장군을 통해 길들여질 수 없었습니다. 이건 오로지 순교자를 통해서만 가능한 일이었죠. 왜냐하면 이들은 완전히 통제력을 벗어나 있었으니까요. 이건 정치적인 언술입니다. 코달레[27]는 키르케고르가 가진 정치적 잠재력에 관한 아주 상세한 논문을 쓴 바 있습니다.[28] [이 당시에는] 혼란스럽게 얽힌 정당 권력에 맞서 국가를 구하고자 하는 의지가 있었습니다.[29] 카오스가 날뛸 수 없

---

25) 칼 뢰비트(Karl Löwith, 1897~1973). 독일의 철학자. 하이데거의 제자로 『세계사와 구원의 사건』(*Weltgeschichte und Heilsgeschehen*, 1983)이라는 저서를 통해 블루멘베르크의 정당성 논쟁을 유발한 장본인이다. 한국에서는 『헤겔에서 니체로』(*Von Hegel zu Nietzsche*, 1941)라는 저서로 잘 알려져 있다.―옮긴이

26) 칼 뢰비트, 『헤겔에서 니체로』, 강학철 옮김, 민음사, 2006, 319쪽에 나오는 제사를 암시하는 문장이다. 본래 문장은 다음과 같다. "이제까지는 황제, 국왕, 교황, 예수회교도, 장군, 외교관까지 결정적인 순간에 세계를 지배하는 수가 있었다. 그러나 제4계급이 대두하면서부터 순교자만이 세계를 지배할 수 있음을 나타낼 것이다."―옮긴이

27) 클라우스-미하엘 코달레(Klaus-Michael Kodalle, 1943~). 독일의 정치철학자.―옮긴이

도록 형식[질서] 속에 붙잡아 두고자 하는 법학자 혹은 국가법학자의 관심이 어떤 건지 저는 이해할 수 있습니다. 그리고 슈미트는 이걸 카테콘적 충동den katechontischen Impuls이라고 불렀습니다. 카테콘이란 억제자를 뜻하죠. 저는 한 논문에서 슈미트를 "반혁명의 묵시가Apokalyptiker"라고 부른 적이 있습니다. 우리[슈미트와 타우베스]는 서로 생사를 걸고 싸우는 적이라는 사실을 알고 있었습니다. 너무나 잘 이해하고 있었죠. [그렇지만] 우리는 [남들이 모르는] 한 가지를 알고 있었죠. 우리가 같은 차원에서 이야기를 하고 있다는 사실 말입니다. 이런 일은 정말 흔치 않은 겁니다. 상징과 날카로운 분석을 번갈아가며 쓰는 경우가 허다했기 때문에 우리의 대화를 따라 읽으시려면 단단히 마음을 먹고 덤비셔야 할 겁니다.

국가 권력에 대한 관심, 이것은 그리스도교에도 있었습니다. 그리스도교인들은 국가가 무사하기를 기도하는데, 왜냐하면 그래야만 하느님이 보우해 주시기 때문이죠. 만약 국가가 존속하지 못하면, 그때는 카오스가 닥쳐오고, 더 심한 경우에는 하느님의 나라가 오는 겁니다! 이건 일어날 수 있는 일들 중에서 정말로 최악인 셈이죠. 이 모든 것을 블루멘베르크가 잘 [종합해서] 써 놓은 글에서 보실 수 있습니다.[30] 이런 게 국가에 대한 관심인 거죠.

한번은 칼 슈미트가 저한테 이런 얘길 들려 주었습니다. 독일의 여러

---

28) Klaus-Michael Kodalle, "Der non-konforme Einzelne: Kierkegaards Existenz-Theologie", Jacob Taubes(Hrsg.), *Der Fürst dieser Welt*, München: Wilhelm Fink, 1983, SS. 198~226; Kodalle, "Walter Benjamins politischer Dezisionismus im theologischen Kontext", Nobert Bolz und Wolfgang Hübener(Hrsg.), *Spiegel und Gleichnis: Festschrift für Jacob Taubes*, Würzburg: Königshausen u. Neumann, 1983, SS. 301~317을 참조하라.

29) Ernst Fraenkel, *The Dual State*, New York: Octagon Books, 1941을 암시하는 문장이다.

30) Blumenberg, *Säkularisierung und Selbstbehauptung*, S. 54.

국가 자문위원들과 교수들, 이 중에는 하이데거도 있었답니다, 이 사람들과 함께 밤기차에 실려서 무솔리니와 대화를 나누기 위해 로마로 간 적이 있었답니다. 그때가 아마 1934년이었을 텐데, 무솔리니가 슈미트한테 이렇게 말했다는 거예요. "정당으로부터 국가를 구하시오!" 이런 말에 격분해 봤자 아무 도움이 안 됩니다.

7장 세계정치로서의 니힐리즘과 미학화된 메시아주의
―발터 벤야민과 테오도어 W. 아도르노

「로마서」8장에 대해서는, 제가 보기에, 그것과 대략 1800년 정도 떨어져 있는 한 텍스트가 가장 정확한 거울쌍을 이루고 있는 것 같습니다. 발터 벤야민의 「신학-정치적 단편」^{Das theologisch-politische Fragment}이 그것인데요. 『조명들』^{Illuminationen}[이라는 선집]에 들어 있는 글인데, 잘못된 편집 원리 탓에 벤야민의 마지막 텍스트인 「역사철학 테제」^{Geschichtsphilosophische Thesen, 1939/40} 뒤에 실렸죠(『조명들』은 두 사람이 편집했는데, 그 중 한 명인 숄렘은 「신학-정치적 단편」이 먼저 쓰여졌다는 걸 알고 있었지만, 아도르노는 몰랐습니다. 저는 아도르노에게 왜 이게 더 앞선 텍스트인지 설명해 주었는데, 그 텍스트 안에 있는 블로흐-부분^{Bloch-Stelle} 덕분에 제 이야기에 수긍을 하더군요. 분명히 이 텍스트는 1921년에 쓰여진 것입니다). 이 글은 벤야민의 텍스트 중에서 가장 짧은 텍스트죠. 그리고 저는 이 글이 정말로 정말로 논쟁적인 텍스트라고 생각합니다. 비단 우리 이야기의 맥락에서뿐만 아니라 피조물 전체와 그것들의 덧없음이라는 맥락에서도 그렇습니다. 그러니까, 이 글에는 「로마서」5장이 공명하고 있다는 말입니다.

<신학-정치적 단편>

메시아 자신이 비로소 모든 역사적 사건을 완성시킨다. 그것도 그 자신이
직접 메시아적인 것과 맺는 관계를 비로소 구원하고, 완성하고[끝내고],
창조한다는 의미에서 그러하다.[1]

정말 어려운 문장이죠. 그렇지만, 우선 이 점은 분명합니다. 메시아가
존재한다는 사실. 이건 절대 헛소리가 아닙니다. '메시아적인 것'이 있다
는 겁니다. '정치적인 것'이나 무슨 중립화Neutralisierung 그런 게 아니라, 메시
아 말입니다. 이 점을 확실히 알아 두셔야 합니다. 여기서 문제가 되는 건
어떤 그리스도교적인 게 아닙니다. 문제는 메시아입니다. 무슨 저 뜬구름
잡는 듯한 계몽주의니 낭만주의적인 중립화니 하는 따위와는 다른 거죠.

그렇기 때문에 어떤 역사적인 것도 그 자체로부터 메시아적인 것과 관계
맺기를 바랄 수는 없다. 그렇기 때문에 하느님의 나라는 역사적 동력의
목표가 아니다. 그것은 목표로 설정될 수 없는 것이다. 역사적으로 볼 때
그것은 목표가 아니라 끝이다.[2]

벤야민은 묵시록이란 어떤 이행도 알지 못하며, 오히려 지금과 다음
사이에 어떤 파국의 시간, 침묵의 시간, 완전한 절멸과 황폐의 시간을 설
정하는 것이라는 숄렘의 사상을 공유하고 있었습니다(저로서는 숄렘이 정
말로 옳은지에 대해서 전적으로 확신하지는 못합니다만). 이 점에 대해서는

---

1) 발터 벤야민, 『역사의 개념에 대하여·폭력비판을 위하여·초현실주의 외(발터 벤야민 선집 5)』,
   최성만 옮김, 길, 2008, 129쪽. 번역은 수정했다. ─옮긴이
2) 같은 책, 129~130쪽. 번역은 수정했다. ─옮긴이

유대교적 시간이든 비非유대교적 시간이든 관련된 수많은 묵시록들을 살펴볼 필요가 있을 겁니다.

그렇기 때문에 세속적인 것의 질서는 하느님의 나라에 대한 사상 위에 구축될 수 없으며, 그렇기 때문에 신정정치^{Theokratie}는 아무런 정치적인 의미도 갖지 않으며 오직 종교적인 의미만을 갖는다. 신정정치가 정치적 의미를 갖는다는 점을 최대한 강력하게 부인했다는 것이야말로 블로흐의 『유토피아의 정신』$^{Geist\ der\ Utopie}$의 가장 큰 공적이다.[3]

이 부분에 대해 한마디 하겠습니다. 편지를 보면 알 수 있는 사실인데, 벤야민은『유토피아의 정신』, 특히 이 책의 초판을 두고 오랫동안 씨름했을 뿐 아니라 서평까지 써서 브루노 카시러[4]가 편집한 어떤 잡지에 게재했습니다. 이 서평은 소실되었습니다. 아니, 어쨌든 아직까지는 발견이 안 됐습니다. 그 자신의 말에 따르면 이 서평에서 핵심은 이런 것이었다고 합니다. 신정정치란……[5](그런데 에른스트 블로흐한테 신정정치는 전

---

3) 같은 책, 130쪽. 번역은 수정했다. ─옮긴이

4) 브루노 카시러(Bruno Cassirer, 1872~1941). 독일의 출판인. ─옮긴이

5) 타우베스는 이 문장을 끝내지 않았다. 그는 다음의 인용으로 문장을 완성할 생각이었다. "…… 아무런 정치적인 의미도 갖지 않으며 오직 종교적인 의미만을 갖습니다." 하느님께서 다스리신다는 사상은 결코 '세속적인 것의 질서'와 관계 맺어질 수 없다. 신정정치 개념에 대해선 그가 편집한 시리즈『종교이론과 정치적 신정정치』(*Religionstheorie und politische Theokratie*)[이 시리즈의 올바른 제목은『종교이론과 정치신학』*Religionstheorie und politische Theologie*이다. 편집자들의 실수로 보인다]의 3권『신정정치』(1987)를 참조하라. 이 책「서문」에서 타우베스와 볼츠(Norbert Bolz)는 벤야민의 블로흐-서평에 대해 이렇게 쓰고 있다. "신비주의적 신정정치와 정치적 신정정치 사이에 이렇듯 경계를 그은 것은 불행한 일이었다. 이것은 세계사적으로 볼 때 오류였음이 드러났다." 그리고 계속해서 디터 게오르기의 기고문에 의지해 이렇게 쓰고 있다. "신비주의적 신정정치냐 정치적 신정정치냐라는 식의 대결이 아니라 위로부터의 신정정치냐 아래로부터의 신정정치냐라는 대결이야말로 결정적인 안티테제를 형성하는 것이다."

적으로 부정적인 개념이었습니다. 에즈라 같은 것, 교회 통치와 같은 것이었죠. 저로서는 블로흐의 『유토피아의 정신』에서 이 개념이 긍정적인 의미로 쓰인 곳을 한 군데도 찾지 못하겠고요. 이건 심지어 [모호한] 은유로 가득 찬 이 책^{Bilderbuch}, 『희망의 원리』*Das Prinzip Hoffnung*에서도 마찬가지입니다). 벤야민의 의도가 어떤 것이었는지 완벽하게 알아낼 수는 없습니다. 왜냐하면 그 구절 자체가 너무 짧고, 또 수수께끼처럼 되어 있으니까요. 하지만 그렇다고 해도 이 구절이 잘못 읽혀서는 안 됩니다! 이 문장은 신정정치의 개념들은 정치적인 개념들이 아니다, 라고 말하는 것이 아닙니다. 제가 아는 모든 그리스도교 개념들은 고도로 정치적인 개념이고 또 [정치적으로] 폭발력이 큰 개념들입니다. 아니면 적어도 어떤 특정한 시점[계기]에서는 그렇게 됩니다. 예를 들어 증인^{Zeuge}이나 순교자——「로마서」 13장뿐 아니라 「묵시록」 13장에도 등장하지요——개념, 그러니까 순교자-신학이 그렇습니다. 이 순교자-신학은 그리스도교에 속하는 것입니다. 그리고 여기서는 모든 것이 공적인 게 됩니다. 그리고 [만약] 누군가가 슬그머니 자리를 뜬다면, 그 사람은 도케티스트^{Doketist6)}나 뭐 그 비슷한 겁니다. 이 이야기는 [바울] 편지들에 정말로 많이 나옵니다. 공적이지 않은 게 아니라, 종교적이라는 것이죠.

세속적인 것의 질서는 행복의 이념 덕분에 기운을 얻을 수 있는 것이다. 이 질서가 메시아적인 것과 맺는 관계는 역사철학의 본질적인 가르침 중

---

6) Doketist는 '그리스도 가현설'을 뜻하는 Doketismus를 지지하는 사람이라는 의미이다. Doketismus는 '가상'을 뜻하는 그리스어 δοκεῖν에서 유래한 말로, 예수 그리스도는 다만 가상으로만 육체를 지녔을 뿐이며, 따라서 십자가 위에서 아무런 고통을 느끼지 않았다는 주장을 가리킨다.—옮긴이

하나이다. 더 나아가 이 관계로부터 신비주의적인 역사 이해[역사관]의 조건이 정해지며, 이러한 이해에 따르는 문제를 하나의 이미지 속에서 그려 볼 수 있게 된다. 한 화살의 방향이 세속적인 것의 동력을 작동시키는 목표를 나타내고, 다른 화살이 메시아적 강렬함을 나타낸다면, 그럴 경우 자유로운 인류의 행복 추구는 물론 저 메시아적 방향으로부터 멀어지려 애를 쓰지만, 이 멀어짐은 [마치 작용-반작용처럼] 자기 방향대로 움직이는 힘이 반대 방향의 힘을 촉진시키는 것과 같으며, [이와 같은 의미에서] 세속적인 것의 질서 역시 메시아의 나라의 도래를 앞당긴다. 따라서 세속적인 것은 결코 이 나라의 범주가 될 수 없다. 하지만 [이것 역시] 하나의 범주이며, 그것도 가장 적확한 범주들 중 하나, 즉 그야말로 지극히 조용히 이 나라가 다가오게 만드는 범주이다. 왜냐하면 지상의 모든 것은 행복 안에서 자신의 몰락을 위해 노력하기 때문이며, 또한 그것들은 오직 행복 안에서만 몰락을 발견하도록 정해져 있기 때문이다.[7]

여기서 행복은 무상함Vergängnis과 동일시되고 있습니다. 몰락Untergang과 요! 괴테의 파우스트나 니체의 "모든 쾌락은 영원하리라"라는 말과는 완전히 반대지요. 그런 것들에 대해 강력하게 반대하는 논박인 겁니다.

벤야민은 괴테[식]의 이런 장수長壽, 그러니까 오래 살고파 하는 동경을 끔찍하게 여겼습니다.

여기서 [벤야민의 이런 기이한 생각을 들으셨으니] 여러분은 니체의 영원회귀가 낯설게 여겨지실 겁니다. 확실히 니체는 육체성이야말로 세속

---

7) 벤야민, 『역사의 개념에 대하여·폭력비판을 위하여·초현실주의 외』, 130쪽. 번역은 수정했다. ─옮긴이

적인 것이 충족되는 질서라고 보았습니다. 안 그러면 그게 어디서 충족되겠습니까? 그런데 [벤야민은] 몰락 속에서, 라고 말합니다.

> 반면에 개별 인간의 내면, 즉 마음의 직접적인 메시아적 강렬함은 고통의 감각 속에서 불행을 견뎌 나가는 것이다. 불멸성으로 들어가는 종교적 회복restitutio in integrum에 상응하는 것은 몰락의 영원성으로 인도하는 세속적 회복이며, 영원히 스러져 가는, 완전히 스러져 가는, 공간적으로나 시간적으로나 완전히 스러져 가는 세속적인 것의 리듬, 그러니까 메시아적 자연의 리듬이 행복이다. 실로 자연은 메시아적인데, 왜냐하면 그것은 영원히 그리고 완전히 덧없는 것이기 때문이다.
> 이렇게 스러져 가고자 애쓰는 것, 그러니까 자연으로 존재하는 인간의 여러 단계들에서까지도 스러져 가고자 애쓰는 것, 이것이 세계정치의 과제이며, 이를 위한 방법은 니힐리즘이라 불릴 수 있다.[8]

저는 여기서 벤야민이 전개한 니힐리즘의 개념은 동시에 「고린도서」와 「로마서」에 나오는 "없는 듯[아무것도 갖지 않은 듯]hos me 살아라"라는 표현에 대한 실마리이기도 하다는 주장을 펼치려 합니다. 세계는 스러져 가는 것이고, 이 세계의 모습morphé 역시 지나갑니다. 「고린도서」와 「로마서」에서 세계에 대한 태도는 청년 벤야민이 니힐리즘이라고 부른 바로 그것입니다. 그리고 니체는 바로 이 지점이야말로 심대한 니힐리즘이 작동하는 곳이라는 점을 깨달았던 것입니다. 그러니까 이게 세계정치라는 것, 즉

---

8) 벤야민, 『역사의 개념에 대하여·폭력비판을 위하여·초현실주의 외』, 131쪽. 번역은 수정했다.—옮긴이

로마 제국을 파괴하기 위한 것이라는 사실을 알았던 것이지요.

　바로 이 때문에 루터식의 작업들은 「로마서」 13장에 대해서는 어떻게도 손을 댈 수 없는 겁니다. 시간이 다했다[때가 찼다] 등등의 「로마서」 전체의 틀을 포기하지 않는 이상에는 말입니다. 물론 그렇게 포기하지 않아야만 [봉기를 일으키는] 농민들을 때려죽이고 농민들이 [『성서』의 구절들에 기대어] 저질렀던, 혹은 저지르는 범죄들을 박멸할 수 있는 거지요. 이런 건 바울과는 아무 상관없는 겁니다. 바울에게는 세계에 대한 니힐리즘적 시각, 구체적으로는 로마 제국에 대한 니힐리즘적 시각이 중요한 것이죠. 그리고 이 사실을 니체는 알고 있었습니다.

　벤야민은, 이것이야말로 진짜 놀라울 정도로 비슷한 점인데, 창조에 대해서 바울적인 개념을 가지고 있었습니다. 그러니까 그는 창조를 고통으로, 헛된 것Vergeblichkeit으로 보았던 겁니다. 그렇습니다, 이건 이미 「로마서」 8장에 다 있는 얘깁니다. 결국 피조물의 한숨das Seufzen der Kreatur에 대한 얘기지요. 「로마서」 8장을 펴서 소리 내어 읽어 봅시다. 그러고 나서 벤야민을 읽어 보면, 그러면 여러분은 깜짝 놀라게 될 겁니다. 「로마서」 8장 18절입니다. 벤야민은 바로 이걸 얘기한 겁니다. 희망이 없는 창조는 무상한 것이라는 표상이지요.

모든 피조물은 하느님의 아들들의 영광이 환히 드러나기를 간절히 기다리고 있습니다. 피조물이 제구실을 못하게 된 것은 제 본의가 아니라 하느님께서 그렇게 만드신 것입니다. 그러나 거기에는 희망이 있습니다. 곧 피조물에게도 멸망의 사슬에서 풀려나서 하느님의 자녀들이 누리는 영광스러운 자유에 참여할 날이 올 것입니다. 우리는 모든 피조물이 오늘날까지 다 함께 탄식하며 진통을 겪고 있다는 것을 알고 있습니다. 피조물만이 아니라 성령을 하느님의 첫 선물로 받은 우리 자신도 속으로 탄식하면서 하느님의 자녀가 되는 날과 우리의 몸이 해방[구원]될 거라는 완전한 계시를 고대하고 있습니다. 왜냐하면 [오직] 이 희망으로 우리는 구원을 받았기 때문입니다. 눈에 보이는 것을 바라는 것은 희망이 아닙니다. 눈에 보이는 것을 누가 바라겠습니까? 반면에 우리는 보이지 않는 것을 바라고 있으며, 인내로써 기다립니다. 성령께서도 연약한 우리를 도와주십니다. 어떻게 기도해야 할지도 모르는 우리를 대신해서 말로 다할 수 없을 만큼 깊이 탄식하시며 하느님께 간구해 주십니다. 그런데 마음속까지도 꿰뚫어 보시는 그분께서는 그러한 성령의 생각을 잘 아십니다. 하느님을 사랑하는 사람들 곧 하느님이 먼저 내리신 결단에 따라 부르심을 받은 사람들에게는 모든 일이 함께 작용해서 좋은 결과를 이룬다는 것을 우리는 압니다. 왜냐하면 그분께서는 이미 오래전에 택하신 사람들이 당신의 아들과 같은 모습을 가지도록 미리 정하셨기 때문입니다. 그래서 그리스도께서는 많은 형제 중에서 맏아들이 되셨습니다.[9]

많은 형제 중에서[첫째랍니다]. 이런 걸 민주주의적이라고 부를 수는 없겠죠. 그렇지만 이건 무슨 주인[지배자]이나 황제를 말하는 것도 아닙니다. 그런 게 아니라 이건 카이사르의 대항마Anti-Caesar를 말하는 겁니다. 잘 생각해 보세요. 이 편지는 로마, 그러니까 카이사르 숭배가 분위기를 장악하고 있던 곳으로 보내진 겁니다. ──여기서 바울이 자연에 대해서 너무나 이상한 방식으로 고민을 하고 있다는 걸 보셨을 겁니다. 당연히 이건 무슨 생태학적 고민 같은 게 아닙니다. 살아가는 동안 바울은 나무 한 그

---

9) 「로마서」 8장 19~29절. ─옮긴이

루 보지 못했습니다. 그가 살았던 세계는 말하자면 완전히 카프카적인 세계였던 겁니다. 카프카는 나무를 묘사하거나 언급한 적이 단 한 번도 없습니다. 예루살렘에 사는, 제가 아는 한 친구가 이런 타입입니다. 이 친구가 편지를 쓰면 절대로 이렇게는 안 씁니다. "내 친구여, 오늘은 날씨가 너무 좋다네" 혹은 "내 주변 자연 풍경은 정말 끝내준다네."——바울은 이런 건 전혀 몰랐습니다. 바울 편지에서 이런 식의 정념이나 마치 무슨 휴가를 가기라도 한 양 들뜬 상태를 얘기한다거나 이런 주제에 마음이 움직인 경우를 쓴 부분이 있나 한번 찾아 보세요. 전혀 없습니다. 전혀, 처음부터 끝까지, 전혀 없습니다. 카프카 소설들을 한번 통독하면서 뒤져 보세요. 거기에 나무 한 그루라도 등장하는지. 한 그루 정도 나왔던 것 같군요. 개가 오줌을 싸는 나무였던 것 같아요. 아마 이게 『성』이나 『소송』에서 나무가 등장할 수 있는 유일한 형식일 겁니다. [카프카 작품들에서] 자연은 오직 심판으로서만 출현합니다. 하지만 이건 이제 이쯤 해두죠.

하지만 그럼에도 자연은 아주 중요한 범주, 다시 말해 종말론적 범주입니다. 무상함, 덧없음 아래 있는 자연은 신음하고, 한숨짓습니다. '한숨짓는다'[탄식한다]는 건 뭘까요? 여기서 바울은 이렇게 설명합니다. "우리도 한숨짓습니다." [유대인들의] 기도에 관해서 생각할 경우, 그리스도교 교회에서 행해지는 노래 같은 기도를 떠올려서는 안 됩니다. [유대인들이] 기도할 때면 부르짖고, 한숨짓고, 하늘이 떠나갈 듯 난리가 납니다. 이건 무슨 신학적 논술Theologumena이 아니라, [제가] 경험해 보고 해드리는 얘기입니다. 바울이 경험한 것 역시 이렇게 기도하는 신자 공동체였던 겁니다. 이 점에 대해서는 하고 싶은 얘기가 정말 많지만, 그 얘기를 하려면 현대인들이 '사적인 것'[프라이버시]이라고 부르는 영역으로 들어가야 됩니다.

그러니까 저는 벤야민을 [종말론적 범주로서의] 자연과 자연의 덧없음을 이야기하는 「로마서」 8장과 세계정치로서의 니힐리즘을 말하는 「로마서」 13장에 대한 주석가로 보고 있습니다. 그리고 니체도 이런 걸 이미 알고는 있었지만, [바울과 「로마서」에] 저항감을 느꼈던 것이죠. 켈수스Kelsos가 그랬던 것처럼요. 여러분은 플로티노스Plotinus에게서도, 이 그리스도교적-영지주의적 저질Gesindel에게서도 이런 걸 보실 수 있습니다. 아무 공로도 없이 자기들이 구원받았다고 믿으면서도 구원에 대한 감사의 마음조차 없는 사람들이 있죠. 『엔네아데스』Enneades를 쓴 플로티노스나, 오리게네스Origenes 책에 나오는 켈수스나 오늘날로 치면 니체, 이런 인간들을 말하는 겁니다. 전부 똑같은 인간들입니다. 제 눈에는 아무런 차이도 보이지 않습니다. 니체를 읽고서 저는 혼자 이렇게 자문했습니다. "이건 전부 켈수스가 이미 다 해놨던 논증들이잖아?" 저는 켈수스가 하지 않았던 논증을 단 한 가지도 찾지 못했습니다. 물론 원칙적으로 그렇다는 얘기이긴 합니다만, 그래도 켈수스가 했던 이야기와 완전히 똑같은 거라고 할 수 있습니다(언젠가 저는 조그만 출판사, 마테스와 자이츠Matthes & Seitz라는 출판사인데요, 이 출판사에 이렇게 얘기한 적이 있습니다. "켈수스를 출판해 보세요. 놀라실 겁니다! 당신들이 니체를 출판할 수는 없잖습니까? 데그뤼터de Gruyter 출판사가 판권을 갖고 있으니까요. 그렇지만 켈수스는 판권이 없잖아요!" 그리고 어느 날 갑자기 그 책이 눈에 띄더군요. 참 웃겼습니다. 진짜 날개 돋친 듯이 팔리더군요. 지금도 그 판매량을 알아볼 수 있습니다!).

물론 벤야민은 바울과는 다릅니다. 이 글에서 벤야민이 세속적인 것das Profane이라고 부른 것이 독자성을 갖는 사상이라는 점에서 그렇습니다. 바울 이후 수백 년이 지난 뒤 두-왕국-이론Zwei-Reiche-Lehre[10)]에 대한 해석들이 생겨났습니다. 이 이론은 그러니까 세속적인 것의 질서와 메시아적인 것의 질서에 대한 것이죠. 이 두-왕국-이론에서 중요한 것은 어떤 형식을 따르는가 하는 점입니다. 그리고 벤야민에게 중요한 것은 이런 겁니다. 우선적으로 그는 메시아[에 대한 믿음]를 고수했고, 이 믿음이 무슨 중립성[의 영역]으로 빠져들게 내버려 두지 않았습니다. 이건 종교사적 논의가 아니라 일종의 고백 같은 겁니다. 벤야민에 견주자면 블로흐의 글들은 도통 무슨 말인지 모르겠고^{wischwaschi}, 아도르노는 훨씬 더 심합니다. 아도르노의 마지막 저서 『미니마 모랄리아』^{*Minima Moralia*}를 생각해 보세요. 이 책을 보면 실재적인^{substantiell} 것과 **마치 ~ 같은**^{Als-ob} 것을 구별하고 있는데, 여기서 메시아주의의 핵심^{messianische Sache}이 한낱 **만약에**^{comme-si} 따위로 전락하고 마는 겁니다. 이건 진짜 놀라운 얘기이긴 하지만, 결국에는 공염불에 지나지 않습니다. 반면 청년 벤야민에게 메시아적인 것은 실재적인 것이었지요. [이후의] 경험들[나치즘과 제2차 세계대전 등등]로 인해 흔들려 버리긴 했지만요. 물론 저는 벤야민의 글이 바울의 글과 엄밀한 주석적 견지에서 같다고 말하려는 게 아닙니다. 제가 말씀드리려는 건 이겁니다. 즉 두 사람의 글은 똑같은 경험에서 나온 것이고, 이 점을 확증해 주는 확실한 지표^{Fingerzeige}가 텍스트 안에 있다는 것이죠. 그 경험이란 바울을 완전히 뒤흔들어 놓았던 것이고, 제1차 세계대전 이후, 그러니까 1918년 이후 벤야민 역시 완전히 뒤흔들었던 경험입니다. 저는 바로 이 경험에 대해 얘기하는 겁니다. 무슨 주석의 1, 2, 3단계를 따라가는 게 아니라, 얼마나 주의 깊게 보느냐 하는 문제인 것이지요. 누군가가 자신의 전 저작을 단 한 페이지로 응축해 놓았다면, 거기서는 [엄청난] 강렬함이 뿜어져 나오게 마

---

10) 하느님의 왕국와 이 세계, 교회와 국가, 복음과 [율]법 등의 관계에 대한 상이한 해석과 입장들을 총칭하는 개념이다. 물론 이 상이한 입장들에는 하나의 왕국이 아니라 두 개의 왕국이 존재한다는 공통분모가 전제로 깔려 있다. 바울 이후로는 루터의 두-왕국-이론이 대표적이다.─옮긴이

런입니다. 하지만 벤야민에 견줄 만한 건 없다고 생각합니다. 자, 그럼 저 미학자[탐미주의자]^{Ästhet}의 변주곡을 한번 들어 봅시다.

〈153. 결론〉

절망에 직면해 있는 철학이 아직도 책임져야 할 것이 있다면 그것은 오직 사물들을 구원의 관점에서 관찰하고 서술하려는 노력이 아닐까 한다. 인식이란 구원으로부터 지상에 비추어지는 빛 외에는 어떠한 빛도 가지고 있지 않다. 다른 모든 것은 추수^{追隨}적인 재구성에 지나지 않는, 단순한 테크닉에 불과하다. 언젠가 메시아의 빛 속에서 드러날 세상은 궁핍하고 왜곡된 모습일 수밖에 없다면, 그러한 메시아의 관점처럼 세상의 틈과 균열을 까발려 그 왜곡되고 낯설어진 모습을 들추어내는 관점이 만들어져야 하는 것이다. 어떤 자의나 폭력도 없이, 오직 전적으로 대상과의 교감으로부터만 나오는 그런 관점을 획득하는 것이 사유의 유일한 관심사이다. 그것은 지극히 간단한 일인데 그 이유는 현 상황이 절대적으로 그러한 인식을 요청하기 때문이며, 또한 일단 시야에 포착된 완전한 부정성은 거울 속의 뒤집힌 상을 그려내듯 그 반대되는 모습을 재현할 수 있기 때문이다. 그러나 그것은 또한 전혀 불가능한 것이다. 왜냐하면 그것은 현존하는 세상의 올가미에서 벗어난——눈곱만큼이라도——관점을 전제하는데, 모든 가능한 인식은 구속력을 얻기 위해서는 현존하는 세계로부터 쥐어 짜내져야 할 뿐만 아니라, 바로 그런 이유로 그 자신이 먼저 자신이 빠져나오려 했던 왜곡과 궁핍에 가격당할 수밖에 없기 때문이다. 사유가 제약 없는 것을 위해 자신의 제약성을 열정적으로 부정하려 들면 들수록, 사유는 자신도 모르는 채, 좀더 치명적으로 세상의 손아귀에 떨어지고 만다. '가능성'을 위해 사유는 자신의 불가능성을 파악해야만 한다. 사유에 부과된 이러한 요청을 염두에 둔다면 구원의 현실성이 있느냐 없느냐 하는 질문은 별로 문제가 되지 않는다.[11]

문제가 미학화^{Ästhetisierung}되고 있는 게 보이실 겁니다. 이에 반해 벤야민의 글은 "메시아는"이라는 말로 시작합니다. 이 사상이 [아도르노로 가서] 미학으로 일그러진 겁니다. 아, 물론 놀라운 글이긴 하죠. 누가 이렇게 쓸 수 있겠습니까? 아도르노가 쓴 책 중 가장 아름다운 책의 끝부분인데 여부가 있겠습니까? 1950년대에 쓰여진 『미니마 모랄리아』죠. 그렇지만 어쨌든 **만약에**^{comme si/Als-ob}일 뿐입니다. 메시아주의가 진짜든 아니든 전혀, 아무래도 좋은 거죠. [하지만] 벤야민에게 이 문제는 결코 아무래도 좋은 게 아닙니다.

벤야민의 이 텍스트를 칼 바르트의 『로마서 강해』의 관점에서 이해하는 작업은 정말로 한번 해볼 만한 겁니다. 이 책은 그리스도교 교회 외부에서 이루어진 변증법적 신학이니까요. 이 책은, 그러니까 1920년대에, 교회 안에서가 아니라 일종의 아마추어 신학^{Laientheologie}으로서 행해진 변증법적 신학입니다. 제가 그렇고, 또 칼 슈미트가 그렇듯이 말입니다. [물론 바르트 쪽이] 더 행운도 따랐고 호응도 많이 받았지요. 우리[아마추어 신학자들] 뒤에는 교회도 없고, [뒤를 받쳐 줄] 군대^{Bajonette}도 없습니다. 세금을 걷어 갈 국가도 없지요. 이건 사소한 문제가 아닙니다([종교세가 없는] 미국에서와는 다른 거죠). 제가 말하려는 건 단지 이런 겁니다. 『로마서 강해』는 첫번째 단계의 변증법적 신학일 뿐이라는 점 말입니다. 저는 교리

---

11) 테오도어 W. 아도르노, 『미니마 모랄리아: 상처받은 삶에서 나온 성찰』, 김유동 옮김, 길, 2005, 325~326쪽.—옮긴이

학^{Dogmatik}이니 뭐니 그런 것에 대해 얘기하는 게 아니라, 아주 초보적인 아마추어 신학에 대해 얘기하는 겁니다. 그리고 아도르노가 아주 우아한 수준에서 보여 준 것과 같은 식의 미학적인 것도 아닙니다. 저는 절대 그런 수준에 다다를 수 없을 겁니다. 그래도 여전히 이 모든 게 아무래도 좋다는 사람이 있다면, 실스 마리아^{Sils Maria}로 산책을 가서 발트하우스[숲속의 집]¹²⁾에 살면서 그 집을 '잘난척쟁이의 오두막'^{Protzbude}이라고 한번 불러 보세요. 루카치^{György Lukács}는 이 집을 "심연이라는 이름의 호화스러운 호텔"이라고 비꼬았더랬지요. ──그러고 나서는 초기 국면의 프랑크푸르트 학파가 득세합니다. 벤야민은 이런 것들과는 전혀 다릅니다. 완전히 다른 얘기를 하는 겁니다. 이 점에 대해서 얘기를 하고 싶었습니다.

벤야민에게는 바르트에 필적한 만큼의 강렬함이 있습니다. 여기에는 내재적인 어떤 게 전혀 없습니다. 내재성에서 나오는 건 아무것도 없다는 말입니다. [건널 수 있는] 다리^{Fallbrücke}는 건너편에서부터 오는 겁니다. 그리고 우리가 이 다리를 건널 수 있을지 어떨지는, 가령 카프카가 썼듯이, 그 성공 여부는 우리 자신에게 달린 게 아닙니다. 엘리베이터를 타고 영혼의 아파트 꼭대기까지 갈 순 있겠지만, 그런 건 아무것도 아닙니다. 왜냐하면 분명히 막다른 지점[절벽]이 있을 테니까요. 여길 건너게 해줄 만한 건 없습니다. 건너편에서 우리에게 "너는 해방되었다"라는 음성이 들려와야 합니다. 독일 관념론의 모범에 따라 자기 자신을 스스로 해방시키는 게 중요하다고 말하는 사람이 있죠. 저만큼 나이를 먹고, 또 [죽을 날을 기다리는] 저 같은 상태가 되면, 대학 교수들 말고도 그런 얘기를 진지하게 받아들이는 사람이 있다는 게 그저 신기하게 여겨질 따름입니다. 이런 게 바

---

12) 실스 마리아 지방의 소박한 시골 별장으로 니체가 머물렀던 장소이다. ──옮긴이

로 독일 관념론의 아우라고, 독일 고전[주의]Klassik의 아우라죠. 이건 [일종의] 괴테-교Goethe-Religion입니다. "끊임없이 노력하는 자는" 어쩌고저쩌고 하는 거 있잖습니까? 저는 이런 것에 대해서는 전혀 모르겠습니다. 그런 유의 책들을 읽다 보면 이성을 잃게 마련입니다. 그런 얘기를 진지하게 받아들이다 보면 말이죠. 우리는 어쩌면 내일까지는 노력할 수 있을 겁니다. 그런데 내일 갑자기 다리가 무너지면, 그때는 어떡할까요? 바로 이게 칼 바르트의 사상입니다. 진짜 냉철한 생각totale Ernüchterung인 것이죠. 그리고 저는 이런 사상을 넘어설 수 있다고 보지 않습니다. 독일 관념론의 할아버지가 오든, 노발리스 등이 말하는 내면의 깊이로 향하는 여정이든 뭐가 됐든 말입니다. 당신이 바라는 대로 이루어질 것이다, 이딴 게 결론이니까요. 하느님이 [그런] 하느님이라면, 그렇다면 그 하느님은 우리의 영혼을 살짝이나마 건드릴 수조차 없을 겁니다. 이런 게 선험성prius, 그러니까 아 프리오리a priori 어쩌고 하는 겁니다. 건너편에서 무슨 일인가가 먼저 일어나야만, 그런 다음 우리가 그걸 볼 수 있습니다. 별빛이 우리 눈을 찌른 뒤에야 말입니다. 그렇지 않으면[13] 우리는 아무것도 못 봅니다. 안 그러면 우리는 계속해서 올라갈 겁니다. 내일이고 모레고 계속 노력할 것이고요. 아도르노, 이 사람은 도무지 손을 놓질 못합니다. 바로 그래서 미학자인 것이지요. 그러나 벤야민이나 칼 바르트는 그런 식의 나이브함은 전혀 찾아볼 수 없는 사람이었습니다.

---

13) 원서에는 'so'라는 독일어로 시작하므로, '그러면'이라고 번역해야 하지만, 문맥상 '그렇지 않으면'이라고 번역하는 게 옳아 보인다. 영어판과 프랑스어판 옮긴이도 각기 'otherwise', 'sinon'이라고 옮겨 놓았다.—옮긴이

8장 『성서』 종교로부터의 탈출
— 프리드리히 니체와 지그문트 프로이트

자, 그런데 근대에 들어서는 철학 자체가——제가 제대로 봤다면——두 개의 지점에서 특히 바울과 대결을 벌이게 되었습니다. 진짜 결정적인 지점들입니다. 근대의 시작과 근대의 끝, 그러니까 헤겔 이후$^{post\ Hegel}$가 그것이지요([저는 잘 모르겠습니다만] 사람들이 헤겔 이후를 **근대의 끝**이라고들 부르더군요). 전자는 『신학–정치적 논고』$^{Tractatus\ Theologico-Politicus}$를 쓴 스피노자입니다. 이 논고는 정말로 다의적이고 다층적으로 구성된 저작입니다만, 어쨌든 우리는 이 책이 어떤 의도로 쓰여진 것인가에 대해서 학생들에게 이야기해 줄 수는 있습니다. 그는 신학과 계시로부터 철학을 해방시키기 위해 싸웠던 것입니다. 신학과 계시에서는 인간의 복종^{Gehorsam}이 중요하지만, 반대로 철학에서는 복종의 법칙에 종속되지 않는 인식이 중요합니다. 말하자면 이게 외적인 지침들^{Richtlinien}인 것이죠. 그런데 스피노자는 두 가지 놀라운 교두보를 마련합니다. 즉『성서』의 두 인물을 언급하는데, 이들은 철학자입니다. 『구약성서』에서 뽑아낸 인물이 솔로몬 왕이라는 사실은 그다지 새삼스러운 건 아닙니다. 솔로몬은 현자로 통하지요. 「잠언」과 「전도서」의 저자로 추정되고 있고, 또 「전도서」의 경우는 더 개연성이

높다고 추정됩니다. 「전도서」는 운명론Schicksalsglauben을 설파하는 책이지요. 스피노자가 강조한 두번째 인물은 바울입니다. 바울은 스피노자의 최대 관심사, 즉 그가 직접 구상한 예정설Lehre von der Prädestination의 주요 전거Kronzeuge인 셈이지요.

스피노자의 예정설은 종잡을 수가 없습니다. 하느님의 관점에서 신적인 예정으로 읽어 낼 수도 있고——이게 신의 관점Deus-Perspektive이죠——자연의 관점Natur-Perspektive에서 읽어 낼 수도 있다는 말입니다. 이건 필연성[의 관점]이지요. 어느 관점에서 보든, 그러니까 자연의 관점에서 보든 신의 관점에서 보든 그런 건 아무래도 상관없습니다. 중요한 것은 기도Gebet를 올리거나 탄원Flehen을 하더라도, 아니 심지어 마법Magie을 부린다 해도 바꿀 수 없는 모종의 법이 존재한다는 사실입니다. 이게 바로 자연법이 정당성을 갖는 이유입니다. 스피노자는 정말이지 경외심에 가득 찬 목소리로 거듭해서 사도 바울에 대해 이야기합니다(신학으로부터 철학을 분리해내려는 분명한 의도를 가진 스피노자의 이론 안에서 『성서』의 두 인물이 어떤 식으로 교두보 역할을 하는지, 그러니까 철학과 신학의 분리 작업을 『성서』에 근거해서 펼치는 스피노자의 전략이 어떤 것인지를 연구해 보는 것은 해볼 만한 일입니다[1]).

프란츠 로젠츠바이크처럼 철학사를 이오니아에서 예나까지, 그러니까 소크라테스 이전 철학자들에서 『정신현상학』까지 이어지는 곡선으로 그려 보면, 이 철학사-곡선의 끝에서 [불쑥] 반-철학자들Anti-Philosophen이 튀어나옵니다. 제각기 상이한 방식으로 완성된 철학을 깨부수는 사람

---

1) Leo Strauss, *Spinozas Religionskritik als Grundlage seiner Religionswissenschaft*(1930), Darmstadt: Wissenschaftliche Buchgesellschaft, 1981을 암시한다.

들이지요. 여기에 속하는 사람들 중 한쪽에는 맑스가 있습니다. 맑스는 테미스토클레스[2]처럼 새로운 아테네를 건설하려 했지요. 그리고 헤겔 비판가인 키르케고르가 있습니다. 키르케고르는 사도[바울]에 관해 정말 많이 고민했지요. 이 사도의 천재성Genie에 대해서요. 그렇지만 저는 키르케고르에게서는 별다른 영향을 받지 않았습니다. 청년 시절의 저로서는 키르케고르를 이해하기가 정말로 어렵더군요. 저는 그의 가면 유희Maskenspiel를 이해할 수가 없었습니다. 지금까지도 그렇습니다. 제가 여기서 얘기하고 싶은 사람은 니체입니다.

니체는 정말 특이합니다. 그러니까 니체는 정말 많은 얼굴을 가진 사상가라는 말입니다. [니체의 미로 안에서는] 하나의 관점에서 미끄러져서 다른 관점으로 빠져들어 가게 마련이어서, [길을 인도해 줄] 빨간 실타래를 찾는 것은 여간 어려운 정신의 노동이 아니지요. 이 실이 어디까지 이어지고 어디서 끊어질지, 이건 다른 문제입니다. 그렇습니다, 니체의 사유를 관통하는 하나의 주제가 있는데, 합리성 비판, 이성 비판이 그것입니다. 즉 데카당스, 퇴락의 역사를 비판하는 것이지요. [그러나] 니체의 센스Pfiff가 『성서』에서는 인식과 타락이 서로 연루되어 있다는 사실을 이해할 정도까지는 되지 못했습니다. 그렇지만 그는 어떻게 해서 그렇게 되었는지, 다시 말해 이 데카당스의 역사가 어떠했는지를 다양한 방식으로, 다양한 측면에서 기술했습니다. 그리고 제 생각에, 우리는 이 곡선을 더 늘이지 않고도 이렇게 말할 수 있습니다. 즉 소크라테스 이전 철학자들과 고대 그리스 비극 시대에 대한 니체의 선호Appell는 플라톤-그리스도교적인

---

2) 테미스토클레스(Themistokles, BC 525?~BC 459). 그리스의 정치가. 페르시아와 벌인 살라미스 해전을 승리로 이끌면서 그리스 민주주의의 초석을 놓은 인물이다. ―옮긴이

세계와 이로부터 파생된 근대라는 폐수를 깨끗이 갈아 치우는 대안을 제시하려는 시도였다고 말입니다.

니체가 행한 비판의 첫번째 단계에 있는 인물, 그러니까 니체가 비판과 결부시키면서 눈앞에 떠올린 인물은 소크라테스입니다(물론 이게 단지 니체만의 주제였던 건 아니죠. 동시대에 프랑스에서 조르주 소렐3) 역시 동일한 주제를 다룬 『소크라테스의 재판』*Le Procès de Socrate*에서 유사한 어조로 이야기한 바 있습니다. 소렐에 대해서 레닌은 멍청이Konfusionsrat라고 썼는데, 맞는 말이죠. 그렇지만 소렐은 공산주의와 파시즘 모두에게 정당성을 부여해 준 사상가였습니다. 혹은 공산주의와 파시즘이 그로부터 정당성을 얻어 냈다고 말할 수도 있겠군요). 이건 부르주아적 합리성에 반대하는 주제입니다. 도시, 아고라, 논변, 증명에의 의지Beweisen-Wollen, 전설로 전해져 오는 소크라테스의 온갖 제스처들, 이 모든 것들이 니체의 심기에 거슬렸던 겁니다. 이게 바로 니체가 비극 시대의 그리스에서 찾아낸 대안을 통해 처치하려 했던 것들이지요.

그렇지만 연구가 점점 더 확장되고 또 [이를 통해] 일종의 세계사적 관점에 도달하자 니체는 다음과 같은 물음을 던지게 됩니다. 어째서 주인의 권능[지배]Herrschaft이 데카당스로 귀착되었는가? 어쩌다 주인이 이렇게 쇠약해졌는가? 주인은 모든 것을 손에 쥐고 있지 않은가? 그리고 여기서 니체는——막스 베버의 표현을 빌리자면, 유형학적 혹은 이념형적으로——사제 유형을 생각해 냅니다. 사제는 한때 주인의 자격Herr-schaft을 지녔지만, 이제는 **정신적**geistig 가치들만을 강조할 뿐이라는 것이지요. 황금

---

3) 조르주 소렐(Georges Sorel, 1847~1922). 프랑스의 사상사, 사회철학자. 『폭력에 대한 성찰』(이용재 옮김, 나남, 2007)로 유명하다. —옮긴이

색 털을 가진 야수나 강력한 힘, 혹은 권력이 아니라 죄나 양심처럼 사람을 쇠약하게 만드는 가치들 말입니다. 그리고 이를 통해 구더기가 귀족의 역사 속으로 들어오게 된 겁니다. 그리고 이렇게 본다면 우리는 이러한 사유의 영향력을 절대 과소평가해서는 안 되는데요, 이 영향력은 히틀러의 연설에까지 미칩니다. "양심은 유대인의 발명품이다." 이 문장은 니체 사유의 요약본Summe, 이렇게 말해도 된다면, 탁월한 요약본입니다. 밥상머리에서 많이들 하는 얘기죠.

니체는 이렇게 생각한 겁니다. [데카당스의 역사는] 하나의 유형, 사제 유형이 등장했[기 때문이]다. 그리고 그는 이 유형 안에 들어 있는 원한 감정Ressentiment이라는 아주 강력한 독毒을 발견한 것입니다. 사회의 신체Körper der Gesellschaft 안에 몰래 숨어 들어온 독 말입니다. 이 사제 유형의 **최상급**par excellence이 바울인 겁니다. 니체는 때때로 이름을 뒤섞습니다. 소크라테스라고 했다가 바울이라고 했다가 또 어떤 때는 예수라고도 하는 거지요. 그렇지만 『아침놀』Morgenröte 이후로는 기본적으로 바울로 고정됩니다. 즉 바울을 향해서만 대포를 쏘아 대는 것이지요. 이건 좀 인신공격적인 방식이긴 합니다만, 그래도 어쨌든 아주 생각할 거리를 많이 주는 인신공격이라 할 수 있습니다. 저는 냉철한 독자입니다. 제아무리 허풍을 떨고 큰소리를 뻥뻥 치는 작가라고 해도, 저는 이디시어어로 '타클레스'tachles라고 부르는 것을 물어 봅니다. 그러니까 "그가 말하는 게 무엇인가"를 묻는다는 겁니다. 겉으로 떠벌리는 것 말고 그 사람이 진짜로 말하려는 게 뭔지를 묻는다는 말이죠. 그래서 제 눈에는 분명히 보였습니다. 니체는 기본적으로 심각한 자기모순에 빠져 있던 사람이라는 사실이 말입니다. 그는 인간의 등급을 나누는 기준을 가지고 있었습니다. 인간의 등급은 어떤 방식이 됐든 전 지구적으로 수천 년에 걸쳐 다른 인간들에게 깊은 인상을 남길 수 있느냐, 그리고 그들이 자신의 가치 체계^{Wertsetzungen}를 따르도록 만들 수 있느냐 하는 기준에 따라 매겨집니다. 자, 그러니까 제 말은, 누가 그랬는가 하는 점이 문제라는 겁니다. 다시 말해, 니체적인 의미에서 서구의 가치 체계에 바울보다 더 뚜렷한 각인을 남긴 사람이 누가 있느냐는 것이지요. 만약 그런 사람이 있다면 틀림없이 그 사람이 가장 중요한 남자가 될 겁니다. 그러니까 바로 이런 일을 니체는 하고 싶었던 거죠. 즉 가치의 탈가치화[가치 전복]$^{Umwertung\ der\ Werte}$를요. 그렇죠, 그런데 바로 그 일을 누군가가 벌써 해버렸던 겁니다! 그래서 니체는 격심한 질투심에 사로잡혔습니다. 그러니까 니체로서는 이렇게 말할 수밖에 없었던 거죠. "바울이 그 일을 해낸 것은 그 안에 원한 감정의 독이 작용하고 있었기 때문이다." 다른 곳에서는 바울을 찬달라^{Tschandala}라고 부르기도 합니다. ──니체는 심지어 인도의 고대 문헌들까지 뒤져서 명칭들을 찾아내고 수집했었습니다. 파리아^{Paria}나 찬달라 혹은 원한 감정이 여기서[바울에게서] 천재로 되었던 겁니다.

이 때문에 데카당스의 역사는 바울에서 시작된 역사, 즉 근대의 역사가 되는 겁니다. 바울이 만들어 놓은 가치들이 그리스도교의 전파를 통해 전 세계에 널리 퍼질 수 있었다면……(이 가치들이 지켜지는가 하는 점이 중요한 게 아닙니다. 절대로 아니죠. 그게 중요한 게 아니라 그 가치들이 상징^{Symbolon}으로 존재한다는 사실 자체가 중요한 겁니다). 그렇다면 이 가치들이 극복되는 일 또한 가능할 것이고, 그렇다면 "나는 더 위대한 입법자^{Gesetzgeber}로 등극하게 될 것이다"라고 니체는 생각했습니다. 니체는 제대로 봤던 겁니다. 실패하거나 새로운 세계를 열거나 둘 중 하나라는 걸 알았다는 말이죠. 새로운 세계란 새로운 『성서』와 함께 시작되는 세계, 즉 『성서』 패러디인 『차라투스트라는 이렇게 말했다』$^{Also\ sprach\ Zarathustra}$와 함께 시작되는 세계를 뜻합니다. 이 책은 『성서』적인 스타일로 쓰여졌지요.

바울과 니체의 친연성Nähe은 여기서 끝나지 않습니다. 『아침놀』에는 「첫번째 그리스도」Der erste Christ라는 절(68절)이 있습니다. 여기서 니체는 [율]법의 폐기[지양]Aufhebung라는 문제를 파악하려 합니다. 이 문제는 바울을 흔들어 놓은 것이기도 하지요. 84절에서는 또 "『구약성서』와 벌이는 교회의 소극笑劇"에 대해서 이야기합니다. 교회가 자신이 더 앞선 역사Vorgeschichte임을 주장하기 위해 유대인들을 제거하려 한다는 내용의 소극이지요. 여기서 이 글을 인용해서 좀 읽어 드리겠습니다. 왜냐하면 니체는 바울에 관한 한 저의 최고의 스승이니까요.

흥미로운 사실은, 스피노자는——제가 제대로 본 거라면 말입니다만——대부분의 경우 「로마서」를 참조했다는 겁니다. 이것도 실상을 알고 보면 당연합니다. 왜냐하면 예정설은 「로마서」의 중심 주제니까요. 『안티크리스트』Antichrist(제목부터가 낯설기 그지없는 책이지요. 여기서 니체가, 거만하게도, 그리스도교 신앙인들에게 공포 그 자체일 단어를 일부러 제목으로 삼은 걸까요? 많은 사람들이 그렇게 얘기합니다. 니체의 의도가 바로 그런 것이었다고 말입니다)에서 니체는 바울을 향해 인신공격을 퍼부었는데요, 이 책은 「고린도서」와 연결됩니다. 이 점이 철학 교수로서의 저에게 흥미롭게 느껴졌습니다. 니체가 **완전히 미친**positively insane 말들, 정신적으로 문제가 있는 말들이라고 여긴 부분들, 그러니까 저 약소한 민족[유대 민족]의 공상이 지어낸 말들이라고 생각한 부분들, 이 대부분의 인용들은 여러분이 직접 『안티크리스트』에서 읽어 보실 수 있는데요, 니체가 분노에 휩싸여 이야기하는 이 부분들은 모두 「고린도서」에서 가져온 인용입니다.

철학에는 두 가지 방식이 있다고 말하고 싶습니다(이렇게 독단적으로 말하는 것을 용서해 주시기 바랍니다. 그러나 이 논의를 얼른 끝내고 나서 즉각

[독단적이지 않은 태도로] 되돌아오겠습니다). 우선 철학의 고대적인 방식이 있습니다. 핵심은 이런 겁니다. 진리는 도달하기 어려운 것이며, 극소수의 사람에게만 접근이 허락된다. 그러나 어쨌든 진리는 존재한다. 전체적으로 크게 보면 플라톤하고 아리스토텔레스입니다. 철학에 존재하는 다른 방식은, 저는 이걸 이렇게 표현하고 싶습니다. 그리스도를 가로질러서 헤겔에게로. 그러니까 이런 겁니다. 진리는 정말로 도달하기 어려우며, [따라서] 전체 역사를 통과해야만 하는 것이다. 그렇지만 일단 통과하고 나면, 진리는 만인을 위한 것이 된다. 맑스와 그리스도교교죠. 고대 철학에 대한 그리스도교의 봉기 ─ 전체적으로 볼 때 저는 이게 정당했다고 생각합니다만 ─ 는 한 가지 질문으로 압축됩니다. "어째서 극소수냐?" 진리가 중요하고 또 진리에 구원이 달려 있는 거라면 ─ 그런데 당연하게도 그리스도교가 들여온 이 구원이라는 놈은 결코 만만히 볼 게 아니었죠(물론 이미 플라톤한테도 이런 방향을 암시하는 부분이 있긴 했습니다) ─ 어떻게 진리가 극소수를 위한 것일 수 있냐는 거죠. 진리는 모두를 위한 것이어야 한다는 겁니다. 그리고 이오니아에서 예나까지 이어진 이 곡선의 끝에서 이제 니체가 등장합니다. 곡선으로 흐르던 역사가 끝에 다다르자 다시금 이런 물음이 부상하게 됩니다. "그리스도교의 활력이 다 소진되고 나면, 인간의 인간성^{Humanum}은 어디에 남아 있게 될 것인가?" 그리고 인간의 인간성이란 지혜^{Weisheit}, 즉 **소피안 제토우신**^{sophian zetousin}[「고린도전서」 1장 22절 ─ 편집자]입니다. 지혜가 인간을 인간으로 만들어 줍니다. 그렇지 않으면 인간은 그저 두 개의 다리를 가진 존재, 시끄럽게 소리만 지르는 생물체^{Wesen}일 뿐이라는 겁니다. 그리고 이제 니체가 말합니다. "지혜로운 자란 다른 이들이 하는 노동에 기생해야만 존재할 수 있는 사람이다." 지혜로운 자에게는 여가가 있어야 한다는 겁니다. 그리고 여가란 다른 사람

들이 그를 위해 노동을 한다는 뜻이지요. 다시 말해 노예를 부릴 수 있어야 한다는 말입니다. 그래서 니체는 말합니다. "그렇다, 그건 가치 있는 일이다! 현자가 존재하고 인간성이 현전한다는 사실 말이다. 왜냐하면 인간적인 것이 불가능하다면, 그렇다면 인류란 하나의 동물 종種에 지나지 않을 것이기 때문이다. 그밖에는 아무것도 아닌 것이다." 이 테제를 제대로 꿰뚫어 보려면 용기가 필요합니다.

그리고 이제 니체는 묻습니다. "이 테제의 적은 누구인가? 내 그림을 더럽게 갉아먹는 버러지는 어디에 있는가?" 니체는 제대로 봤습니다. 바울이라는 거죠. 정말 제대로 본 겁니다. 너무나 명백합니다. 바울이 그의 구상을 망쳐 놓은 겁니다. 니체는 이 사실을 알았습니다. 그래서 이제 마구 덤벼듭니다. 자기를 안티크리스트라고 부를 지경까지 나아가는 거죠. 참, 이게 좀 그렇습니다. 그러니까 니체는 대가를 치르게 됩니다. 그런 말을 하고도 무사히 빠져나갈 수는 없죠. 니체 같은 남자가 그런 말을 했다면 상당한 대가를 치르지 않을 수 없는 겁니다. 물론 여기서 얘기하는 게 무슨 형법적 정의에 따른 대가를 의미하는 건 아닙니다.

이제 니체를 지나서 프로이트로 가 봅시다. 그렇지만 저는 기연주의자Okkasionalist이기 때문에, 다시 말해 기회가 있고 꺼리가 있으면 십분 이용하는 사람이기 때문에, 일단 텍스트 하나를 먼저 살펴보려 합니다. 엔노 루돌프가 제게 알려 준 텍스트입니다. 『안티크리스트』를 쓰던 당시 니체가 작성한 유고 단편 중 하나입니다.

〈'예수'라는 유형……〉

예수는 **천재의 반대다**: 그는 **백치**Idiot다. 현실을 이해하지 못하는 그의 무능을 우리는 알고 있다: 그는 자신이 이전에 들어서 서서히 이해했던, 즉 잘못 이해했던——자신의 경험과 자신의 세계와 자신의 진리를 그 안에서 갖추었던 대여섯 단어들의 주위를 맴돈다. 그 외의 것들은 그에게는 낯설다. 그는 모든 사람이 필요로 하는 말을 했다.——그는 그 말을 다른 사람들과는 다르게 이해했다. 그는 단지 자신의 몽롱한 대여섯 단어만을 이해할 따름이었다. 남자 본연의 본능들——성적인 것뿐 아니라, 싸움과 긍지와 영웅주의에 대한 본능들——은 한 번도 그에게서 깨어나지 않았다는 것. 그는 뒤처져 있었고 아이처럼 사춘기 연령에 머물러 있었다는 것: 이 점들은 간질성 노이로제 유형의 특징이다.

예수는 가장 심층적 본능에서부터 비영웅적이다: 그는 결코 싸우지 않는다: 르낭Ernest Renan처럼 그에게서 영웅 같은 점을 보는 사람은, 그 유형을 파악불가능한 것으로 상스럽게 만드는 것이다.

다른 한편, 우리는 정신적인 것을 이해 못하는 그의 무능력을 알고 있다: 정신이라는 말은 그의 입에서는 오해가 되어 버린다! 이 성스러운 백치에게는 학문과 취향과 정신적 사육[훈련]과 논리의 입김은 전혀 불지 않았다: 삶이 그를 전혀 건드리지 않았던 것처럼.——그렇다면 자연은? 자연의 법칙은?——어느 누구도 그에게 자연이라는 것이 존재한다는 사실을 알려 주지 않았다. 그는 단지 도덕적 작용만을 알고 있었다: 가장 저급하고도 가장 불합리한 문화의 징후. 우리는 확정하지 않으면 안 된다: 그는 아주 교활한 민족에 둘러싸여 있는 **백치다**……. 그의 사도들은 백치가 아니었다는 사실——바울은 전혀 백치가 아니었다——, 오로지 이 사실에 그리스도교의 역사가 달려 있는 것이다.[4]

---

4) 프리드리히 니체,『유고: 1888년 초~1889년 1월 초(니체 전집 21)』, 백승영 옮김, 책세상, 2000, 40~41쪽.—옮긴이

니체는 자기가 되고 싶은 새로운 유형의 인간을 비도덕주의자, 자유로운 정신 등으로 부릅니다. 이런 명칭들만 갖고서도 사전Lexikon 한 권은 만들 수 있을 겁니다. 이 유형의 인물들은 그리스도교의 구정물로부터 빠져나와서 ― 왜냐하면 그리스도교는 더 이상 그리스도적이지 않고 그저 근대의 잡탕에 불과했기 때문이지요 ― 그리스도교가 뒤집어 놓은 고대적 가치들을 다시금 세우려는 고된 시도를 감행합니다. [고대적 가치들이란 니체가] 덕Tugend이라고도 부르고 또 사육[훈련]Zucht이라고도 부르는 것이지요. 그밖에 더 있습니다. 이것과 관련해 아리스토텔레스의 문장이 결정적인데요. "대부분의 인간들은 **신체적으로**physei 노예이고, 다른 인간들은 **신체적으로** 자유로운 인간인데, 이것은 자연의 이치에 따른 것natürlicherweise이다." 그리스도교인은 이런 생각을 받아들일 수가 없었습니다. 그가 받아들일 수 있는 것은 인간이 노예 상태로 살고 있다는 부분까지죠. 이 얘기는 받아들일 수 있었죠. 바울이 도망친 노예들에 관해서 뭐라고 썼는지 생각해 보시면 됩니다. 정말 멋진 편지들 중 하나죠. 가장 세심하게 뉘앙스를 다듬은 편지이고, 또 가장 사사로운 편지죠. 아마도 로마에서 쓴 것 같은데, 확실하진 않습니다. 『구약성서』를 보든 『신약성서』를 보든 그리스도가 모든 사람을 위해 죽었다는 것은 분명합니다. 그리고 예수에게는 **신체적인 구속[차별]**physei이 존재하지 않습니다. 노예도 없고 자유민도 없고, 유대인도 없고 그리스인도 없으며, 여자도 없고 남자도 없습니다(「갈라디아서」 3장 28절을 보시기 바랍니다). 이런 얘기를 하는 바울은 공동체 안에서 여자들은 침묵해야 한다고 썼던 바로 그 바울과 동일 인물입니다! 어떻게 첫번째 바울이 두번째 바울로 갔는가 하는 점에 대해서는 많은 얘기를 할 수 있겠습니다만, 요즘 페미니스트들이 생각하는 식으로 그런 얘기들이 [『성서』에 대한] 주석이 될 수 있다고 생각해서는 안 됩니다.

유토피아란 이 모든 사람이 그리스도 안에서 하나가 된 상태를 말합니다. 그런데 니체의 유토피아는 이것과는 좀 다르지요. 근본적으로 다릅니다. 만약에 —지금 저는 막스 베버의 표현을 차용하는 겁니다만—"그리스도교의 현혹", 이천 년 이상 계속된 그리스도교의 현혹이 이제 힘을 잃는다면, 우리는 원래 상태^{Urtümlichkeiten}로 돌아가게 될 겁니다. 우리는 이 문제를 슬쩍 피해 갈 수가 없습니다(이 얘기는 『직업으로서의 학문』^{Wissenscahft als Beruf}에 나옵니다). 베버는 요즘 사람들이 사회학이라고 부르는 것의 차원에서 니체와 맑스를 종합한 사람입니다. 니체의 동기와 맑스의 동기가 베버에 의해서 특이한 방식으로 함께 엮인 거죠. 니체가 하려고 했던 일은 그리스도교 안경^{Optik}을 내버리는 것이었습니다. 더 이상 눈에 맞지 않는데도 계속해서 그리스도교라는 안경을 쓰고 있었다는 말이죠. 우리 눈은 그것과 다르게 볼 수 있고, 그리스도교의 안경은 역시 인위적인 것에 지나지 않는다는 겁니다. 그리고 그게 인위적인 거라면 —바로 이게 근대 비판인데요— 문제는 이렇습니다. "인간을 두 개의 다리를 가진, 시끄럽게 떠들어 대는 존재 이상으로 만들어 주는 것은 무엇인가?" 니체에 따르면, 인간은 한 가지 목표, 즉 인식이라는 목표를 가진다는 겁니다. 인식, 이것을 위해서 인간은 여가를 필요로 합니다. 여가란 다른 사람들을 노동하게 만든다는 뜻이지요. 이건 아리스토텔레스에게 자명한 사실이었습니다. 그런데 인류는 이 문제를 해결합니다. 그래서 오늘날에는 이렇게 말할 수 있게 된 거지요. "우리는 더 이상 노예를 필요로 하지 않는다. 기술을 가지고 있으니까." 그렇지만 니체는 기술이 결코 해방이 아니라는 사실을 꿰뚫어 봤습니다. 누가 기술의 주인이 될 것이냐가 진짜 문제라는 사실을 알았던 거지요. "누가 기술을 지배할 것인가"(후고 피셔가 쓴 책이 한 권 있는데, 원래는 레닌에 관한 책으로 출판되었다가 제2차 세계대전이 끝나고 난 뒤 평화로운 시대^{Biedermeier-Periode}가 되면서 『이 세계의 주인은 누구인가?』[5]라는 제목으로 바뀌었습니다. 후고 피셔는 라이프치히에 사는 문화철학자로, 저항 그룹의 주변부에 속한 독립적인 사상가였죠. 왜곡된 형태로 출간되기는 했지만 한 번쯤 읽어 볼 가치가 있는 책입니다. 이 사람은 또 니체에 관한 가장 중요한 책 중 하나[6]를 쓰기도 했지요)?

제가 던지는 질문은 이런 겁니다. "니체의 반대상^{反對像}은 누구인가? 니체는 어디서부터 데카당스의 역사를 전개했는가?" 이제 니체를 전체적으로 쭉 읽어 보면, 이렇게 말할 수 있을 것 같습니다. 소크라테스로부터 바울로의 변화가 데카당스의 시작이라는 거지요. 특히 플라톤적 소크라테스 말입니다(니체는 플라톤이 귀족주의자^{Aristokratie}였다는 사실을 심히 의심스러워했지요. 이 소크라테스라는 인물 때문에 남성성을 잃었으니까요. 그러니까 니체는 소크라테스 때문에 플라톤이 망가졌다고 생각했던 겁니다. 17세기의 천재, 가장 위대한 정신인 파스칼이 그리스도교 때문에 망가졌던 것과 마찬가지로 말입니다. 이 점에 대해서 더 정확하게 알고 싶은 분은 니체 저작 중에서 파스칼이 나오는 부분을 모두 모아서 쭉 한번 읽어 보시기 바랍니다. 니체가 파스칼에 대해서 얼마큼이나 매혹과 공포를 동시에 느끼면서 이야기하고 있는지를 말입니다. 그러면 그리스도교가 자유로운 정신 ─ 파스칼은 수학자, 천재, 철학자였죠. 니체는 파스칼이 데카르트보다 훨씬 윗길이라고 생각했습니다 ─ 을 어떻게 망쳐 놨는가를 확인하실 수 있을 겁니다).

제 생각에는 소크라테스에게서 느낀 위험보다는 바울에게서 읽고 느

---

5) Hugo Fischer, *Wer soll der Herr dieser Welt sein?: Eine politische Philosophie*, Stuttgart, 1962.

6) Fischer, *Nietzsche Apostata oder die Philosophie des Ärgernisses*, Erfurt: Kurt Stenger, 1931.

긴 것들이 훨씬 더 심각하게 니체를 흔들어 놓은 것 같습니다. 앞에서 인용한 텍스트에서 니체가 백치 ── 거룩한 백치죠 ── 에 대해서 언급한 것은, 저 도스토예프스키의 지하실 인간Kellerloch-Mensch이 하는 고백 있잖습니까, 그 책을 니체가 프랑스어 번역본으로 서점에서 건졌던 덕분입니다. 니체는 이 이야기에서 말하자면 원시 그리스도교 멘털리티의 냄새를 맡은 거죠. 니체는 이 [백치에 대한] 얘기를 페터 가스트Peter Gast와 게오르크 브란데스Georg Brandes ── 이 사람은 니체에 대한 최초의 해석자인데요 ── 한테 써 보냅니다. 브란데스는 이렇게 답장을 쓰죠. "이 도스토예프스키란 놈, 정말로 무시무시한 놈이군요!" 니체는 도스토예프스키가 얼마나 대단한 놈인가에는 관심 없었습니다. 이 도스토예프스키한테서 원시 그리스도교 멘털리티가 총집합해 있다는 사실이 중요했던 거지요. 저는 니체가 『카라마조프가의 형제들』 전체를 다 읽었다고 생각하지 않습니다. 물론 저 "거룩한 백치"라는 표현이 알료샤를 떠올리게 하는 건 사실이지만 말이죠. 하지만 이런 건 문헌학이 알아서 할 문제지요. 니체와 도스토예프스키에 관한 가장 중요한 책을 쓴 사람은 러시아의 레오 세스토프[7]입니다. 『욥의 저울 위에서』라는 책에 실린 도스토예프스키에 대한 논문은 진짜 끝내줍니다(주어캄프Suhrkamp 출판사에다 세스토프의 책들을 새로 출간하라고 얘기해 줬는데, 아무 소용없더군요. 이 책들은 출판사를 찾지 못했습니다).[8] 그리고 뒤에 가면 더 강력한 책이 나오는데, 『아테네와 예루살렘』이

---

7) 레오 세스토프(Leo Schestow, 1866~1938). 러시아 태생의 유대인 철학자. 『죽음의 철학』(임대현 옮김, 정음문화사, 1985), 『도스토예프스키, 톨스토이, 니체: 비극의 철학』(이경식 옮김, 현대사상사, 1987) 등의 저서가 한국어로 번역되어 있다. ─옮긴이

8) Leo Schestow, *Auf Hiobs Waage: Über die Quellen der ewigen Wahrheiten*, Berlin: Lambert Schneider, 1929.

란 책입니다.[9] 여기서 셰스토프는 너무 형이상학적으로 니체의 이야기를 끌고 가긴 합니다만, 그래도 제대로 짚어 내는 것도 있지요. 타락[Fall]에 관한 니체의 이야기는 결국 데카당스라는 게 비단 타-락[Ver-fall], 『성서』적인 의미에서의 타락의 역사뿐 아니라 인간[자체]의 타락과도 관련이 있다는 걸 보여 주고 있으니까요.

여러분에게 또 한스 우어스 폰 발타자르가 쓴 『독일 영혼의 묵시록』 2권에 나오는 끝내주는 부분들——가톨릭 따위는 읽을 만한 게 아니긴 합니다만[Catholica non sunt legenda]——을 소개할까 합니다. 이 책은 1권만 『프로메테우스』라는 제목으로 새로 재출간됐죠.[10] 반면에 야스퍼스의 『니체와 그리스도교』는 딱히 대가의 저작으로 쳐주고 싶은 마음이 안 드네요.[11] 중요한 몇 부분이 있긴 합니다만, 전체적으로 이 책은 문제[Problematik]를 제대로 짚어 내지 못하니까요. 우리가 뭔가 좀 배울 수 있는 두번째 인물은, 극심한 긴장감을 느끼게 만드는 사람이긴 합니다만, 어쨌든 두번째 인물은 베르트람[12]입니다. 토마스 만의 친구이자 게오르게 서클[George-Kreis][13] 회원이었죠. 이 사람도 바울하고 니체를 비교했습니다.[14] 물론 여기에서 바울

---

9) Schestow, *Athen und Jerusalem: Versuch einer religiösen Philosophie*, Graz: Schmidt-Dengler, 1938.

10) Hans Urs von Balthasar, *Die Apokalypse der deutschen Seele*, Salzburg, 1937/38; Balthasar, *Prometheus: Studien zur Geschichte des deutschen Idealismus*, Heidelberg: Kerle Verlag, 1947.

11) Karl Jaspers, *Nietzsche und das Christentum*(1946), 3. Aufl., München: Piper, 1985.

12) 에른스트 베르트람(Ernst Bertram, 1884~1957). 독일의 작가, 사상가. ―옮긴이

13) 세기 전환기 독일에서 가장 중요한 시인이었던 슈테판 게오르게(Stefan George, 1868~1933)를 중심으로 다양한 지식인, 작가, 학자들로 구성되었던 집단. 대학 바깥에서 당대의 지적·정신적 흐름을 주도했다. ―옮긴이

14) Ernst Bertram, *Nietzsche: Versuch einer Mythologie*(1918, 7. Aufl., 1929), 10. Aufl., Bonn: Bouvier, 1989.

은 북구北歐의 바울입니다. 『신약』 외경Apokryphen들에 나오는 바울과 테클라Thekla[15]에 관한 소설 같은 이야기에 등장하는 꼬질꼬질하고 더럽고 쪼그만 바울이 아닌 것이지요. 그러니까 뒤러Albrecht Dürer적인 바울이 아니라 북유럽화된 바울인 겁니다(참고로 말씀드리자면, 여기서 '북구적'nordisch이라는 말을 나치 용어로 읽으시면 안 됩니다. 이 단어는 표현주의적 전통의 유산에 속하는 것이니까요. 에른스트 블로흐의 『유토피아의 정신』에도 "고트적인", "북구적인" 등등의 단어가 나옵니다. 유대인이나 공산주의자Kommunist가 되어 본 적이 없는 사람, 혹은 둘 다 되어 보지 못한 사람은 에른스트 블로흐한테 무슨 일이 생겼던 것인지 도무지 알 수 없을 겁니다. 그렇죠, 그 자신이 직접 『이 시대의 유산』이라는 책에서 이 문제에 관해 매우 심오한 방식으로 숙고를 했었습니다.[16] 어떻게 나치가 이 참된 모티프들을 탈취해 갔는지, 그리고 이걸 사람들이 어떻게 막으려고 했는지 하는 문제에 대해서 말이지요. 한데 이것은 벤야민의 프로그램이기도 했습니다. 적진 한가운데로 뚫고 들어간 뒤 반동 세력의 손아귀로부터 참된 모티프들을 구출해 내서 이것들을 고이 모아 놓는 것이죠).

아마도 니체는, 그리스도교와 현재 사이에서 중요한 게 뭔지를 이해했던 유일한 사람이었던 것 같습니다. 디오니소스Dionysos건 그리스도건 혹은 둘 다이건 간에 중요한 건 결국 순교였다는 사실, 고통Leiden이었다는 사실을 이해했던 겁니다.

---

15) 사도 바울에 의해 그리스도교로 개종한 뒤 안티오키아까지 바울을 뒤따랐다는 전설상의 성녀. 결혼을 하지 않겠다고 맹세한 까닭에 가족들로부터 버림받아 광야에 내버려지나, 맹수의 위협이나 화염 속에서도 기적적으로 살아났다고 한다.—옮긴이

16) Ernst Bloch, *Erbschaft dieser Zeit*, Erweiterte Ausgabe, Frankfurt: Suhrkamp, 1985; Bloch, *Geist der Utopie*(1918, Zweite Fassung, 1923), Frankfurt: Suhrkamp, 1985.

다만 이 동일한 것, 순교죠 이것이 갖는 의미만이 달랐을 뿐이다. [디오니소스의 경우] 삶 자체, 삶의 영원한 번식력Fruchtbarkeit과 영원회귀가 고통, 파괴, 허무Vernichtung에의 의지 따위를 압도한다. 라고 니체는 말합니다 다른 경우에는 그러니까 그리스도의 경우죠 고통이, "죄 없이 십자가에 매달리신 이"가 이 [디오니소스적] 삶에 대한 항변이 되고 [더 나아가] 이 삶에 대해 내리는 유죄 판결문이 된다. 우리는 이렇게 추측한다. 문제는 고통의 의미이다. 그것이 그리스도적인 의미를 갖는 건지 아니면 비극적인 의미를 갖는 건지. …… 십자가에 매달린 신 바로 이게 「고린도전서」의 핵심입니다 은 삶에 대한 저주이다. 그리고 이 저주받은 것, 이것은 그러니까 삶 자체로부터 구원을 약속하는 손짓이다. 조각난 디오니소스의 몸은 삶의 약속이다. 그는 영원히 다시 태어날 것이고 파괴로부터 다시 일어설 것이다.[17]

이건 정말이지 엄청난 거라고 생각합니다. 그러니까 19세기 근대의 모든 것을 니체가 대변하고 있다는 말이죠! 왜냐하면 일원론적 우주에는 탈출Exodus이란 게 있을 수 없으니까요. 초월도 마찬가지죠. 이렇게 되면 고통이 내재적으로 설명되어야 합니다. 우리가 그것을 원하든 원하지 않든 상관없이 말이죠. 우리가 스스로를 완전히 기만하거나 속이지 않으려고 한다면, [직접] 경험을 하는 대신에 교리만 떠들어 대지 않으려고 한다면, 이건 심각한 문제가 아닐 수 없는 겁니다! 근대적이고자 한다면, 이 문제에 관해 스스로를 기만할 수는 없는 법이지요. ——그리고 저는 근대적이길 원하지 않는 프로테스탄트 신자를 본 적이 없습니다. 근대란 내재적[으로 된] 우주인 겁니다. 바이츠제커Viktor von Weizsäcker를 비롯한 몇몇 인물

---

17) Friedrich Nietzsche, *Werke in drei Bände*, Ⅲ, S. 773.

들이 얄팍한 신학으로 사기를 쳐 보려는 시도를 하긴 했습니다. 이건 교양 있는 독일의 교양 있는 대중들이 흥미를 느끼는 일종의 문학에 지나지 않습니다. 그렇죠, 자연과학자들은 특별한 신뢰를 받는 사람들입니다. 아인슈타인 씨는 어떻게 해서 그토록 확실하게 알 수 있었을까요? 신이 주사위놀이를 즐기지 않는다는 것을 말입니다. 하지만 아마도 신은 주사위놀이를 즐길지도 모릅니다! 2 더하기 2가 5가 아니라 4라는 것, 이것은 하나의 결정[결단]Entscheidung입니다. "이런 걸 주사위놀이라고 부른다"고 데카르트가 말했죠. 데카르트는 결코 바보가 아니었습니다. [오히려] 근대 자연과학과 긴밀한 관련이 있는 사람이지요. 사람들에게는 신이 주사위놀이를 하지 않는다는 생각이 마치 고급 와인처럼 부드럽게 목구멍으로 넘어가는 겁니다. 그리고 아무도 감히 물어보지 못하지요. "혹시 신이 주사위를 던지며 노는 건 아닐까?" 그렇지만 바울의 하느님은 주사위놀이를 합니다. 이 신은 어떤 이들은 축복을 주기 위해 선택하고 또 어떤 이들은 저주합니다. 칼뱅주의적 형식을 따르자면, 이건 주사위놀이입니다. 태어날 때부터 축복받을 것인가 아니면 저주받을 것인가가 이미 정해져 있는 거죠. 아, 물론, 사태가 그렇게 간단하지는 않습니다. 훨씬 복잡하죠. 그렇지만 원리상으로는 이렇습니다. 즉 [축복이든 저주든] 선택은 주사위놀이라는 것이죠. 그리고 우리는——마치 도자기가 도공한테 왜 이렇게 만들었냐고 물어볼 수 없듯이——왜 이렇게 창조했냐고 물어볼 수 없습니다.

　제가 말씀드리고 싶은 건 단지 이것뿐입니다. 그러니까 니체는 너무나 강력한 질문을 던졌고, 우리는 수십 년 동안 적응하기 위해 무던히 애를 썼는데도——지금에 와서는 거의 백 년이 넘었죠——니체로부터 한 발짝도 더 나아가지 못했다는 겁니다. 그리고 우주를 내재적이고 합법칙적인 것으로 생각할지——어떤 방식이 됐건 간에 말입니다——아니면 기적 ─ 그러니까 예외가 있다는 거죠 ─ 이 가능한 곳이라고 여길지에 관해 결단을 내리는 것은 또 다른 문제입니다. 우리는 항상 똑같은 문제에 직면해 있습니다. 칼 슈미트를 통해서 처리하거나 아니면 니체를 통해서 처리하거나 둘 중 하나지요. 문제는 이런 겁니다. "예외가 가능하다고 보느냐 그렇지 않느냐." 그리고 만약 예외가 있다면 자연과학의 법칙들은 모조리 무너지게 됩니다. 왜냐하면 자연과학은 예측에 근거하고 있는 것이니까요(물론 저는 이 분야를 잘 모릅니다만, 그렇다고 해서 이 사유에 어떤 형이상학적 전제들이 있는지를 모를 정도로 바보는 아닙니다). 질문은 이런 겁니다. 어떻게 사람들은 초월적으로, 그리스도교적으로 고통에 관해 사유할 수 있는가? 어떤 지점에서 ─ 그러니까 외부를 말하는 거죠 ─ 고통을 기술할 수 있을까? 십자가에 매달린 신은 어디서 이 삶을, 이 무한한 반복을 침해할 권리를 부여받았는가? 니체는 나중에 가서 이 무한한 반복을 형이상학적 이미지[영원회귀]로 세공합니다.

바울에 대한 니체의 질투^{Eifersucht}는 여기서 더 나아갑니다. 니체는 바울이 어떤 커다란 환각적^{ekstatisch} 체험을 했다고 생각했습니다. 다마스쿠스 사건을 말하는 거죠. 이 자리에서 이 사건에 대해서 문헌학적으로 **엄밀하게**^{à la lettre} 증명할 여유는 없습니다만, 니체가 **자신의** 경험을, 즉 영원회귀의 신화를 환각적 경험으로 해석했다는 사실, 더욱이 바울의 다마스쿠스-체험을 묘사할 때 썼던 바로 그 은유들을 가지고 그렇게 했다는 사실만은 말씀드릴 수 있습니다. 만물에 대한 이해를 열어 주는 형이상학적 열쇠인 영원회귀, 이것을 니체는 존재론적인 것이라고 부릅니다(글쎄요, 여러분이 원하신다면 이 단어를 쓰실 수 있겠지만, 저로서는 17세기에 만들어진 이 인위적인 단어^{Kunstwort}가 전혀 불필요해 보입니다). 이건 다마스쿠스-체험이 바울에게 형이상학적 열쇠였던 것과 마찬가지죠. 이건 어떤 시에 나오는 말인데요, 분명히 여러분 모두 외우고 있는 시일 겁니다. 「위대한 정오」Der Große Mittag라는 시죠. "하나에서 둘로 / 그리고 차라투스트라는 지나갔다." 여기서 진짜 환각Ekstase이 암시되고 있는 겁니다. 그리고 니체는 나중에 이 시에 대한 주석Exegese에서 이렇게 씁니다. "우리 ─ 그러니까 평범한 우리를 말하는 겁니다 ─는 영감Inspiration이라는 게 뭔지 전혀 알지 못한다." 니체는 영감이 뭔지를 알았습니다. 왜냐하면 그는 뒤흔들려 봤으니까요. 그렇지만 물론 반-그리스도교적으로 뒤흔들렸죠. 물론 이건 우연이 아닙니다. 이 점에 관해서는 누구라도 니체가 정말 영리했다고 말할 수밖에 없을 겁니다. 이런 생각을 해냈다는 것에 대해서 말이죠. 탈출구를 찾아냈다는 것, 적응하고 순응하는 게 아니라, 탈출구를 찾아냈다는 것, 이건 절대로 누워서 떡 먹듯이 할 수 있는 일이 아닙니다. 전체 문화는 적응 덕분에 생존하는 겁니다. 적응하는 법을 알아야 하지요. 그렇지 않으면 엉망진창이 될 겁니다. 적어도 엘리트들은 난리가 납니다. 보통 인간들은 그냥 삶을 살아갈 뿐이고 또 그렇게들 살아왔지만, 엘리트란 사람들은 항시 일관된 설명Kohärenz을 필요로 하지요.

이렇게까지 하고도 다시 니체는 더 나아갑니다. 자, 이제부터 저의 견해인데요. 아시다시피, 니체는 르낭[18]에 대해 폭소를 터트렸습니다. 당연하죠. 이 르낭이란 사람은 슈트라우스[19]가 쓴 책을 대중적 판본Populärausgabe으로 바꿔 쓴 것밖엔 한 일이 없으니까요. 프랑스어로, 프랑스적 양념을 첨가해 말이죠. 이 사람이 바로 저 천재가 어떻고 영웅이 어떻고 떠들었던

---

18) 에르네스트 르낭(Ernest Renan, 1823~1892). 프랑스의 작가, 고고학자, 역사가. 『민족이란 무엇인가』(신행선 옮김, 책세상, 2004), 『예수의 삶』(박무호 옮김, 울산대학교출판부, 1999) 등의 저서가 있다.─옮긴이
19) 다비트 프리드리히 슈트라우스(David Friedrich Strauß, 1808~1874). 독일의 신학자.─옮긴이

바로 그 사람입니다. 여기서 니체는 정말로 난폭해집니다. 생리학^Physiologie 으로까지 치달았던 거죠. 여기서 우리는 착각해서는 안 됩니다. 그런 것은 말하자면 [니체가 반대한] 영웅 숭배^Heroenkult에 휘둘리는 것에 지나지 않습니다. 니체야말로 영웅이네 뭐네 어쩌고 말하면 안 된다는 거죠. 니체 자신은 오히려 『차라투스트라는 이렇게 말했다』──이 책은 일종의 『성서』 패러디죠──에서 인류의 새로운 시대가 자신과 함께 시작되고 있음을 느꼈습니다. 그가 맞았습니다. 새로운 시대가 시작된 거죠! 무신론^Atheismus의 위기란 인간이 그리스도의 편과 바라바의 편에 동시에 설 수 없다는 것을 뜻하지요. 어느 편에 설지 결정해야 한다는 겁니다. 그리고 니체는 현대에 내재된 멘털리티인 무신론을 택하기로 결단했습니다.

　　여기에 대해서는 얘기할 게 참 많습니다. 그러니까 과학이라는 방법론적 무신론이 존재한다는 것, "마치 신이 전혀 존재하지 않는 것처럼"^esti deus non daretur,[20] 이건 17세기의 원리였지요. 말하자면 신이 존재하지 않는다는 가정 아래 학문 연구를 해야 했던 거지요. 처음에는 그저 방법론을 위해 고안된 가정이었지만, 브레이크가 고장 나 버렸고, 그래서 본디 방법론적이던 것이 실체적인 무신론으로 치닫고 말았습니다. 물론 언제든 예외는 있는 법이지요. 신을 마치 몽상의 나라^Wolkenkuckucksheim를 꿈꾸듯 생각한 사람들이 있었던 겁니다. 그렇지 않으면 우리가 알 수 있는 건 아무것도 없을 것이기 때문이죠. 뒤부아-레몽의 『회의주의와 신앙』^Skeptik und Glauben에 나오는 얘기입니다.[21] 그렇지만 [시대의] 트렌드는 분명히 무신론이었죠. 『차라투스트라는 이렇게 말했다』를 썼던 니체는 알고 있었습니

---

20) 사무엘 폰 푸펜도르프(Samuel von Pufendorf)의 『전쟁과 평화의 법』(*De jure belli ac pacis*) 에 나오는 말이다[원서 편집자들의 실수로 보인다. 이 책은 푸펜도르프가 쓴 것이 아니라, 네덜란드의 법학자인 휘호 흐로티위스(Hugo Grotius, 1583~1645)가 1625년에 쓴 것이다].

다. 아니면 적어도 감지했죠. 그리스도에 대적하는 영웅 따위를 만들어 내는 것으로는 아무것도 할 수 없다는 사실을 말입니다. 그리스도는 영웅이 아니라, 그저 하느님의 뜻에 따라 보내졌을 뿐인 겁니다. 그런데 그리스도에 대해서 영웅적인 것을 맞세운다는 것, 이건 저 멍청한 보이믈러[22]나, 그놈 이름이 뭐였죠, 아, 베르트람 등등이 생각했던 방법입니다. 니체를 저 33년산 분쇄기에 집어넣으려고 했던 거죠(니체는 여기에 속하지 않습니다. 물론 니체가 없었다면 분쇄기 자체가 만들어질 수 없었겠지만요). 아무튼 이런 건 니체의 방법이 아니었습니다.

『차라투스트라는 이렇게 말했다』에서 니체는 "초영웅"Überheld에 대해서, 자기를 낮춘다는 것Sich-Verschenken에 대해서 말하고 있습니다. 그리고 이 초영웅을 통해서 저 디오니소스적 세계, 내재적 세계——여기서는 고통이 그 자체로 근거를 가지고 있고 또 파괴와 탄생이 영원히, 영원회귀를 통해 반복되죠——안에 반대상Gegenfigur을 세우려 했습니다. 그러니까 니체는 자기를-낮춤, 자기를-내던짐을 범례로 삼는 그리스도교적 신비의 가장 내밀한 부분까지 뚫고 들어가서 이 세계를 디오니소스적으로 전복시키려 했던 겁니다. 이게 바로 니체가 하려 했던 일이고, 제 생각으로는 끝까지, 그러니까 광기에 사로잡힌 시절에 쓴 메모들에서도 변함없이 견지됐던 기조基調입니다. 이 메모들에는 광기라고는 전혀 없습니다. 오히려 니체의 이 광기 원고들이 실상 [제가 말씀드린] 주제에 따라 작성된 것이라는 사실에 대해서 따로 강의까지 할 수 있을 정도입니다. 그리고 [이 시기에] 부

---

21) 위의 제목으로 된 책은 찾을 수 없다. Emil du bois-Reymond, *Vorträge über Philosophie und Gesellschaft*, Hamburg: Felix Meiner, 1974를 참조하라.

22) 프랑스어판 옮긴이 주에 따르면 다음의 책을 쓴 사람이다. Alfred Baeumler, *Nietzsche, der Philosoph und Politiker*, Leipzig: Reclam, 1931.—옮긴이

르크하르트^{Jacob Burckhardt}한테 써 보낸 편지들에서도 마찬가지입니다. 부르
크하르트는 편지를 보고 니체가 미쳤다고 생각해서 오버벡한테 보여 주
면서 이렇게 말했지요. "토리노에 가서 대체 어떤 지경에 이르렀는지 한
번 봐 주시구려!" 실제로 오버벡은 그렇게 했지요. [하지만] 이 편지들은
이론적으로 일관된 겁니다. 심리적으로는 혼란스러운 것이라 해도 말이
죠. 그저 미친 글을 늙은 동료 대학 교수한테 써 보낼 리는 없지 않습니까.
그러니까 그 글에는 뭔가 다른 차원이 있었던 겁니다.

　　이른바 광기 메모들이 얘기하는 것은 처음부터 끝까지 이런 것이었
습니다. 십자가에 못 박힌 자 대^對 디오니소스, 십자가에 못 박힌 디오니소
스. 이런 게 바로 니체입니다.

자, 이제 니체 글을 인용하면서 넘어가 보죠. 이 글은 저한테는 결코 사소
한 글이 아닙니다. 다시 말해 니체는 그리스도교로 인해 인간 영혼에 매우
심대한 변화가 생겼다는 사실을 아주 민감하게 감지했다는 말이지요.

> 바울, 단테, 칼뱅, 그리고 그들과 동류 인간들의 영혼 역시 일찍이 이런 힘
> 의 환희가 갖는 무서운 비밀들을 꿰뚫어 본 적이 있었다는 것이 전혀 불
> 가능한 일은 아니다.[23]

　　그러니까 니체는 이 사람들이 결코 단순하게 볼 만한 인물들이 아니
라는 점을 알아차렸던 것이지요. 저한테 더 중요한 건 다음 두번째 인용문
인데요. 이건 유고에서만 볼 수 있는 글입니다.

---

23) 니체, 『아침놀(니체 전집 10)』, 박찬국 옮김, 책세상, 2004, 127쪽.—옮긴이

모든 심오한 인간들은——루터, 아우구스티누스, 바울은 이 점을 분명히 알았다——우리의 도덕성과 그 덕분에 일어나는 사건들이 우리의 의식적인 의지와 오롯이 포개어지지 않는다는 점에 한결같이 동의한다.[24]

이 글을 이해한 사람은 바울에 대해, 그리고 아우구스티누스나 루터에 대해 평범한 주석에서 볼 수 있는 것보다 훨씬 더 많은 것을 이해한 셈입니다. 다시 말하자면, 이 사람들은 인간 안에 있는 자아에게는 조종 능력이 없다는 걸 이해했다는 거지요. 자율적인 인간, 자아, 이런 것들은 조종석에 앉을 수 없습니다. 오히려 이것들 뒤에서 어떤 힘들이 작동하고 있다는 말이지요. 의식적인 의지den bewußten Willen를 허물어뜨리는 겁니다. 초극하는 게 아니라 허물어뜨리는 겁니다. 이 말은, 뭔가 좀 근사하게 정식화해 보자면, 자아 안에는 심대한 무기력Ohnmacht이 존재한다는 뜻이 됩니다. 그리고, 그런데도 니체는 그리스도교에 대한 비판을 멈추지 않습니다. 왜냐하면 그가 그리스도교에서 정말 **무섭다고 느낀**entsetzlich 것——이건 매우 휴머니즘적인 동기에서 나온 건데요——그건 바로 양심이란 것이 가진 잔혹함이었기 때문입니다. 양심, 사람들은 결코 이것으로부터 도망칠 수가 없습니다. 「로마서」 7장이죠, 그렇죠? 그리고 니체의 두번째 비난은 이렇습니다. "그리스도교는 희생 제의를 폐지한 게 아니라 오히려 실체화했다." 그러니까 영속화시켰다는 얘기죠. 누구라도 좋으니 좀 데려와서 이 말을 신학적으로 논박하라고 해보세요! 니체한테는 죄와 화해Versöhnung가 복잡하게 얽힌 그리스도교의 교리에 반대하려는 휴머니즘적 동기가 있었

---

24) 니체, 『유고: 1885년 가을~1887년 가을. 원래 나는 나를 어느 정도 나 자신에게서 보호해 주고 외(니체 전집 19)』, 이진우 옮김, 책세상, 2005, 27쪽.——옮긴이

던 겁니다. 바로 여기에 바울의 변증법 전체 ——이 점에서는 『구약』도 마찬가지인데요 ——가 의거하고 있는 것입니다. 니체가 보기에 죄, 희생, 화해로 이루어진 이 순환, 영원히 반복되는 이 순환은 깨져야만 했습니다. 무구한 생성Unschuld des Werdens ——니체의 표현입니다 ——을 창조해 내기 위해서는 말이죠. 생성이란 것, [이건 곧] 존재 자체죠, 이건 죄가 없는 겁니다. 반면에 바울은 실로 인간과 우주를 죄 지은 존재로 생각했습니다[「로마서」7장 7~25절 ——편집자]. 죄는 희생과 화해를 통해서[만] 폐기될 수 있는 것이지요. 의롭게 되는 겁니다. 그렇지만 이렇게 [죄와 희생과 화해가] 얽히고설켜 있는 상태로부터 구원을 받으려면 얼마나 큰 대가를 치러야 하겠습니까! 정말이지 탈출구라곤 전혀 없는 끔찍한 상태죠! 그리스도교에 대한 다른 비판은 전부 별로 언급할 필요도 없습니다. 그런 것은 말하자면 다 **타협가능한**negotiable 것들입니다. 그렇지만 **이 문제**는 아니죠. 이게 바로 근본 경험입니다. 그렇습니다, 저는 바울주의자입니다. 그리스도주의자가 아니라, 바울주의자입니다. 그리고 저는 가능한 한 적을 최대로 강하게 만들어 주는 것이 좋다고 생각하는 편입니다. 그렇지 않으면 [싸움이] 별로 재미가 없으니까요. 가볍게 제압할 수 있는 적에 대해서는 길게 얘기할 필요가 없는 법이지요.

그래서 이제 프로이트가 등장할 차례입니다. 프로이트 역시 ——이 점에 대해서 박사 논문이나 교수자격 논문을 쓸 수도 있을 텐데요 ——니체와 상당히 밀접하게 관련돼 있습니다. 어느 정도였냐면, 너무나 가까웠던 까닭에 프로이트 자신이 니체 읽기를 거부했을 정도였지요. 하지만 이런 건 문헌학이 다룰 문제고, 여기서는 별로 중요하지 않습니다. 프로이트의 테제에 대해서 한번 곰곰이 생각해 보자면, 숙고해 보자면, 이런 것일 겁니다. "죄란 인간 자체를 구성하는konstitutiv 것이다." 인간은 죄를 벗어날 수 없다는 것이죠. 오이디푸스 콤플렉스란, 아이가 일찍부터 아빠를 질투하고 죽이고 싶어 한다는 뜻이지요. 엄마를 차지하고 싶으니까요. 너무나 원시적인 얘기로 들립니다만, 어쨌든 이게 프로이트의 테제입니다.

제가 지금 이 자리에 온 것은 이 테제에 근거를 마련해 주거나 이 테제를 반박하기 위해서, 혹은 증명하기 위해서가 아닙니다. 다만 저로서는 이 테제가 함축하고 있는 게 뭔지에 대해서 숙고해 보고 싶을 따름입니다. 이 테제는 무릇 인간이란 오이디푸스를 넘어설 수 없다는 뜻을 함축하고 있습니다. 왜냐하면 모두가 아기에서부터 삶을 시작하기 때문입니다. 혁명가들이 알지 못했던 게 바로 이겁니다. 맑스든 바뵈프François-Noël Babeuf든, 또 누가 됐든 한번 보세요. 혁명가들한테선 모든 인간이 이미 어른이고, 어른으로 행동하고 있습니다. 이 사람들이 어떻게 어른이 됐는가, 이런 얘기는 전혀 없지요. 그들은 모두 [이미 성장이] 완료된 상태입니다. 벌써 피스톨에서 튀어나온 상태이고, 그러니까 혁명을 하는 것이지요. 제가 인용할 수 있는 문장이 딱 하나 있는데, 이런 겁니다. "교육자는 누가 교육하는가?" 「포이어바흐에 관한 테제들」에 나오는 문장이지요.[25] 그렇지만 여기서도 이미 다 자란 어른들입니다. 아이가 있다는 사실, 아이가 충동을 가진다는 사실, 이 충동이 살인 충동이라는 사실, 이런 걸 18~19세기에 누가 생각할 수 있었겠습니까? 이런 시대적 한계는 극복할 수가 없는 겁니다!

---

25) 3번째 테제를 말한다. "인간은 사태와 교육의 산물이며, 그에 따라 변화된 인간은 사태와 변경된 교육의 산물이라는 유물론적 학설은 사태가 바로 인간에 의해 변화된다는 것과 교육자 자신도 교육되어야만 한다는 것을 잊고 있다. 그런 까닭에 그 학설은 사회를 두 부분으로 나누게 되는데, 그 중 하나는 사회를 넘어서 있다(예를 들면 오웬의 경우). 사태의 변경과 인간 활동의 변경의 일치는 변혁적 실천으로만 파악될 수 있고 합리적으로 이해될 수 있다." 칼 맑스, 「포이어바흐에 관한 테제」, 프리드리히 엥겔스, 『루트비히 포이어바흐와 독일 고전철학의 종말』, 강유원 옮김, 이론과 실천, 2008, 92쪽.─옮긴이

없지요. 그러니까 하이데거 씨가 양심과 죄의 존재론을 쓴 것도 순수한 사유에 의한 게 아니라 그런 걸 이끌어 낼 만한 현실이 있었기 때문입니다. 여기에 대해선 더 이야기하지 않겠습니다. 철학자들이 할 얘기니까요.

분명 19세기에도 계몽주의자가 한 사람은 있었습니다. 프로이트, 19세기의 프로이트이지요. 정신분석을 궁극적으로 자연과학적 기술로 만들고 싶어 했던 프로이트 말입니다. 그래야 정신분석이 합법적인 게 되니까요. 이게 바로 19세기의 프로이트입니다. "그것[이드]이 있던 곳에서 자아가 생성된다"^{Wo Es war, soll Ich werden}. 마치 바다를 땅으로 만들겠다는 얘기 같지요. 그러니까 우리가 이 무의식, 그것, 이 카오스의 영역을 간척할 수 있다는 얘깁니다. 이런 내용들이 프로이트한테 있습니다. 그렇지만 이런 얘기들이 근본 상황을 변화시키는 건 아닙니다. 즉 아들은 아버지에 대해 양가적인 살인 충동을 느낀다는 사실이 근본 상황인 겁니다. 그리고 이 아들이 더욱 깊은 죄의 수렁 속에 붙잡혀 있을 수밖에 없는 건, 그가 죽이고 싶어 하는 살아 있는 아버지뿐 아니라 죽은 아버지, 그러니까 살아 있는 아버지보다 더 강력한 영향력을 행사하는 죽은 아버지 때문이기도 합니다.

이렇게 프로이트의 저작들 ──『꿈의 해석』^{Die Traumdeutung}이나 그 밖의 책들 ──을 해석학적으로 읽어 보면, 다시 말해 자기분석으로 독해해 보면, 우리는 그 중심에 아주 심대한 싸움, 죄의 문제를 둘러싼 싸움이 자리해 있음을 알게 됩니다. 그리고 우리는 프로이트가 자신이 가진 계몽적 야망 ──이것은 파리에서 샤르코^{Jean-Marie Charcot}와 자네^{Pierre Janet}에게서 배운 덕분에 가지게 된 것인데요 ──, 계몽의 의도를 거스르고 있음을 또한 알게 됩니다. 그러니까, 이게 또 프로이트의 천재성입니다만, 프로이트가 스스로를 초극했다는 사실, 다시 말해 그의 통찰^{Einsicht}이 그의 의도^{Abischt}보다 더 강력했다는 사실을 알 수 있다는 것이지요.

알아차리셨겠지만, 저는 문헌학이라는 좁고 까다로운 바늘구멍을 통과하지 못한 것들에 대해서는, 그게 제아무리 위대한 주제라고 해도, 별 신경을 쓰지 않는 편입니다. 그렇지만 죄라는 근본 경험과 씨름한 프로이트와 관련해서는 [문헌학과 무관하게] 다음과 같은 사실을 특별히 강조하고 싶습니다. 즉 프로이트는 바울의 직계 후손ein direkter Nachfahre이라는 것이지요. 여러분에게 책 한 권을 소개함으로써 이 점을 증명하고 싶습니다. 프로이트는 이 책을 거의 평생 동안 썼다고 해도 과언이 아닙니다. 『인간 모세와 유일신교』Der Mann Moses und die monotheistische Religion라는 책이지요. 1913 년부터 작업하기 시작했습니다. 이 책은 일종의 도발Provokation입니다. 『구약성서』를 공부했든 이집트학을 공부했든, 아무튼 풋내기라도 이 책에 대해서 이러쿵저러쿵 떠들어 댈 수 있을 겁니다. 모세는 이집트인이라느니, 또는 모세는 살해당했다느니 등등 말이죠. 전혀 말도 안 되는 얘기들입니다. 프로이트의 분석은 이런 이야기들에 의거한 것이 아닙니다. 물론 슬쩍 끌어들여 지팡이Krücke처럼 써먹긴 했지만요.

프로이트는 아버지란 게 뭔지, 아버지-종교Vater-Religion라는 게 뭔지에 대해서 깊이 고민했습니다. 어째서 이 종교는 죽은 아버지, 돌에 맞아 쓰러진 아버지를 통해서 더 강한 영향력을 행사하는지, 그리고 죽은 모세, 돌에 맞아 쓰러진 모세가 어떻게 해서 [이스라엘의] 폭도들Meute에게 더 강력한 힘을 발휘한 것인지에 대해서 말입니다. 키르케고르를 생각해 보세요. 물론 이 폭도들도 순교자[모세]에게 대들긴 했었습니다. 그렇죠, 모세가 순교자가 된 것은 그들이 때려죽였기 때문입니다. 그래서 그들을 달랠 수 있는 사람 역시 모세밖에 없었던 것이죠. 그러니까 『인간 모세와 유일신교』에서 프로이트가 제시한 테제는 앞서 말했던 근본 테제의 변주인 셈입니다. A에다 A를 갖다 붙이기 좋아하는 대부분의 해석가들은 이렇게 생각했습니다. "그 유대인 놈, 이름이 뭐더라, 아, 그렇지, 지그문트 프로이트. 개는 자기가 생각한 것보다 훨씬 더 모세랑 닮은 놈이야."

닮은 점, 전혀 없습니다. 그런데도 프랑스어로 쓰여졌건 독일어로 쓰여졌건 프로이트에 관한 책에는 항상 나오는 얘기죠. 그렇습니다, 미켈란젤로가 조각한 모세에 대해서 프로이트는 언젠가 익명으로 논문을 한 편 썼습니다.[26] ——어째서 익명이냐? 이 점에 대해서는 설명이 필요합니다. 산 피에트로 인 빈콜리 성당San Pietro in Vincoli에 조각된 모세, 이 모세를 프로이트는 모든 분노를 마지막 순간에 한 덩이로 뭉쳐서 무서울 정도의 엄청난 침묵 속에서 내뿜고 있는 모세로 묘사합니다(이게 미켈란젤로 조각을 제대로 해석한 것인지 아닌지는 또 다른 문제입니다. 이 문제에 대해서는 미국의 예술사가 마이어 샤피로가 다룬 적이 있습니다. 진짜 끝내주게 수준 높은 글이지요[27]).

확실히 프로이트는 모세를 두고 씨름했습니다만, 그러나 모세를 자신의 정체성을 규명해 줄 인물로 본 것은 아닙니다. 그 작업은 말하자면 파괴를 도모한 프로그램이었던 겁니다. "어떻게 [율]법을 폐기할 수 있을 것인가?" 왜냐하면 여기서 법이란 단순히 모세의 율법만을 의미한 게 아니라——물론 이걸 가리키는 것이기도 했습니다만——동시에 부르주아의 법, 즉 인간들에게 온갖 신경증을 안겨 주고 있던 빅토리아 세계의 시민윤리도 가리켰기 때문입니다. 프로이트는 초기의 사례 연구에서 바로 이

---

26) Sigmund Freud, "Der Moses des Michelangel", *Studienausgabe*, Bd. 10, 9. Aufl., 1989, SS. 195~223.

27) 마이어 샤피로의 이 논문은 찾을 수 없다. 대신에 다음의 논문을 보라. Meyer Schapiro, "Leonardo and Freud: An Art-Historical Study", *Journal of the History of Ideas*, Vol. 17, No. 2, 1956, pp. 147~178.

세계를 다루었지요. 아마 다들 아시겠지만, 프로이트를 자기 자신에게로 되돌아가게 만든 이행은 최면 요법에서 서술 요법Technik der Erzählung 으로의 이행 바로 그것이었습니다. 프로이트의 스승인 요제프 브로이어Josef Breuer 는 최면만으로 작업을 했지요. 가장 잘 알려진 사례가 베르타 파펜하임[28] 의 사례였습니다. 우리는 이 여성과 이 여성의 이야기를 잘 알고 있지요. 나중에 그녀는 매우 중요한 사람이 됩니다. 이 모든 게 빈Wien 유대 사회에 서 생긴 일이지요. 그녀는 정통 신앙을 지키던 가문 출신이었습니다. 우리 는 이 점을 알아야 합니다. 그렇지 않으면 여기서 이야기되고 있는 사례가 어떤 것인지 도무지 이해할 수 없을 겁니다. 그리고 요제프 브로이어는 지 금까지 닫혀 있던 심층으로 들어가고자 했고 들어갔습니다. 그녀가 직접 입술을 떼고 한 고백을 통해서가 아니라 최면을 통해서 말이지요.

프로이트는 브로이어의 성공에 시비를 걸 생각은 없었습니다. 그러나 그는 최면이 [과학적] 기술이라는 점에는 반대했습니다. 최면은 그저 잠깐 동안만 효과를 낼 수 있을 뿐이라는 거죠. 그래서 그는 다른 방법이 개발 되어야 한다고 확신했습니다. 이야기하기Erzählen, 서사적인 방법이 그것이 죠. 이 고전적인 분석은 어떤 식으로 행해졌을까요? 분석가는 저 뒤에 앉 아서 환자를 쳐다보지도 않습니다. 환자는 소파에 누워서 이야기하고 또 이야기합니다. 일주일이건 한 달이건 계속 이야기할 수 있습니다. 그리고 는 어느 순간 뭔가가 딸각 하고 소리를 냅니다. 하지만 이 순간이 언제 올 지는 예측할 수 없습니다. 이야기[역사]란 전혀 **선험적인 것**a priori이 아닙니 다. 처음부터 끝까지 통과해 가야 하는 것이죠. 처음부터 끝까지 해나가야

---

28) 베르타 파펜하임(Berta Pappenheim, 1859~1936). 안나 O.(Anna O.)라는 환자명으로 잘 알려 진 여성으로, 법률가이자 '유대 여성 협회'(Jüdischer Frauenbund)의 창시자이기도 하다. 프 로이트가 히스테리 이론과 정신분석학을 정립하는 데 출발점이 되어 준 인물이다. ─옮긴이

만 하는 겁니다. 그러고 나서야 실타래를 풀어 줄 가닥이 나타나죠. 이것은 너무나 비용이 많이 드는 방식이었습니다. 그래서 단계를 줄이고 가격을 낮추는 방법이 개발되었죠. 그러나 유대교적 청교도주의를 엄격하게 따르던 프로이트는 마지막까지, 그러니까 런던에 머물던 1938년까지도 이 방식을 버리지 않았습니다.

그리고 이 시기에 프로이트가 완성한 유일한 책이 바로『인간 모세와 유일신교』입니다(아래 인용은 1964년에 출간된 주어캄프판에 따른 것입니다). 이 중요한 책에서 다소 길게 인용을 하고 싶은데, 참을성을 가지고, 또 집중해서 좀 들어 주시길 부탁드립니다.

> 동물 토템에서, 일정한 제자들을 거느린(그리스도의 네 복음서 필자는 각기 그들이 좋아한 동물로 그려진다) 인격화한 신으로의 발전을 제외하고, 유대교가 일신교를 받아들이고 그리스도교가 이 유일신교를 지속시키고 있는 사태 이상으로 이것을 분명하게 설명할 수 있는 사례를 종교사는 별로 제시하고 있지 않다. 만일에 파라오의 세계 제국이 유일신교 관념 태동의 결정적인 원인이 되었다는 사실을 잠정적으로 승인하면 우리는, 모국의 토양을 떠나 다른 민족에게로 넘어간 그 종교 관념은, 오랜 잠복기 이후에는 그들의 것이 되어, 귀중한 자산으로 보존되며, 선택된 민족이라는 자랑스러운 선물을 베풂으로써 이 민족의 생명을 영원하게 하는 것이었다는 것을 알 수 있다. 그렇다면 이것은 보상, 성별, 세계 지배에 대한 기대와 밀접한 관계가 있는 원초적인 아버지의 종교이지 다른 것이 아니다. 유대인들이 오래전에 포기한 이 마지막 소망의 환상은, 유대인의 적 사이에서는 '시온의 현자들'에 의한 음모에 대한 믿음이라는 형태로 잔존하고 있다.[29]

프로이트의 이 글은 제가 보기에 반유대주의^{Antisemitismus} 전체를 가장 잘 설명해 주는 글입니다.

모르기는 하지만, 억압된 내용의 회귀에 선행하는, 엄청나게 늘어난 죄의식이 유대 민족, 혹은 당시의 모든 문화 민족을 사로잡았기 때문인지도 모른다.[30]

시대의 전환을 이렇게 해석하고 있는 겁니다.

그러다 마침내 유대 민족 출신의 한 사람이 유대 종교로부터 새 종교(그리스도교)를 분리시키면서, 한 정치적·종교적 선동가를 합리화하는 과정에서 하나의 동인을 발견하기에 이르렀다. 타르소 출신인 로마의 유대인 바울은 이러한 죄의식을 들먹거리면서, 이것이 원시사에 그 근원을 두고 있다는 것을 올바르게 파악했다.[31]

잘 보세요. 이 부분은 단어 하나하나가 다 중요합니다. "올바르게"^{richtig}, 이것은 역사적인 진리입니다.

그는 이것을 '원죄'라 불렀다. 원죄는 하느님에 대한 범죄 행위인 만큼 오직 죽음을 통해서만 용서받을 수 있는 대죄였다. 죽음이 이 세계에 실현된 것도 바로 이 원죄를 통해서였다. 실제로, 죽음으로 갚아야 마땅한 이

---

29) 지그문트 프로이트, 『종교의 기원』, 이윤기 옮김, 열린책들, 2004, 362~363쪽. ─옮긴이
30) 같은 책, 364쪽. ─옮긴이
31) 같은 책, 364쪽. ─옮긴이

범죄는, 뒷날 신이 된, 원초적인 아버지를 살해한 범죄였다. 그러나 이 범죄는 세인의 기억에 남아 있지 않았다. 이 범죄의 기억이 차지하고 있어야 할 자리에는 그 죄의 속량에 대한 환상이 있을 뿐이었고 바로 이 이유에서 이 환상은 구원의 복음으로 드높여졌다. 하느님의 아들이 아무 죄 없이 죽임을 당함으로써 만인의 죄를 그 한 몸에 지게 된 것이었다. 원죄라고 하는 것이 아버지를 살해한 죄였기 때문에 그 죄의 구원을 위한 희생자는 아들이 아니면 안 됐다. 거기에다 동방이나 그리스의 비교秘敎 전승은 이 구원의 환상에 영향을 끼친 듯하고, 이 환상에서 본질적인 것은 바울 자신의 공헌을 통해 확립된 듯하다. 바울은 가장 본질적인 의미에서 종교적 소질을 지닌 인간이었다. 바울의 영혼 안에서 과거의 어두운 흔적들은 잠복한 채 보다 의식적인 영역으로 분출할 준비가 되어 있었다.[32]

우리가 이미 지적했듯이, 신도들이 구세주의 피와 살을 먹는 그리스도교의 성찬식 의례는 고대의 토템 향연 내용의 반복——숭배하는 마음을 표현하려는 애정 어린 의미에서 그렇다는 것이지 공격적인 의미에서 그런 것은 아닌——이다.[33]

이것은 로버트슨 스미스가 『셈족의 종교』라는 책의 1판에서 제시한 테제입니다. 영국 장로교 협회Konsistorium der Presbyterianer로 불려가기 전에 2판에서 삭제해야만 했지요.[34] 다만, 여러분이 아셔야 할 것은, 이것은 결코 단순한 문헌이 아니라 폭발물이라는 사실입니다. 이 책은 오늘날에도 여

---

32) 프로이트, 『종교의 기원』, 364쪽.—옮긴이
33) 같은 책, 366쪽.—옮긴이

전히 엄청난 책이라고 할 수 있습니다. 그리고 이 책에 흠집을 내려고 쓰여진 책들은 전부 전혀 이 수준에 미치지 못합니다. 여기서 프로이트의 입장은 분명합니다. 그러니까 인류학 연구의 최신 경향이 뭐라 하든 간에 근본 경험을 내버릴 수는 없다는 것이지요. 이따위 유행들은 굳이 따라가지 않아도 된다는 겁니다. 차라리 잠을 좀더 자는 게 낫죠.

그러나 여기에는 아버지와의 관계를 지배하는 양가적 감정이 종교개혁의 최종 결과로 선명하게 드러나 있다. 표면적으로는 아버지인 신의 비위를 맞추는 것을 목적으로 하는 것 같지만 사실 이 의례의 목적은 아버지인 신을 왕좌에서 몰아내고 결국에는 제거하는 데 있다. 유대교는 아버지의 종교였지만 이로써 그리스도교는 아들의 종교가 되었다. 오래된 아버지 하느님이 그리스도 뒤로 밀려난 것이다. 원시 시대의 모든 아들들이 소망했듯이 아들이 아버지의 자리를 차지한 것이다.[35]

이것 역시 이중 계율이라는 문제를 해결하고 사랑의 계율을 급진화 Radikalisierung하는 데 있어 공을 세운 글입니다. [아버지가 아니라] 아들에게 집중한다는 것, [신이 아니라] 인간에게 집중한다는 것이지요. 아버지는 여기서 더 이상 똑같은 고려 대상이 아닌 겁니다.

유대교의 계승자 바울은 유대교를 파괴한 장본인이기도 했다. 바울이 거둔 성공은 첫째로는, 구원의 이념을 통하여 인류에게 죄의식을 환기시킨

---

34) William Robertson Smith, *Lectures on The Religion of the Semites*(1889/1894), Freiburg: J. C. B. Mohr, 1899.
35) 프로이트, 『종교의 기원』, 366쪽. ─옮긴이

사실에, 둘째로는 이와 함께 유대인이 신으로부터 선택된 민족이라는 관념과 선민의 징표인 할례를 포기함으로써 이 새로운 종교를 모든 사람을 포괄하는 보편적인 종교로 개혁하는 상황에 그 바탕을 둔다. 바울이 이러한 조처를 취한 것은 자신의 개혁을 반대한 유대인들에 대한 개인적인 복수심이 그 동기가 되었는지도 모른다.[36]

지금 여러분은 니체[의 목소리]를 듣고 계십니다. "복수욕"Rachsucht, 이것은 원한 감정Ressentiment이죠, 찬달라의 천재적인 발명품이고요.

그러나 바울은 이러한 조처를 통하여 옛 아텐교의 특징 중 하나를 재생시켰다. 다시 말해서 아텐교가 유대인이라고 하는 새로운 그릇에 담기면서 요구했던 제약 하나를 제거한 것이다.……
그리스도교의 승리는, 천오백 년의 세월을 뛰어넘어 드넓은 무대에서 이루어진, 아케나텐의 신에 대한 '아무'교 성직자들의 승리였다. 뿐만 아니라 종교사에서 ──억압당한 것의 회귀 문제에 관한 한──그리스도교는 인간이 이룬 하나의 진보였고, 이때부터 유대교는 화석으로 전락했다.[37]

이 글이 1930년대에 쓰여진 여타의 책들과는 달리 아주 유려한 문체로, 내면의 자유를 누리면서 쓰여졌다는 사실에 각별히 주목해 주시길 부탁드립니다. 하이데거나 슈미트가 이 시기에 쓴 글들을 한번 읽어 보세요. 온통 흥분해서 난리를 치고 그러죠. 이에 비해 프로이트의 이 최후의 고요

---

36) 프로이트, 『종교의 기원』, 366쪽. ─옮긴이
37) 같은 책, 366~367쪽. ─옮긴이

함, 이 투명한 문제를 한번 보세요. 이 테제들 자체에 대해서도 이야기할 게 더 있을 겁니다. 제가 한 가지 꼭 짚어 보고 싶었던 점은, 이 시기에 독일어의 고향은 도대체 어디였을까, 하는 것이지요.

양가 감정은 아버지와 맺게 되는 관계에서 본질적인 하나의 부분이다. 기나긴 세월이 흐르면서, 그토록 찬탄과 외경의 대상이었던 아버지를 살해하자는, 아들들을 들고일어나게 했던 해묵은 적의가 싹틀 가능성도 없지 않았다. 그러나 모세교의 틀 안에서는 살의에 넘치는 아버지에 대한 증오가 직접적으로 표현될 여지는 없다. 여기에서 가능한 것은 이 증오에 대한 무시무시한 반작용이다. 말하자면 그런 적의에 대한 죄의식, 하느님에게 죄를 짓고, 그 죄업을 중단할 수 없는 것에 대한 양심의 가책이다. 선지자들에 의해서 끊임없이 환기되어 이윽고 종교 조직의 본질의 내용물이 된 이 죄의식에는, 이 죄의식의 발단으로 교묘하게 위장되는 또 하나의 표면적인 동기가 있다. 모든 사태는 백성들에게 불리하게 전개되었다. 하느님의 은총에다 맡기고 있었던 희망은 성취되는 것이 없었다. 하느님의 선택된 백성으로 하느님의 사랑을 받는다는 환상을 유지하기는 쉬운 일이 아니었다. 만일 유대인들이 행복을 찾으려고 했다면, 죄를 지었다는 데서 오는 죄의식을 통하여 하느님을 방면할 훌륭한 수단을 발견할 수 있었을 것이다. 그러나 그들은, 하느님의 계명에 복종하지 않았고 이 때문에 하느님으로부터 벌을 받을 수밖에 없었다. 채워지지 않는 죄의식, 보다 심층적인 근원에서 유래한 이 죄의식을 해소할 필요에 쫓긴 유대인들은 이 계명을 보다 엄격하게 제정하지 않을 수 없었다. 따라서 이전보다 훨씬 소심하고 좀스러운 존재가 되어 가지 않을 수 없었다. 윤리적 금욕주의에 새롭게 도취된 그들은 자신들에게 본능적 충동을 단념하게 만들

훨씬 엄격한 새 계율을 부여하고, 이런 과정을 통해 그들은 고대의 다른 민족은 접근도 할 수 없는 고도의 윤리적 위상 ——적어도 교리와 계율 속에서——에 도달했다. 많은 유대인들은 이 윤리적 위상의 획득을 유대 종교의 두번째로 중요한 특징, 두번째로 위대한 성취로 여긴다. 이것의 첫번째 특징 ——유일신 관념——은 지금까지 우리가 검토해 온 것을 통해 자명해진다. 그러나 이러한 윤리적 관념은, 하느님에 대한 억압된 적의 때문에 생겨나는 죄의식의 근원을 소거하지 못한다. 이들은 강박 신경증적 반응 형성의 특징 ——미완인 동시에 결코 완성될 수 없는——을 보인다. 우리는 이들의 윤리가, 은밀한 자기처벌 욕구에 도움이 되고 있을 것으로 본다.

이 이상의 발전 단계는 유대교의 발전 단계를 넘어선다. 원초적 아버지에 대한 비극적인 드라마에서 회귀한 나머지 백성은 어떤 형식으로든 모세교와는 화해할 수 없었다. 이 시대의 죄의식은 더 이상 유대인에게만 국한되는 것이 아니었다. 이 시대의 죄의식은 지중해 연안의 모든 민족에게 육중한 불쾌감을 안겼다.[38]

테제는 이런 겁니다. "이 죄의식이 하나의 보편적인, 경제적으로 보편적인 형태를 취하게 되었다."

오늘날의 역사가들은 이것을 고전 고대 문화의 노화老化라고 하지만, 내가 추측하기로는 이들의 평가는 민족 간 불협화음의 비본질적·보조적 원인을 제대로 지적한 것 같지 않다. 이 울적한 상황의 해명은 유대교에서

---

38) 프로이트, 『종교의 기원』, 424~425쪽. ——옮긴이

나왔다. 주변 세계에서 갖가지 문제에 대한 접근이 시도되고 그런 준비가 이루어지고 있을 무렵, 이와는 상관없이 명민한 정신으로 사태의 본질을 꿰뚫은 사내가 출현했다. 타르소의 사울(로마 시민으로서는 바울이라고 불리던)이라는 유대인이 바로 그 사람이었다. 그는 이렇게 주장했다. "우리가 이렇게 불행한 것은 우리가 아버지 하느님을 죽였기 때문이다." 그가 이러한 진리의 단편을 망상의 형태로 위장된 복음 속에서밖에 파악할 수 없었다는 점은 충분히 납득할 만한 일이다. 그의 주장은 계속된다. "우리는 모든 죄에서 해방되었다. 우리 중의 한 분이 그 목숨을 희생시켜 우리를 풀어 주었기 때문이다."……

원죄와 희생자의 자기희생을 통한 구원은 바울이 세운 새 종교의 초석이 되었다.……주목할 만한 것은 이 종교가 아버지와의 관계에서 드러나는 유서 깊은 양가 감정을 어떻게 다루었는가 하는 것이다. 이 종교의 주된 내용물이 아버지 하느님과의 화해, 그 하느님에게 저질렀던 죄업의 보상인 것은 사실이다. 그러나 이 감정 관계의 이면이 보여 주는 것은 스스로 화해를 성취한 아들이 아버지 옆에 나란히 앉는, 실제로는 아버지를 대신하는 신이 되었다는 것이다. 아버지 종교에서 솟아오른 그리스도교가 아들 종교가 된 것이다. 결국 그리스도교도 아버지를 제거하는 운명에서 벗어나지 못한 것이다.

유대인의 극소수만이 이 새로운 교리를 받아들였다. 이것을 거부한 사람들은 오늘날까지도 유대인으로 불린다. 이 분열을 통해 유대인은, 그 이전의 어느 때보다도 다른 민족으로부터 철저하게 분리되기에 이르렀다. 유대인들은 새로운 종교 공동체 ──이집트인, 그리스인, 시리아인, 로마인, 심지어는 게르만인도 포함되지만 유대인만은 제외되는──로부터 하느님의 살해자들이라는 비난을 들어야 했다.[39]

다른 모든 것은 그냥 사소한 것들입니다. **신을 살해했다**^{Deizid}, 이게 그리스도교도들이 유대인들에게 가했던 비난입니다. 이것에 대해 프로이트가 어떻게 생각했는지 한번 들어 보세요.

그 비난을 옮기면 이렇게 된다. "우리는 인정하고 그 죄를 벗었지만 놈들은, 저희들이 하느님을 살해했다는 것을 인정하려 들지 않는다." 따라서 이 비난의 배후에 어느 정도의 진실이 깃들어 있는지 알아보는 것은 간단하다. 하느님을 죽였다는 고백이 갖가지로 왜곡되고 있기는 하지만 유대인들이 어째서 하느님을 죽였다는 이 고백의 수긍을 암시하는 진보적인 대열에 합류할 수 없는가는 특수한 연구를 통해서 밝혀질 것으로 보인다. 유대인들은 이 진보의 대열에 들어서지 않음으로써 비극적인 죄를 짊어지는 길로 들어섰다고 볼 수 있다. 그들은 이로써 그 죗값을 호되게 치르지 않으면 안 되게 된 셈이다.[40]

이제 드디어 우리는 바울-해석을, 그것도 완전히 새로운 차원에서, 할 수 있게 됐습니다. 기본적으로 제가 한 일이라고는 여러분에게 이 프로이트의 글에 대한 프롤레고메나를 들려드린 것에 지나지 않습니다. 그것도 문헌학에 얽매여서 말이지요. 전체적으로 이 책이 얼마나 위대한 것인지, 또 얼마나 깊은 통찰을 담고 있는 것인지, 이런 부분들에 대한 해석 작업은 다음 학기 강의로 계획했었는데요, 아쉽게도 이 자리에서는 거기까지는 못 갈 것 같네요. 이 책은 역사적 진리, 전통과 기억, 그리고 [그것들

---

39) 프로이트, 『종교의 기원』, 425~427쪽. ─옮긴이
40) 같은 책, 427쪽. ─옮긴이

의] 왜곡 등을 하나의 개념적 지도 안에서 펼쳐 보여 주고 있습니다. 이에 반해서 이른바 주석들, 이 작품 이후에 나온 주석들은 전부 다 별 볼 일 없는 것들입니다. 그러니까, 새로 시작해야 한다는 말입니다. 바울에 대한 해석 작업을 말이죠! 마지막으로 덧붙이고 싶은 점은, 제 생각에, 프로이트는 말하자면 스스로 바울의 역할을 떠맡았다는 것입니다. 물론 바울은 구원을 오로지 환상의 차원으로서만 들여왔었지만, 이에 반해 프로이트는 새로운 치료[구원]의 방법을 통해, 단순히 개인 차원에 국한되는 치료가 아니라 동시에 문화이론이기도 한 치료법을 통해 구원을 실현하려 했던 겁니다. 프로이트는 단순히 개개인을 치료하는 의사였던 것만이 아니라, 문화의 치료사이기도 했습니다(『문명 속의 불안』*Das Unbehagen in der Kultur* 과 『쾌락원칙을 넘어서』*Jenseits des Lustprinzips*를 보세요). 어쩌면 이건 너무 넓은 분야라서 발을 들여놓기가 망설여지실 수도 있을 겁니다. 그렇지만 저로서는 이 분야의 경계선까지 여러분을 데려올 수밖에 없었는데요. 왜냐하면 그래야만 서로 상이한 수많은 해석들 중에서 제가 시도한 이 해석이 어떤 원천들에 근거한 것인지 여러분이 아실 수 있을 테니까요. 물론 제 해석에 폭력적인 요소가 없다고는 말할 수 없을 겁니다. 그리고 여러분에게 정말 감사드립니다. 얼마 남지 않은 제 인생에서 그래도 이 테제들을 강연할 수 있도록 기회를 주신 데 대해서 감사하다는 말씀을 드리고 싶습니다.

아무튼 저로서는 이제 바울에 관해서 중요한 게 뭔지에 대해 조금 더 알게 된 것 같습니다.

보론 야콥 타우베스와 칼 슈미트 사이의 역사

1. 들어가며

이 점을 미리 이야기해 두고 싶습니다. 제가 하이델베르크에 도착한 후에 바로 읽어 드리게 될 글이 있는데요. 『프랑크푸르트 알게마이네 차이퉁』*Frankfurter Allgemeine Zeitung* "정신과학" 꼭지의 마지막 호에 실린 글로서, '트라우마'라는 제목을 달고 있습니다. 이 신문에서 전개되고 있던 논쟁에 대해서 보고하는 글인데요. 이 논쟁에서 케네디라는 이름의 한 여성이 마치 종교 재판을 행하는 듯한 방식으로 프랑크푸르트 학파와 위르겐 하버마스*Jürgen Habermas*가 발전시킨 개념들과 테제들을 칼 슈미트에게 갖다 붙이고 있다는 내용입니다. 저는 이 [여성의] 논문을 읽어 보지는 못했습니다. 그렇지만 하버마스의 『공론장의 구조 변동』*Strukturwandel der Öffentlichkeit*과 라인하르트 코젤렉*Reinhart Koselleck*의 『비판과 위기』*Kritik und Krise* 사이에는 분명한 연관성이 존재합니다. 그리고 코젤렉의 책은 칼 슈미트의 영향에 흠뻑 젖은 채 쓰여진 책이니까, 당연히 슈미트는 하버마스에게도 연결된다고 할 수 있죠.

그러나 사태는 이보다 훨씬 더 근본적입니다. 좌파와 우파의 대립은, 그렇죠, 1933년 이후로는 정말 끔찍했지요. 그리고 내전이 끝난 뒤에도 좌파들의 전쟁은 끝나지 않았습니다. 정신의 전쟁으로 계속된 것이죠(제가 있던 도시에서는 사람들이 만나면 처음 던지는 질문이 이런 것이었습니다. "당신은 좌파인가 아니면 우파인가?" 이런 상황 때문에 저는 아주 어려움을 많이 겪었습니다. 그리고 이 사실에 대해서 숨기지 못하겠고요). 그렇지만 문화적 내전의 시기에는 저도 입장을 분명히 ―입장이란 것은 분명해야 하지요―선택했습니다. 이 당시에는 학생 운동이 일어나고 있었습니다. 무슨 대단한 사건 같은 것은 아니었습니다만, 그래도 나름 중요성은 있었지요. 그리고 저는 제가 가지고 있던 약간의 힘을 분명하게 좌파 진영에게 무게를 실어 주는 데 썼습니다. 많은 부분에서 동의할 수가 없었음에도 말입니다. 그러나 그런 상황에서 중요한 것은 개인의 의견을 내세우는 게 아니지요. 개인의 의견 따위는 제쳐 두고 특정한 상황에서 행동을 취할 수 있도록 준비 태세를 갖추는 게 중요한 겁니다. 그리고 그러기 위해서는 어느 편에 설지를 결정해야 하지요.

이 좌파-우파의 도식은 견지될 수 없습니다. 그리고 실제로 구프랑크푸르트 학파는 칼 슈미트와 너무나 친밀한 관계에 있었습니다(이 학파의 공식적인 수장인 호르크하이머 씨와 저 음악쟁이*Musikus* 아도르노뿐만 아니라, 더 심오한 사상의 소유자였던 발터 벤야민도 마찬가지였습니다). 벤야민은 1930년 12월에 자신의 『비애극』 책을 보내면서 편지를 동봉했습니다.

당신은 분명히 당신의 『정치신학』*Politische Theologie*이 방법상으로나 내용상으로나 제 책에 어떤 영향을 미쳤는지에 대해서는 쉽게 알아볼 수 있으실 것입니다. 그렇지만 당신의 『독재론』*Die Diktatur*과 여타의 책들 역시 아주 깊은 곳에서부터 저를 움직여서 저의 예술철학적 직관이 당신의 국가철학적 표상과 합치할 정도까지 되었다는 사실은 아마도 모르실 수도 있을 것입니다.

이 편지를 입수했을 때 저는 아도르노에게 전화를 걸어서 물어봤습니다. "벤야민 서간집이 두 권으로 묶여 나왔는데, 어째서 이 편지는 빠져 있는 겁니까?" "그런 편지는 존재하지 않는다"라는 게 대답이었습니다. 제가 말했지요. "테디, 나는 벤야민이 쓴 수기手記와 [심지어] 벤야민이 쓴 타자기가 어떤 건지도 알고 있소. 그러니 엉뚱한 소리 하지 말아요. 내가 그 편지를 가지고 있단 말이오!" 이렇게 대답하더군요. "그럴 리 없소." 전형적인 독일식 대답이죠.[1] 해서 저는 복사본을 떠서 그에게 보냈습니다. 그런데 거기에는 아카이브 관리자가 한 명 더 있었지요. 티데만Rolf Tiedemann 씨죠. 그리고 저는 테디로부터 전화를 받았습니다. "그래, 편지가 있었다. 근데 서간집을 낼 당시에는 망실됐었다." 그래서 저는 그냥 내버려 두었습니다.

지금 제가 말씀드리고 싶은 것은, [이런 역사의] 흔적을 누가 어떻게 지웠는지, 그리고 누가 프랑크푸르트 학파의 계보에 속하고 또 호르크하이머의 지도 아래 마틴 제이Martin Jay 등등이 쓴 것 같은 프랑크푸르트 학파의 성인전Hagiographie[2]을 누가 쓰는지 하는 것 따위가 아닙니다. 다만 명백

---

1) 프랑스어판 옮긴이에 따르면, 이 말은 크리스티안 모르겐슈테른(Christian Morgenstern, 1871~1914)의 유명한 시를 암시하는 것이라고 한다. "왜냐하면 그래서는 안 되는 것은 그럴 리가 없기 때문이다"(Weil nicht sein kann, was nicht sein darf).—옮긴이
2) 마틴 제이, 『변증법적 상상력: 프랑크푸르트학파의 역사와 이론』, 황재우 옮김, 돌베개, 1981을 참조하라.—옮긴이

한 사태가 더 이상 인지되지 못하고 있다는 사실, 그리고 1929~1930년 당시의 구도와 전선戰線은 후대에 역사적으로 재구성된 것과는 완전히 달랐다는 사실입니다.

2. 1948~1978: 30년 동안 계속된 거절

야콥 타우베스와 칼 슈미트 사이의 역사는 1948년까지 거슬러 올라갑니다. 여기서 여러분께 그간의 이야기를 [전부] 들려드릴 수는 없습니다. 그래도 [그와 저의 관계가] 어떻게 시작되었는지에 대해서는 말씀드릴 수 있겠습니다. 1948년에 저는 어린 무명학자에 불과했습니다. 그런데 히브리대학으로부터 특별한 장학금을 받게 되었습니다. 바르부르크상Warburg-Preis이었지요. 그때 저는 예루살렘에 있었는데, 이 시기는 도시가 분할된 이후였습니다. 그래서 도시 위쪽 지역 엔클라베[자국 영내에 있는 타국의 영토]Enkalve 안에 위치해 있던 대학 도서관에는 출입할 수가 없었습니다. 저한테 떨어진 명령 ——그렇죠, 당시에는 정교수들이 대학 행정을 결정했습니다. 만약 여러분이 오늘날까지도 [외부나 재단의 압력에서] 자유로운 독일 대학을 원하신다면, 예루살렘으로 가시길 권합니다! ——은, 그러니까 제가 받은 요구 사항은, 어쩌면 그건 명예로운 일이었을 수도 있겠는데요, 아무튼 17세기 철학 강독을 하라는 것이었습니다. 데카르트 ——이 철학자에 대해서 저는 기차역에서 [처음으로] 책을 읽었습니다 ——에서부터 스피노자까지였지요. 그래서 생각했습니다. "이 데카르트라는 사람에 대해 어떻게 접근해 들어가야 할까?" 저는 데카르트에게 있어서 **루아**loi, 즉 법이 어떤 의미를 갖는 것인지 알고 싶었습니다. 이건 법학적인 개념인가, 아니면 자연[과학적] 개념인가? 그러니까, 저한테는 데카르트에게 있어서 법의 문제라는 것이 전혀 불투명했던 것이지요. 그래서 저는 학창 시절 기억을 떠올렸습니다. 당시 ――이때는 아직 아주 편리하게 무엇이든 다 찾아볼 수 있는 신학 사전이 없던 때죠――에 저는 슈미트의 『헌법론』*Verfassungslehre* 보론에서 '노모스'에 대한 설명을 읽었었지요. 저는 도서관으로 가서 슈미트의 이 책을 긴급 구매해 달라는 요청서를 썼습니다. 왜냐하면 강의를 해야 했으니까요. 그랬더니 이 사람, 이 공무원 사서가 만족감과 사디즘*Sadismus*을 동시에 느끼는 듯한 표정으로 이렇게 말하는 겁니다. "하, 이 요청 건을 처리하려면 석 달은 족히 걸릴 텐데요." "석 달이라니, 그게 무슨 소립니까?" 석 달이면 그 학기가 끝날 때니까, 그때 책이 온다 해도 저한테는 아무 소용이 없었지요. 그래서 저는 도서관장에게 갔습니다. 그런데 거기서도 똑같은 대답을 들었지요. 좀더 품위 있게, 그리고 좀더 친절하게 설명해 주더군요. 상황이 어떻게 된 것인지에 대해서 말입니다. 군인들이 엔클라베로 차를 몰고 가서, 책을 집어 든 다음, 그걸 또 바지춤에 숨겨서 아래쪽 지역으로 가져와야 한다는 등 어쩌고저쩌고 하더군요. "그렇군요. 알겠습니다." 무슨 마법을 부릴 수도 없는 노릇이니까, 저는 단념했습니다. 삼 주 후쯤, 아니 삼 주도 안 돼서, 전화 한 통을 받았습니다. 도서관장한테서요. "도서관으로 오십시오. 책이 와 있습니다!" 어째서, 어떻게 그렇게 된 건지 묻지는 않았습니다. 저는 그냥 기뻤습니다. 책이 와 있다니까요. 그래서 갔더니, 이제는 거만하지 않은 태도로 직접 책을 들고 와서 어떻게 된 일인지 이야기해 주더군요. 제가 긴급 구매 요청서를 제출한 다음 날, 법무장관 핀카스 로젠*Pinchas Rosen* ――원래 이름은 프리츠 로젠블루트*Fritz Rosenblut*죠――한테서 전화가 왔더랍니다. 그때까지 아직 헌법 제정을 못 한 터라 『헌법론』 책이 필요하다고 말입니다(제정할 수가 없죠. 정통주의자들과 세속주의자들이 어떻게 공통의 헌법안을 채택할 수 있겠습니까). 헌법을 만들어야겠다는 거죠. 저는 어안이 벙벙했습니다. 로젠이 금세 책을 다시 도서관에 돌려줬다는 거예요. "도서관에서 소장해도 좋소." 저로서는 그저 고마울 따름이었죠.

그리고 이제 어떤 일이 벌어지느냐. 저로서는 여기에 아무런 책임이 없습니다. 당시에 저는 아르민 몰러Armin Mohler라는 사람——이 사람과 저는 아주 약간 안면이 있던 사이였는데요. 저와 함께 취리히에서 공부를 했었습니다——에게 편지를 썼습니다. 그는 말하자면 극우Rechtsextreme였고 저는 극좌Linksextreme였지요. **극단끼리는 통한다**Les extrêmes se touchent고 했던가요.——아무튼 우리는 중도파Mitte에 대해서는 똑같은 견해를 가지고 있었습니다. 그리고 그때 저는 그에게 이렇게 썼습니다. 그러니까 그 이야기를 들려주었던 거죠. "이런 기막힌 일이 있었다." 그리고 저는——이걸 도무지 속에 감춰 둘 수가 없었던 탓인데요——썼습니다. "사실은 이렇다. 가장 중요한 인물, 가장 중요한 지식인은 철학자 마르틴 하이데거와 국가법학자 칼 슈미트이다. 이 사람들이 얼마나 오랫동안 나치 정권에게 추파를 던졌건 말이다. [그런데] 뭔가 내가 이해할 수 없는 게 있다. 나치즘과 관련해서 내가 놓치고 못 본 나사가 어딘가에 있는 것 같다. 이게 어째서 그렇게 넓은 스펙트럼에 걸쳐 영향력을 행사했는지, 도무지 모르겠다." 당시에 아르민 몰러는 에른스트 윙거[3]의 비서였죠. 그리고 칼 슈미트가 에른스트 윙거 집을 방문합니다. 그래서 에른스트 윙거가 이 편지에 대해서 그에게 이야기해 주게 되지요. 그러자 칼 슈미트는 편지를 자기한테 달라고 합니

---

3) 에른스트 윙거(Ernst Jünger, 1895~1998). 독일의 작가. 마르틴 하이데거와 칼 슈미트와 수많은 편지를 주고받을 정도로 긴밀한 정신적 교류를 했던 인물이다. 『강철 뇌우 속에서』(*In Stahlgewittern*, 1920)를 비롯한 수많은 문제적인 작품들이 유럽의 여러 나라와 미국에서 활발히 연구되고 있다.——옮긴이

다. 뭔가 [자기를] 선전하고 내세울 거리가 있을 때는 민첩한 사람이지요. 그는 이 편지를 복사해서 사본을 만듭니다. "유대 지식인의 편지. 다른 누구보다도 나를 잘 이해하는……" 어쩌고저쩌고 떠벌리기 위해서였지요.

이런 일이 벌어지고 있었지만 저는 아무것도 몰랐습니다. 전혀 예상을 못했죠. 그 다음 운명은 저를 미국으로 보냈습니다. 그건 결단이었습니다. 취직을 해야 했으니까요. 그리고 거기서 ——제 생각에 미국뿐 아니라 다른 데서도 마찬가지일 듯합니다만—— 오디션을 보듯이 공개 시범 강의를 했지요. 이 시범 강의라는 것은 어떤 식으로 초빙을 받았느냐에 따라서 미친 듯이 열심히 해야 되는 경우도 있고, 우아하고 편안하게 해도 되는 경우가 있지요. 저는 정치학자 엘리어트^{Eliot} 교수의 세미나에 초빙을 받았습니다. 이 사람이 학문을 위해 세운 공로라고는 '유기논리적'^{organologisch}이라는 단어를 도입한 것 말고는 없지요(그러니까, 우리가 오트마르 슈판[4)]을 통해 알게 된 것들을 이 사람은 미국에서 발견한 겁니다). 이 사람한테 명민한 조교수가 있었다는 사실 말고 더 얘기할 게 있는지 저로서는 잘 모르겠습니다. 사실상 이 조교수가 학과 전체의 운영을 책임지고 있었지요. 키신저^{Kissinger}라는 사람이었습니다. 실제로는 이 사람이 저를 초빙한 거였습니다. 엘리어트가 아니라요. 이 사람이 이런 얘기를 들었다더군요. "자리를 못 잡고 여기저기 떠도는 사람이 한 명 있다. 사람들한테 아직 알려지지는 않았는데, 한번 초빙해 볼 만한 사람이다." 그렇게 해서 제가 정치신학에 대한 강의를 맡게 되었습니다. 슈미트를 비판하는 내용이었죠. "신비주의적 단계, 다시 말해 민주주의적 단계는 슈미트가 보기에는 지나간 과거다. 그리고 그에게 민주주의란 것은 그저 위계 서열을 위협하는 폭도[의 정치]

---

4) 오트마르 슈판(Othmar Spann, 1878~1950). 오스트리아의 경제학자, 사회학자. —옮긴이

에 지나지 않는 것이었다."『정치신학 1』에 나오는 얘기를 비판한 겁니다. 좋습니다, 이 이야기는 하이델베르크와도 묘하게 연결됩니다. 한 젊은 남자가 저한테 와서는 이렇게 말하더군요. "그렇지만 저는 당신이 칼 슈미트에게 보낸 편지에 대해 알고 있는데요!" "내가? 슈미트에게 편지를 썼다고? 그런 적 없는데? 그 사람이 어디 사는지도 모르는데?" "하지만 제가 실제로 읽어 봤단 말입니다!" "그래, 대체 뭐라고 쓰여 있더냐?" 이게 바로 그 편지였던 거죠. 아르민 몰러가 윙거에게 주고, 윙거가 슈미트에게 줬던 바로 그 편지 말입니다. 이 젊은 남자는 지금 하이델베르크 대학 정치학과 교수로 있는 한스 요아힘 아른트Hans Joachim Arndt입니다. 당시에는 하버드 대학에 훔볼트 장학생으로 와 있었죠.

그러니까 저는 이 편지 때문에 이쪽 사람들이 흔히 하는 말로 '위치가 정해진'geortet 것이었습니다. 그리고 이때부터 저는 슈미트의 모든 저작을 증정받았습니다. 헌사도 적혀 있고, 또 충고도 적혀 있었죠. 이런 분야에서 그는 매우 분명한 사람이었습니다. 가령 이런 교육적인 충고를 써서 책을 보내곤 했죠. "이 책은 당신이 꼭 읽어야 합니다" 어쩌고저쩌고 말이죠. 저는 한 번도 답하지 않았습니다. 그건 그러니까 일방적인 서신 교환이었죠. 그 이후 저의 운명 ─이렇게 부를 수 있다면 말이지만요. 당시에 저는 베를린을 볼 수 있을 거란 꿈은 전혀 꾸지 못했습니다─은 저를 베를린으로 가게 만들었습니다. 여러 분야의 사람들이 저한테 압박을 가하더군요. "엽서라도 쓰지 그래요!" 저는 대답했지요. "칼 슈미트는 적과 친구의 구분이 뭔지를 아는 사람이다. **공식적으로**ex officio 내가 그의 적이라는 사실을 그는 분명히 알고 있을 거다. 나는 유대인이니까. 그런데 어떻게 나한테 엽서를 보내라는 말을 할 수 있느냐? 지금 상태로도 충분히 좋다. 그는 나한테 헌사를 써서 책이나 뭐 그런 것들을 보내고, 나는 대답하지 않는다. 그는 내가 그 책들을 읽었다는 걸 분명히 알고 있다."

　　1967년에 저는, 제가 아는 한 당시 세대에서 가장 중요한 철학자이자 헤겔 해석자였던 알렉상드르 코제브를 초청했습니다. 대학 당국의 생각은 제 생각과 다르다는 걸 알고 있었지만, 그런 것 따위는 아무래도 상관없었지요. 저와 함께 헤겔에 관해 이야기하고 함께 고민했던 사람들은 코제브가 누군지 잘 알고 있었으니까요.[5] 그리고 그가 베를린으로 왔습니다. 베이징에서 바로 오는 길이었지요. 어떻게 그렇게 올 수 있었는지는 모르겠습니다만. 그리고 저는 그가 어떻게 하고 싶어 할지 몰라서 고민하다가 물어봤습니다. "돌아가는 기차를 예약해야겠는데, 어디로 가실 생각이십니까?" 그러자 그가 특유의 무뚝뚝한 어투로 말하더군요. "플레텐베르크Plettenberg로 갈 생각이오." 그가 말했지요. "독일에서 [슈미트 말고] 달리 누구와 얘기를 나누겠소?" 저는 생각했습니다. "흠, 어디 보자. 나도 벌써 20년째 압박을 받고 있는데. 거기 한번 가 보라고 말이야. 그런데 내가 가장 중요한 철학자로 생각하는 알렉상드르 코제브가 거길 간단 말이지. 안 가겠다고 고집을 부리는 건 어쩌면 내 괴벽일 수도 있겠구나" 하고 저는 인정했지요. 그래도 저는 굽히지 않았습니다. "나는 절대 안 갈 거야."

　　그러자 한스 블루멘베르크가 저에게 편지를 보내더군요. "이제 그만 좀 그런 판사判事 같은――이 사람은 어떻게 이런 말을 할 수 있었을까요?――생각일랑 좀 버려요. 당신, 코제브, 그리고 슈미트, 당신들 세 사람은 전부 똑같은 생각을 하고 있는 거 아니오? 세상이 어떠해야 하는가에 대해서 말이오." 이건 제가 블루멘베르크한테서 받은 편지 중에 유달리

---

5) Alexandre Kojève, *Hegel: Eine Vergegenwärtigung seines Denkens*, Frankfurt: Suhrkamp, 1975.

세심한 배려가 담긴 편지, 우정의 편지였습니다. 아, 물론 저한테만 해당되는 얘깁니다. 다른 사람들은 요즘도 계속 블루멘베르크한테서 우정 어린 편지를 받고 있겠지요. 그래서 저는 저 자신에게 말했습니다. "한번 생각해 봐, 야콥, 너는 심판관이 아니야. 너는 그저 유대인일 뿐이지 심판관이 아니야. 그렇다면 너는 인정해야 돼. 네가 얼마나 많이 배웠는지, 슈미트한테 얼마나 많이 배웠는지 말이야. 슈미트 덕분에 나치 시대에 대해서 알게 됐지, 일반 대중들은 전혀 상상도 못할 부분들에 대해서도 엄청나게 많이 알게 됐잖아. 네가 사제적인 태도로 침묵을 지키고 있는 바로 그 부분들 말이야. 너는 심판관이 아니야. 왜냐하면 너는 유대인이지만 박해를 받지는 않았으니까. 그 시대에 속하지 않았다는 점에서 너는 축복받은 거야. 우리가 원하지 않아서가 아니라 우리에게 허락된 일이 아니었기 때문이지." 그래요, 여러분은 판단할 수 있을지도 모릅니다. 왜냐하면 여러분은 저항이 뭔지 알고 있으니까요. 저는 스스로에 대해 전혀 확신을 못하겠습니다. 저는 그 어떤 누구에 대해서도 확신을 못하겠습니다. "이 사람은 과연 민족 봉기의 전염병에 걸리지 않을 수 있을까, 혹시 1년이건 2년이건 미쳐서 날뛰지나 않을까" 하고 말입니다. 슈미트처럼 그렇게 거리낌 없이 말이죠. 칼 슈미트의 너무도 거리낌 없는 태도에 대해서는 할 말이 정말 많습니다.

그러니까, 저는 모든 걸 알게 되었습니다. 거의 모든 것을요. 그가 직접 자료와 문서들을 보여 주었으니까요. 정말이지 피가 거꾸로 솟더군요. 그런데도 그는 여전히 자기 입장을 옹호했고요. 저로서는 정말이지 어떻게 그런 생각을 할 수 있을까 싶을 따름이었죠. 어쨌거나, 저 슈미트, 그러니까 제가 만난 슈미트는 『정치신학 2』를 쓰고 난 뒤의 슈미트, 다시 말해 『정치신학 1』 이후로 50년을 더 산 슈미트, 페터존[6]으로부터 공격을 받은 뒤의 슈미트였습니다. 슈미트는 노년의 마지막 대작^{大作}으로 페터존-비판을 쓰기로 했던 겁니다. 그렇습니다, 이 비판은 정말 엄청난 영향력을 미쳤죠. 슈미트와 제가 나눈 대화에는 제의^{Kult}에 대한 내용은 전혀 없었습니다. 일종의 거리감 같은 게 있었던 탓이죠. 그는 제게, 완전히 자발적으로, 그러니까 전혀 강요하거나 가르치려는 태도 없이 「로마서」 9~11장의 배경에 대해서 설명하도록 해주었습니다. 제 얘기를 듣고 나더니 이렇게 말하더군요. "죽기 전에 이 얘기를 적어도 몇몇 사람들에겐 해주도록 해요." 이건 오늘날까지도 제게, 눈앞에 두고 보기에, 정말로 엄청난 문장입니다.

자유주의는 슈미트의 손에 죽임당한 게 아닙니다. 의회주의에 대한 비판은 슈미트 못지않게 좌파 진영에서도 행해졌습니다. 급진 좌파 진영이었지요. 슈미트는 반-볼셰비스트^{Anti-Bolschewist}였습니다. 슈미트의 저작을 제대로 이해해 본다면, 그는 무슨 일이 일어나고 있는지를 분명히 알았던 유일한 사람이라 할 수 있습니다. 즉 세계내전이 일어나고 있다는 걸 안 거지요. [놀라운 것은] 심지어 제1차 세계대전이 일어난 뒤에 곧바로 그렇게 생각했다는 겁니다. 슈미트는 레닌주의자가 될 수도 있었을 겁니다. 그렇지만 그에게는 반-레닌주의자로서 홀로 우뚝 서서 활동할 만한 동기가 있었지요. 히틀러가 만든 꿀꿀이죽에 모든 것이 다 빨려 들어갔다는 것, 이 사실이 가장 끔찍한 결과이긴 했지만, 이게 전부는 아니었습니다. 그것은 곧 바이마르 공화국의 역사를 끝장냈다는 뜻이기도 했지요. 이것은 종결의 성격을 갖는 것이었습니다. 이것 역시 하나의 가능성이긴 했지만, 그러나 최악의 가능성이었죠. 그렇지만 제가 여기에 온 것은 독

---

6) 에릭 페터존(Erik Peterson, 1890~1960). 독일의 로마-가톨릭 신학자. 본래 개신교 신학자였으나 1930년 가톨릭으로 개종했다. 『정치적 문제로서의 유일신교』(*Der Monotheismus als politisches Problem*, 1935)라는 저서를 통해 칼 슈미트를 공격한 것으로 유명하다. ―옮긴이

일 역사를 가르치거나 혹은 옹호하기 위해서가 아니지요. 하지만 독일 역사——루터에서 시작되었건, 비스마르크에서 시작되었건, 혹은 칼 대제에서 시작되었건, 아니면 슈미트에서 시작되었건 간에요——라는 것은 어쨌든 히틀러로 흘러들어 가게 되어 있었다고 말하는 것, 이런 얘기는 저는 믿지 않습니다. 이런 식의 계보는 싸구려 짓거리에 불과합니다. 누구라도 쉽게 그려 낼 수 있는 거죠.

만약 이 일[히틀러와 나치즘]이 프랑스에서 일어났다면, 모라^{Charles Maurras}에서 고비노^{Joseph Arthur Comte de Gobineau}까지 계보를 그려 보일 수 있겠지요. 이건 전혀 힘들여 할 만한 일이 아닙니다. 계보를 그리는 건 전혀 쓸 데없는 짓입니다. 도서관에서 시간을 죽이는 짓일 뿐이죠. "여러 가지 열린 가능성들이 있었지만 묻히고 말았다"라고 말하는 식으로는 안 됩니다.

우리는 여기서 슈미트의 성격에 대해서 말하고 있는 게 아닙니다. 저는 누군가를, 그러니까 교회와 평화로운 관계를 맺고 교회 안에서 림부르크^{Limburg} 주교의 장례 미사 집전에 따라 묻힌 한 사람을 판단할 만한 깜냥이 안 됩니다. 그러니까, 제가 뭐가 됐다고 판단을 하겠냐는 말이죠. 그렇지만 제가 여러분에게 말씀드릴 수 있는 것은, 만약 우리가 정치적인 것에 관해 말한다면, 슈미트가 이미 1932년에 나치에 대해 경고했다는 사실을 이야기하지 않을 수 없다는 사실입니다.[7] 그는 공산주의자와 나치를 몰아내려고 했습니다. 그리고 공화국을 침식해 가려는 이 극단의 세력들이 사라질 때까지 헌법 48조에 의거한 4년 임기의 대통령 통치를 견지하고자 했습니다. 사라지지 않는다면 적어도 주변부로 밀어낼 때까지 말이죠. 충분히 예상하시겠지만, 만약 나치를 막아 내기 위해 민주주의와 헌법 48조

---

7) 칼 슈미트, 『합법성과 정당성』, 김효전 옮김, 교육과학사, 1993을 참조하라.——옮긴이

둘 중에서 선택을 해야 하는 상황이 온다면, 제 선택이 어떤 것이 될지에 대해서는 전혀 의심의 여지가 없습니다.

그리고 이제, 역시나 제가 도무지 이해할 수 없는 마지막 사실이 있는데요. 어쨌든 여러분에게 이야기해 드리겠습니다. 첫째, 신학자가 되고, 둘째, 철학자가 되고, 셋째, 법학자가 된다는 것. 이 세 가지 직업은——제가 삶에서 직접 겪은 일입니다만——서로 전혀 다른 방식으로 세계를 파악합니다. 법학자는 있는 그대로의 세계를 정당화해야 하죠. 이것은 법학 교육 전반에 걸쳐, 법학자가 하는 일 전반에 걸쳐 해당되는 얘깁니다.

슈미트는 [말하자면] 서기입니다. 그래서 그는 자기의 사명이 법을 정립하는 것이 아니라 법을 해석하는 것이라고 보았습니다. 슈미트의 관심은 딱 한 가지입니다. 즉 파당派黨이, 그러니까 카오스Chaos가 권력의 상층부로부터 생겨서는 안 된다는 것, 국가가 존속해야 한다는 것뿐이었죠. 이를 위해 그 어떤 대가를 치러야 하더라도 말입니다. 이런 생각은 신학자나 철학자들로서는 받아들이기가 매우 어렵지요. 그렇지만 법학자에게는 당연한 겁니다. 어떻든 법적인 형식이 고안될 수 있다면, 그게 아무리 궤변에 의해 만들어진 거라 해도, 그 일은 반드시 달성되어야 하는 겁니다. 그렇지 않으면 카오스가 지배하게 되니까요. 이게 바로 슈미트가 카테콘Kat-echon이라고 부른 것입니다. 아래에서 생겨나서 치고 올라오는 카오스를 내리누르는 억제자Aufhalter를 뜻하죠. 이런 생각은 저의 세계관도 아니고 또 저의 경험도 아닙니다. 저는 오로지 묵시가Apokalyptiker의 관점에서 생각할 수 있을 뿐입니다. "세계는 몰락해야 한다[할 수밖에 없다]"고 보는 것이죠. 저는 있는 그대로의 세계에 전혀 정신적인 관심을 쏟지 않습니다.[8] 그렇지만 저는 다른 누군가는 이 세계에 관심을 쏟을 수 있다는 사실, 그리고 어떤 형태가 됐든 묵시록[종말론]에 대해서 적개심을 품고서 이런 생각을 때려 부수고 억누르기 위해 무슨 일이든 할 수도 있다는 사실을 이해합니다. 왜냐하면 그런 생각이 퍼지게 되면 우리가 통제할 수 없는 힘들이 분출되기 때문이지요. 짐작하시겠지만, 제가 슈미트로부터, 아니 슈미트에게 보여 주고 싶었던 사실은 세속의weltlich 권력과 영혼[정신]의geistlich 권력 사이에는 **절대적으로 분리가 필요하다**는 것이었습니다. 만약 이 경계선이 그어지지 못한다면 서구 세계의 숨통은 끊어지고 말 거라는 사실 말입니다. 저는 슈미트의 전체주의적 개념에 맞서서 바로 이와 같은 생각을 유념시키고 싶었던 겁니다.

저는 이 문제에 대해서 정말로 오랫동안 고민해 왔습니다. 그리고 저는 공통점 ——이것 참, 여러분은 이 단어를 문자 그대로 받아들이지 않으시겠지만, 어쨌든 저로서는 매우 진지하게 생각한 표현입니다 ——을, 슈미트와 하이데거와 히틀러 사이의 공통점을 찾아냈습니다. 혹시 이게 뭔지 짐작할 수 있으시겠습니까? 만약 할 수 있으시다면 수수께끼 문제로 남겨 두고요. 아주 뿌리 깊은 공통점이 존재합니다. 인간으로서의 히틀러와 인간으로서의 하이데거, 그리고 인간으로서의 슈미트 사이에 존재하는 공통점은 무엇일까요? 여러분에게 **만약에**Wenn나 **그러나**Aber를 싹 빼고 깔끔하게 제가 생각한 게 뭔지 말씀드리겠습니다. 이 점에 있어서 제 생각은 매우 구체적인 겁니다. 저의 첫번째 테제는 이렇습니다. 빌헬름 황제 시대와 바이마르 공화국 시기 독일 문화는 프로테스탄트적인 것에다 아주 약간의 유대교적 색채를 가미한 것이었습니다. 이것은 **날것의 사실**factum brutum입니다. 대학들은 프로테스탄트적이었지요. 물론, 가톨릭 보호 구역

이 있긴 했지요. 뮌헨 어딘가에 일종의 반-대학^{Gegenuniversität}이 있었습니다. 그리고 제가 아는 한에서 본^{Bonn}을 비롯해 몇 군데 더 있었습니다. 그렇지만 이런 대학들은 전혀 고려 대상이 아닙니다. 심지어 주석에도 실리지 않지요. **가톨릭 따위는 읽을 만한 게 아니지요**^{Catholica non sunt legenda}.

두번째 테제입니다. 이 세 사람은 모두 변절한 가톨릭 신자라는 겁니다. 이건 사소한 문제가 아닙니다. [적어도] 두 명의 지식인에 대해 이야기하기 위해서는 말입니다. 이들에게는 독일 대학이라는 사교장^{Parkett}에서 견고한 입지가 없었습니다. 그래서 이들은 앞선 세대의 유물을 파괴하고 절멸시키려는 제스처를 통해 자리를 차지했던 것이지요. 이 유물이란 프로테스탄트적-유대교적 자유주의의 합의를 가리킵니다. 그리고 이 합의를 대표하는 게 바로 저 우아한 향수 냄새를 풍기는 에른스트 카시러^{Ernst Cassirer}라는 이름이지요. 그러니까 이 세 사람은 원한 감정에 끌려다닌 인간들인 겁니다. 원한 감정, 이게 첫번째 요소입니다. 그렇지만 이들은 원한 감정 덕분에 얻은 천재성으로 [철학과 법학과 역사 등의] 원전들을 새로운 방식으로 읽을 수 있었던 사람들이었기도 하지요. 하이데거, 예수회 소속 예비 사제였던 하이데거가 그랬습니다. 칼뱅을 새롭게 읽고, 루터를, 키르케고르를 새롭게 읽었습니다. 우리에게 ―여기서 우리란 여러분과 저를 말합니다―이런 새로운 독해는 일종의 교양 교재였지요. 말하자면 우리는 이런 교재들을 읽고 들으면서 자란 겁니다. 칼 바르트의 『로마서 강해』 때문에 다소 언짢아한 사람들이 있긴 했지만, 원칙적으로 이 책 역시 문화 프로테스탄티즘의 교양 목록에 속합니다. 이 책에는 뭔가 전율하게 만드는 게 있었던 것이지요. 이건 그러니까 더 이상 늙은 트뢸취 ―1920년대의 관점에서 보자면 말입니다―처럼 지루한 자유주의적 종합이 아니었던 거죠. 바르트의 이 책은 뭔가 일을 터뜨렸던 겁니다!

그렇지만 이것 역시 흡수됐습니다. 티타임을 가지면서 얘기할 수 있는 주제가 된 거죠. 왜냐하면 그 모든 것이 예전 것들 속으로 침전되어 들어갔기 때문입니다. 그러나 그에게 ──하이데거 말입니다──는 이 모든 것들이 새롭게 보였습니다. 그래서 그는 완전히 다른 눈으로, 다시 말해 아리스토텔레스의 눈으로 그것들을 읽었지요. 이 덕분에 진짜 환상적인 것들을 만들어 낼 수 있었던 겁니다. 그게 맞았건 틀렸건 말이죠. 아무튼 그는 다른 방식으로 읽었습니다. 그러니 이 문화 프로테스탄트적인, 그리고 약간은 유대교적인, 그러나 근본적으로는 아무것도 믿지 않던 인텔리겐치아, 상류층Schickeria, 철학 교수들의 입이 쩍 하고 벌어졌던 거지요.

　　여러분에게 또 이런 얘기 정도는 들려드릴 수 있겠군요. 그 유대인, 에마뉘엘 레비나스Emmanuel Lévinas라고, 미디어에서 현자weiser Mann니 뭐니 하고 시끄럽게 떠들어 대는 사람 있잖습니까? 이 사람이 저한테 해준 이야기인데요. 그는 카시러와 하이데거가 만났던 다보스Davos에 하이데거와 동행했던 제자 그룹에 속해 있었다고 합니다. 그렇죠, 이건 말하자면 중세적인 상황이었습니다. 물론 그는 현상학 등의 원산지였던 프라이부르크에서 왔죠. 그리고 학생들은 그 위대한 논쟁이 끝난 뒤 저녁 행사를 기획했다고 하더군요. 그건 그렇고 하이데거는 논쟁이 끝나고 나서 카시러의 악수를 거절했답니다. 이 행사는 학생들이 담당한 파티였죠. 그런데 이 에마뉘엘 레비나스 씨, 아주 두껍고 새까만 머리카락을 가진 학생이 카시러 역할을 하면서 등장했다는 겁니다. 물론 머리에는 하얗게 파우더를 뿌리고서 말입니다. 이 당시 레비나스의 독일어 실력은 정말 형편없었습니다. 그런데도 무대로 올라가서는 딱 두 단어만 계속해서 반복했답니다. "훔볼트-문화." 그러고는 괴성을 내질렀다고 합니다("'문화'라는 말을 들으면, 내 머리를 확 쏴 버리고 싶어"). 상당히 괴링Hermann Göring적인 얘기였죠. 이게 에마뉘엘 레비나스였습니다. 이게 1931년경의 분위기입니다. 이런 모습이었던 거죠.

슈미트를 봐도 똑같습니다. 유대인이 아니라 합법적인 가톨릭 반유대주의자였다는 점만 달랐죠. ——그는 가톨릭 민중들의 반유대주의에 대해서 저한테 강의를 해주기도 했습니다. 당시 저희 두 사람은 2차 바티칸 공의회 결과에 대해서 거의 아무것도 몰랐습니다. 이게 어떤 정신적 변화를 불러오게 될지에 대해서 말이죠. 그렇습니다, 역시나 그는 무시받던 소수 가톨릭 신자로 [신분 상승을 위해] 무진 애쓰던 사람이었죠. 그는 라트브루흐Gustav Radbruch, 여기 하이델베르크에 앉아서 법철학을 가르치던 품위 있는 라트브루흐가 아니었습니다. 그렇다고 신칸트학파Neo-Kantianer였던 것도 아니었죠. 그는 '숨마'Summa라는 가톨릭 서클 출신이었습니다. 『정치신학』 1장만 읽어 보시면 압니다. 첫 부분 문장들이 정말 간결하죠. "주권자란 예외상태를 결정하는 자이다."[9] 그렇지만 정말 이 말대로인 겁니다! 그리고 키르케고르 인용이 나옵니다. 정말 당황스럽죠. 자유주의는 이렇게 말했었습니다. "국법은 여기[예외상태]에서 끝난다." 하지만 거기서 비로소 문제가 시작되는 겁니다! 세계내전이지요. 안슈츠 ——확실히 중요한 법학자죠——가 말했고 또 켈젠이 1925년에 『일반국가법』*Allgemeinen Staatslehre*에서 이렇게 썼습니다. "법이 없을 수는 없다. 최악의 독재라도 역시 법이다"(영어판에는 이 놀라운 문장이 빠져 있습니다). 여기[『정치신학』]에 진짜 중요한 물음들을 던진 남자가 있었던 겁니다. 하이데거처럼요. 이게 매력이었죠.

그렇지만 지금 저는 사실 그냥 생각만 해보았을 뿐 실제로는 아무 지

---

9) 칼 슈미트, 『정치신학』, 김항 옮김, 그린비, 2010, 16쪽. ——옮긴이

식도 없는 분야에 들어온 셈입니다. 물론 저로서는 [이 분야에서] 전문가를 자처하는 이들이 정말 무식한 사람들이라고 생각하지만 말입니다. 이건 다른 문제입니다. 이 분야에 대한 책들은 거의 전부 참고 읽어 줄 수가 없는 것들뿐입니다. 실제 권력이나 위기에 대해서는 눈곱만큼도 모르는 거죠. 이 책들에는 뻔한 '민주주의의 A-B-C' 어쩌고 하는 설명밖에 없습니다. 그러니까 취임 공개 강연을 준비하는 모든 정치학 강사들은 당연히 칼 슈미트의 엉덩이를 한 번씩 걷어차면서 시작해야 합니다. "친구-적의 구분이라는 범주는 올바른 범주가 아니다"라고 말해야 한다는 뜻이지요. 이 문제를 꼭꼭 눌러놓기 위해서 [정치학이라는] 학문이 창설된 겁니다. 이 문제를 가만히 숙고해 보면, 이건 그냥 우스꽝스러운 일에 지나지 않는다는 걸 알 수 있습니다. 슈미트가 엉뚱하게 만들어 놓은 문제틀에 견주어 보면 말이죠. 그렇지만 슈미트의 문제틀도 어쨌든 문제틀이긴 하죠.

이상입니다Dixi. 이 강연으로 제 영혼을 구원하지는 못하겠지만, 어쨌든 제 삶의 경험과 생각들이 어떻게 흘러왔는가 하는 점에 대해서는 이야기해 드릴 수는 있었군요.

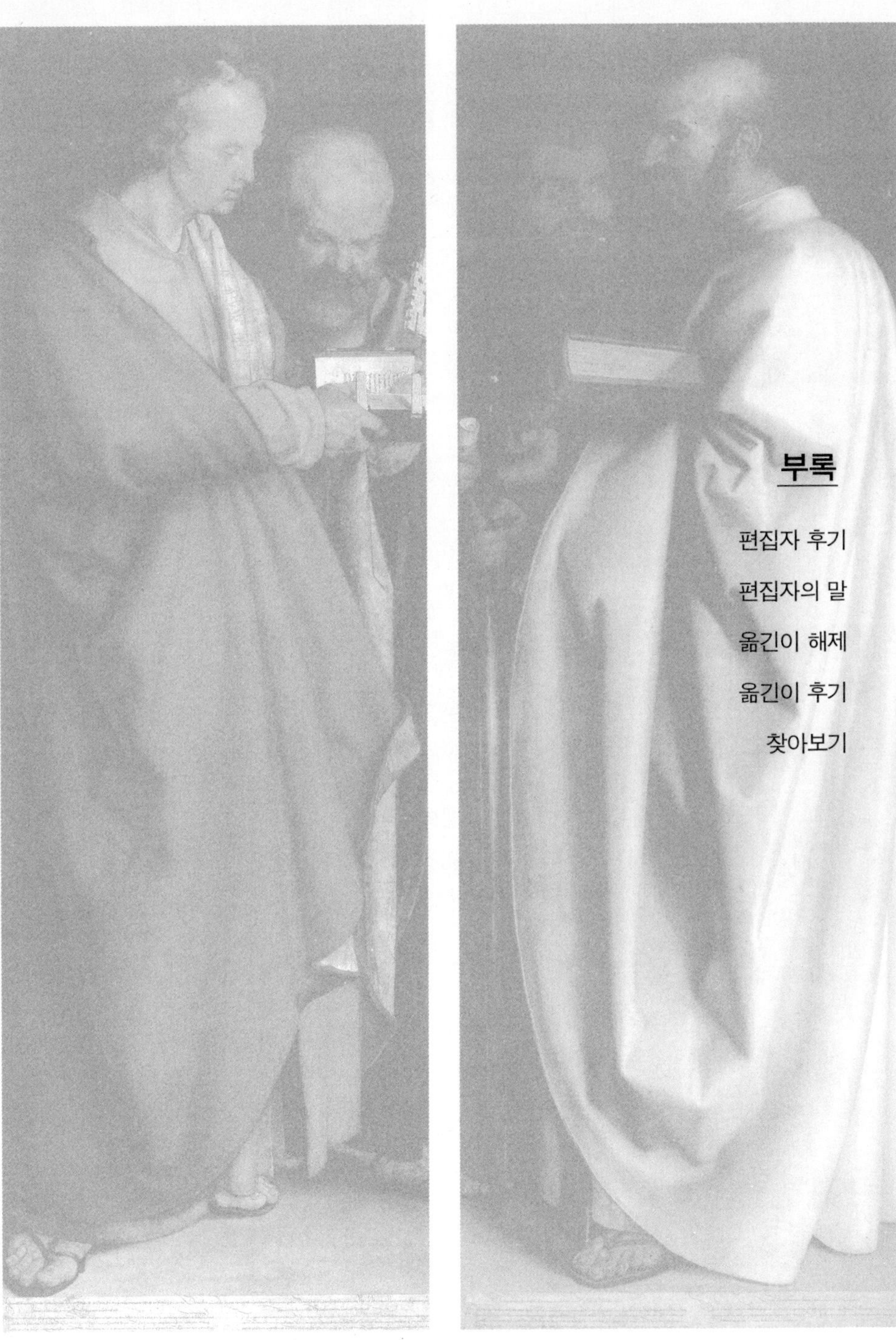

부록

편집자 후기

알라이다 아스만
얀 아스만
볼프-다니엘 하르트비히

1. 들어가며

1987년 2월, 죽음을 맞기 불과 몇 주 전 야콥 타우베스는 소규모의 청중 앞에서 4번에 걸쳐 바울에 관한 강연을 하였다. 그는 이 강연을 자신의 정신적 유언으로 삼았다. 이를 통해 그는 그리스도교 성서학의 영역인 바울 연구의 장場에 급진적 아웃사이더로서 등장하였다. 결을 거스르는 방식으로 「로마서」를 독해함으로써 그는 기존에 전해 내려오던 주제들을 완전히 새로운 맥락으로 옮겨 놓았고 그리하여 그동안 그리스도교인 바울에게서 말소되어 있던 유대교적 전통을 이끌어 내었다. 타우베스는 유대인 바울에 대한 자신의 독해 작업을 과학에 근거한 역사적 재구성의 일환이라고 생각하지 않았다. 오히려 그에게 중요했던 것은, 유대교와 그리스도교가 만나는 이 바울이라는 교차점에서 그동안 제도적 경직화로 인해 묻혀 있었고 또 역사적 발전 과정 속에서 완전히 억압되었던 믿음의 형식과 삶의 형식들에 대한 전망을 여는 것이었다. 두 가지 이유 때문에 이 강연문은 단편Fragment으로 이해되어야 한다. 첫째, 강연이란 본디 구두로 이루어지는 것이어서 실제로 말해지지 않은 많은 것들이 편집 과정에서 추가되고 다듬어져야 했기 때문이다. 즉 강연에 참석한 청중들에게는 굳이 말해 주지 않아도 되었거나 아니면 타우베스 자신이 너무도 자명하다고 생각해서 그냥 건너뛴 전제^{Voraussetzungen}나 함축적인 이야기들^{Implikationen}이 많이 있었다는 말이다. 둘째, 다양한 지점에서 토론이 촉발되었고 또 때로는 이야기가 애초의 취지로부터 너무 멀리 벗어나 본래 맥락으로 돌아가지 못했던 경우들이 드물지 않았기 때문이다. 그래서 아래에서 제시될 후기는 강연에 대한 몇 가지 정보들을 추가로 제공하고 [텍스트에는 드러나지 않는] 논의의 맥락들을 재구성하며 [다양하게 촉발되었던] 논쟁의 계열들을 제대로 정리해 보려는 시론으로서 쓴 것이다.

전통적으로 바울 신학과 결부된 주요 개념^{Leitbegriff}들로는 믿음, [율]법, 정당화[의로운 사람으로 인정받음],[1] 그리고 복음을 들 수 있다. 타우베스는 이처럼 [그리스도교의 맥락에서] 잘 알려진 주제들을 매우 단호한 태도로 유대교의 배경으로 옮겨서 논의한다. 그가 이 개념들을 이해하는 방식은 한편으로는 '현상학적'인데, 이는 달리 말하면 그것들을 유대교적 경험의 빛에 비추어 이해한다는 뜻이다. 다른 한편으로 그는 이 개념들을 역사적인 방식으로도 이해하는데, 이것은 바울이 처한 역사적 상황으로부터 그것들을 이해한다는 뜻이다. 믿음^{Glaube}이라는 주제는 사바티아니즘^{Sabbatianismus}의 예시적인 사례로서 이야기된다. 이로써 이 단어는 프로테스탄티즘적인 울림^{Klang}을 잃게 된다. 다시 말해 믿음은 이제 개별적이고 비역사적인 신과의 관계라는 뜻을 잃어버리고 역사의 파국적인 단계에서 겪게 되는 역설적인 구원의 경험이 되는 것이다. [율]법^{Gesetz}이라는 주제는

____

1) 신학 저서들에서 보통 '칭의' 내지는 '인의'로 지칭되는 개념이다.—옮긴이

그리스도교 주석가들이 하는 것과는 달리 축자주의와 자기정당화의 패러 다임으로서의 유대법과 연결되지 않는다. 오히려 그것은 헬레니즘 세계 의 지배자 신학^{Herrschertheologie}에 대한 바울의 법 비판이 취하는 공격의 방 향을 가리킨다. **정당화**^{Rechtfertigung}라는 주제는 [종래에는] 바울에게만 특수 한 문제로 인식되어 왔으며 대개는 교리 혹은 실존주의의 지평에서 다루 어져 왔다. 이에 반해 타우베스는 ——이 점이 아마도 이 강연에서 가장 혁 신적인 부분일 터인데 ——이 주제를 욤-키푸르-전례^{Jom-Kippur-Liturgie}, 그러 니까 가장 유대교적인 축제일이라는 프레임 안에 놓고 보려 한다. [유대인 들의 관점에 따르면] 이 축제일 덕분에 하느님의 저주와 이 저주의 철회가 전례를 통해 지탱된다. 마지막으로 **복음**^{Evangelium}이라는 주제는 프로테스 탄티즘의 구원 선포의 핵심을 이루는 것으로, 이것은 가톨릭 및 유대교의 '공로'(루터) 위주의 신학에 반대되는 은총의 신학^{Theologie der Gnade}을 가리 켜 왔다. 이에 반해 타우베스가 이 개념에서 찾아낸 것은 바울 신학의 실 마리를 이루는 정치적 논박^{Polemik}, 즉 바울의 정치신학이다. ——이와 같은 관점의 전복^{Umperspektivierung}을 통해 [기존과는] 다른 바울, 유대인 바울의 면모가 분명히 드러난다. 이로써 이 강연은 「로마서」에서 비롯되어 "공로 보다는 믿음을"^{Glaube statt Werke}이라는 기치 아래 얽매여 있던 그리스도교 영 향사에 대한 유대교적 해체 작업이 된다.

이 해체 작업의 폭발력은 특히 바울에 대한 유대교의 독해와 그리스 도교의 독해가 서로를 얽어맸던 곤경에서 이 양자를 구출해 냈다는 점에 있다. 타우베스는 이 강연에서 유대교와 그리스도교라는 양극의 대립으 로 인해 경직화된 사유의 형식을 폭파시켜 버린다. 지배적 여론에 반기를 들면서 그는 그리스도교가 [율]법으로부터 해방된 영적인 종교성^{Religiosität} 을 독점한 게 아니며, 마찬가지로 유대교 역시 전례에 기반한 종교성만으로 이루어진 것이 아님을 보여 주고 있다. 이 두 종교에는 모종의 변증법이 내재해 있다는 것이다. 이 변증법은 두 개의 극 사이에서, 즉 "전례를 통한 화해"라는 극과 "해방을 통한 구원"이라는 극 사이에서 전개된다. 바울에 대한 독해 작업을 통해 타우베스는 [이 두 극이 이루고 있는] 연관성에서 지금까지 무시되어 왔던 측면, 즉 유대 전통 안에 있던 해방적인 측면에 집중한다. 그리스도교가 슬쩍 감춰 버렸던 바울, 그리하여 역사 속에서 유대교에 가장 위험한 무기가 되어 버린 바울, 타우베스에게는 이 바울이 지금까지 탐구되지 않은 채 버려져 있던 광활한 지대를 횡단하는 데 있어 길잡이와 같은 인물이 된다. 바울의 급진적인 [율]법 비판은 유대교에 대한 그리스도교의 논박이 아니라 유대교의 해방적 잠재력으로 기입되며, 이를 통해 [율]법으로부터의 해방을 도모하는 유대교의 다른 정식들과 함께 하나의 계열을 이루게 된다. 타우베스의 바울 독해에 있어서 중요한 것은 단순히 [집을 떠났던] 이단자[배교자]를 다시 돌아오게 만드는 것이었을 뿐 아니라 그것을 넘어서 매우 복잡하게 얽힌 유대교[의 구조]를 더욱 완벽하게 (자기-)이해하는 것이었다.

2. 독해: 새로운 결-연의 형성 및 정당화

1986년 여름 베를린 대학에서 야콥 타우베스는 [은퇴 전] 마지막 강의를 했다. 그는 강의 제목을 "바울의 정치신학에 대하여: 폴리스에서 에클레시아로(상급반 학생만 수강할 것)"라고 지었고, 첨부된 강의 계획서에는 다음과 같이 적어 놓았다. "사도 바울의 「로마서」는 그리스도교 시대의 결정적인 단계들, 즉 아우구스티누스, 루터, 칼 바르트의 시기들에 있어서 교회와 그리스도교의 자기이해를 각인시켜 왔다. 그러나 [「로마서」에 대한]

주석에 있어서 위의 세 단계는 공히 주로 '실존주의적' 요소에만 치우쳐 왔다. 바울의 성찰에 부가되어 있는 '정치적' 하중을 찾아내는 시도를 해볼 필요가 있다. 나는 「로마서」를 당시 막 생성되고 있던 에클레시아^{Ecclesia}라는 새로운 사회적 연합[약속]$^{(Ver-)Bundes}$을 정당화하고 형성시키는 시도로 읽으려 하는데, 그런 에클레시아란 한편으로는 로마 제국에 반대하는 것이었으며 다른 한편으로는 유대 백성의 민족적 통일성에 반대하는 것이었다." 타우베스는 불트만$^{Rudolf\ Bultmann}$ 등이 제시한 실존주의적–존재론적 「로마서」 해석에 급진적인 정치적–역사적 독해를 맞세운다. 그에게 중심적인 테마는 신과 인간, 인간과 세계 사이의 관계를 새롭게 규정하는 게 아니라, 인간^{Mensch}과 동료 인간^{Mitmensch} 사이의 관계를 새롭게 규정하는 것이었다. 이와 관련해 바울 당시 [로마] 세계에는 단 두 가지 모델밖에 없었다. 인종 공동체와 로마 제국 질서가 그것이다. 바울의 천재적인 업적은 이 두 모델에 나란히 서는 혹은 정면으로 맞서는 제3의 사회 구성[사회화] 모델을 추가했다는 점에서 찾을 수 있다. 따라서 이 제3의 형식을 기획하는 「로마서」는 두 공격 방향을 가진다. 즉 로마에 맞서 이 세계를 다스리실 메시아를 요청함으로써 로마가 가진 세계제국으로서의 힘을 약화시키는 한편, 노모스[법]와 에트노스[혈연]에 기반한 이스라엘[민족]의 자기규정에 내재한 한계를 상대화함으로써 동시에 예루살렘에도 맞섰던 것이다.

「로마서」의 수신자

두 가지 공격 방향은 이 편지의 '처음과 끝'^{Encadrierung}에, 즉 인사말과 헌금^{Kollekte}에 관한 마지막 맺음말에 고스란히 표현되어 있다. 타우베스는 이것을 바울이 스스로를 정당화하고 자신의 입장을 논쟁적으로 부각시키고자 채택한 문학적 전략으로 이해했다. 인사말이라는 문학적 장르는 고대 서신 교환에 쓰였던 것으로, 이것을 통해 저자는 수신자에게 자신의 입장을 밝히고 자신의 동기를 설명할 수 있었다. 바울은 사도가 되도록 '소명'[부르심]^{kletos}을 받았다고 말함으로써 스스로를 정당화하였다. 타우베스는 이 말 속에는 예레미야가 "백성의 예언자"로 부르심을 받았던 이야기가 암시되어 있다고 보았다. 「갈라디아서」 1장 15절에는 바울이 스스로를 제2의 예레미야로 지칭하는 자전적인 언급이 뚜렷하게 제시된다. 여기서 타우베스는 개종^{Bekehrung}과 소명^{Berufung}을 구별하고 있다. 바울의 개종이 그리스도교 개종의 모델로 제시된다면, 반면에 소명은 바울을 유대 예언자들의 계보 안에 위치시킨다는 말이다. 개종의 맥락에서 [율]법으로부터의 자유로 이해되던 믿음이 소명의 맥락으로 와서는 하느님에 대한 순종과 정치적 굴종의 행위로 규정되는 것이다. 제2의 예레미야로서 바울은 이방인을 향한 자신의 선교를 유대교적 구원사 안에 편입시킬 수 있었다. 바울은 민족들을 메시아에게로 되돌아오게 하고 마지막 때에 이스라엘을 부활시켜야 한다는 과제가 이 예언자에게서 예고되어 있다고 생각했다.[2]

「갈라디아서」의 인사말은, 믿는 자들을 이 세계의 죄의 속박으로부터 구원해 낸 예수의 죽음에 대해 언급함으로써 다소간 이 세계를 저주하는 듯한 어조로 이야기할 뿐이었는데, 이에 반해 「로마서」의 인사말은, 그리스도께서 이 세계의 지배권을 가지신다고 선포함으로써 [본격적인] 정치적 그리스도론^{Christologie}을 펼치고 있다. 육신의 질서로 따졌을 때 이미 다윗의 자손이므로 왕이 되실 자격을 지니셨던 그리스도께서는 부활의 기적을 통해서 하느님의 아들로, 하느님의 은총에 힘입어 [이 세계의] 지배자가

---

2) Johannes Munck, *Paulus und die Heilsgeschichte*, Kopenhagen: Ejnar Munksgaard, 1954; Munck, *Christus und Israel*, Aarhus-Kopenhagen: Ejnar Munksgaard, 1956을 참조하라.

되신다는 사실을 입증하셨다. 다윗의 후손 중에 메시아가 나올 것이라는 희망은 예수의 시대에는 정치적으로 가장 첨예한 문제였다. 즉 헤롯왕의 섭정을 비롯해서 로마에 기생하던 수많은 속주 총독들^{Vasallenfürsten} ——많은 사람들이 이들의 정당성을 인정하지 않았다 ——의 권력을 가장 위협하는 문제였던 것이다.[3] 로마에 있던 편지의 수신자들과 함께 바울은 이 정치적 메시아주의, 즉 고대 세계에서 로마에 정신적으로 저항했던 국제적 반란 운동에 일익을 담당했다.[4]

이 맥락에서 타우베스가 참조하는 브루노 바우어는 『신약성서』에 담겨 있는 정치적 함의를 추출해 낸 업적을 세운 사람이다. 바우어의 책 『그리스도와 카이사르』[5]에서 타우베스가 흥미를 갖는 지점은 니체나 맑스 혹은 엥겔스에게 영향을 미친 심성사적 관점^{bewußtseinsgeschichtliche Perspektive}이 아니다. 바우어가 보기에 그리스도 이전의 고대 사람들은 자유로운 개인이 아니라 자연적이고 민족적인 삶의 일부분에 지나지 않았다. 바우어가 보기에 실재에 대한 보편적인 원리인 철학을 통해 발견된 자아^{Ich}는 "예수라는 자유로운 정신"^{freie Geist Jesus} 안에서 절정에 이르렀다. "소외"^{Entfremdung}를 극복하고 자신의 의식 안에서 하느님과 인간을 하나로 통일시켰던 인물 예수에게서 말이다. 이에 반해 타우베스는 이러한 의식 혁명이 지녔던 세계사적 관점에 더 큰 흥미를 가졌다. 그도 바우어처럼 그리스도와 카이사르를 나란히 놓고 보긴 했으나, 이것은 혈연이라는 소외된 규정으로부

---

3) Hans. G. Kippenberg, "Das Gentilcharisma der Davididen in der jüdischen, früh-christlichen und gnostischen Religionsgeschichte Palästinas", Jacob Taubes(Hrsg.), *Theokratie*, München: Ferdinand Schöningh/Wilhelm Fink, 1987, SS. 127~148.
4) Harald Fuchs, *Der geistige Widerstand gegen Rom in der Antiken Welt*, Berlin: de Gruyter, 1938.
5) Bruno Bauer, *Christus und die Caesaren*(1877), Hildesheim: G. Olms, 1968.

터 자유로웠던 예수의 의식 혁명과 다양한 민족주의들을 하나의 보편 국가 안에서 지양했던aufhebt 로마 제국의 이념을 나란히 놓은 것이었다. 타우베스에게 중요했던 정치화된 예수는 물론 바우어에게는 부정적인 특징에 지나지 않았다. 바우어에게는 [로마 제국의] 카이사르 숭배 이데올로기 못지않게 복음의 교리 역시 새로운 소외로 후퇴하는 걸음을 의미했던 것이다. 세계구원Weltheiland, 세계심판, 로마 황제, 그리고 그리스도 메시아, 이 모든 것은 바우어에게 스토아 현자들과 예수에게서 나타났던 자유로운 정신의 정치적인 퇴보를 의미하는 것이었다.

세계선교의 정당화: 참이스라엘과 헌금

타우베스는 [당시] 세계정치상의 전선이 어떠했던가를 이야기한 후 「로마서」의 교회정치적 정당화 전략에 대해 다루고 있다. 이 전략은 서기 48년 예루살렘에서 열린 이른바 사도 공의회Apostelkonzil를 통해 결정되었는데, 이에 대해 바울은 「갈라디아서」 2장에서 언급한다. 유대 그리스도교 그룹 급진파의 대표였던 보수주의자들이 "이방인 그리스도교인들 역시 토라의 규율에 따라 삶을 영위해야 한다"고 주장하자, [이에 맞서] 진보 그룹의 대표였던 바울과 바르나바스Barnabas는 그들의 선교 신학을 정당화한다. 바울의 생각에 따르면, 이방인들은 [토라의 규율을 따름으로써가 아니라] 하느님의 메시아적 정신[가이스트]을 통해 거룩해지는 것이었고, 유대인과 이방인이라는 세계정치상의 분리를 폐기하는 것이었다. 초대 공동체Urgemeinde의 지도자들이었던 야곱Jakobus, 케파Kephas, 그리고 요한Johannes은 온건한 입장을 취하면서 이방인 선교라는 바울의 활동Praxis을 인정해 주었다. 공의회Konvent는 세계선교를 위해서 담당 구역을 나누기로 결정했다. 바울은 이방인들에게 할례 없는 복음을 전하고, 베드로는 유대인들에게 할례의 복음을 전하기로 한 것이다. 이때부터 교회의 통일에 균열이 생기기 시작했는데, 왜냐하면 유대인 그리스도교인들의 눈에는 이방인 그리스도교인들이 의례를 지키지 않는 불순한 자들로 여겨졌기 때문이다. 이 타협안에 만족하지 못했던 보수주의 집단은 더 나아가 바울의 공동체에 대해서까지도 이의를 제기했다.[6] 바울은 논쟁 상대 베드로로 하여금 "안티오키아의 공동체 성원들은 유대인이든 이방인이든 가리지 않고 한 식탁에 앉아 함께 식사를 해도 된다"는 점을 확실히 수긍하게 만들었다. 그러나 후에 야곱의 사절이 [이방인과 유대인의] 구별은 지켜져야 한다고 주장하자, 베드로 그리고 심지어 바르나바스까지도 마음을 바꾸게 된다. 유대인 그리스도교인들의 삶의 방식은 바뀌어서는 안 된다는 것이었다. 왜냐하면 이들에게는 그것[유대인과 이방인의 동일시] 때문에 유대교로부터 배척당할지도 모른다는 두려움이 있었기 때문이다. [이들은] 이방인 그리스도교인들에게 유대인의 방식대로 살아갈 것을 요구했다. 유대인 그리스도교인들 및 유대인들과 공동체를 이루고 싶은 개종자들이 으레 그렇게 하듯이 하라는 말이었던 셈이다(「갈라디아서」 2장 14절을 보라).[7] 이에 맞서 바울은 이스라엘이 성령으로 묶이는geistig 공동체라는 생각을 굽히지 않았다. 이 공동체에서 이방인은 오직 그리스도에 대한 믿음을 통해서만 지분을 얻을 수 있다는 것이었다.[8]

---

6) Hans D. Betz, *Der Galaterbrief, Hermeia Kommentar*, Philadelphia, 1979/München, 1988, SS. 160~164.

7) 「갈라디아서」 2장 14절의 내용은 다음과 같다. "나는 그들의 행동이 복음의 진리에 맞지 않는 것을 보고 모든 사람이 보는 앞에서 케파에게 이렇게 말하였습니다. '유대인이면서 유대인처럼 살지 않고 이방인처럼 사는 당신이 어떻게 이방인들에게 유대인처럼 살라고 강요할 수 있는 겁니까?'"—옮긴이

8) Krister Stendahl, *Paul among Jews and Gentile*, Philadelphia: Augsburg Fortress Publishers, 1976, pp. 1~7.

이 주제에 관해 논의하는 데 있어 타우베스는 크리스테르 스텐달과 디터 게오르기의 연구를 참조한다. 크리스테르 스텐달에 따르면, 「로마서」의 중심 주제는 이방인을 향한 바울의 선교 사명이 하느님이 이스라엘 민족에 대해 가지고 계신 구원 계획이라는 프레임 안에서 어떤 위상을 갖느냐 하는 것이다. 디터 게오르기는 바울이 "가난한 자들"Armen을 위한 헌금에 부여한 신학적 상징theologische Symbolik에 대해 언급하고 있다. 이 헌금은 사도 공의회에서 결정된 사항이었다. 『성서』 전통에 따르면 '가난한'이라는 표현은 의롭게 믿는 자들과 하느님을 경외하는 자들에게 부여되는 명칭Titel이었다. 이들은 곧 거룩한 남은 자들den heiligen Rest, 즉 '참이스라엘'verus Israel이었다. 하느님으로부터 배척당한 것이 아니라, 종말에 이르러 eschatologisch 구원받을 자들인 것이다. 이때 중요한 것은 시나이산에서 메시아의 도래를 기다리는 종교적 전위 부대religiöse Avantgarde였다. 초대 공동체는 이러한 전통에서 이해되어야 한다.[9] 자신의 사명Sendung을 정당화하기 위해 바울은 이 헌금Tribut을 가지고 시온의 종교적 전위 부대와 관계를 만들어 내려고 했다. 「로마서」 11장 26절에 따르면 그 역시 이곳에 메시아가 도래할 것이라는 기대를 가졌다고 한다. 이 헌금은 이방인 그리스도교 공동체와 예루살렘의 유대인 그리스도교 초대 공동체 사이에 가교를 놓으려는 시도였던 것이다.[10] 동시에 바울은 항상 자신이 가진 사도 직분의 독

---

9) 기 G. 스트룸사(Guy G. Stroumsa)는 "Vetus Israel: Les juifs dans la littérature hiérosolymitaine d'époque byzantine", *Savoir et Salut*, Paris: Le cerf, 1992, pp. 111~123에서 "옛 이스라엘"(vetus Israel)과 "참이스라엘"(verus Israel)을 구별하고 있다. 이스라엘 내부의 싸움으로 시작된 것이 나중에 가서는 교회라는 새로운 제의 연합을 통한 이스라엘의 파문(Ablösung)으로 재해석되기에 이른다. 이레네우스(Irenaeus) 이후로 이방인 그리스도교인들이 만든 거대한 교회가 참이스라엘로 불리게 되었던 것이다.

10) Dieter Georgi, *Die Geschichte der Kollekte des Paulus für Jerusalme*, S. 22 이하.

립성을 주장했는데, 「고린도후서」에 따르면 이 직분의 정당성은 예루살렘 [의 인정]에 달린 것이 아니라 사명을 완수함으로써 하느님께 인정받는 데 달려 있는 것이다. 공동체 자체가 이미 그것을 건립한 바울을 위한 추천서 인 셈이다(「고린도후서」 3장 1~5절). 헌금을 전달하는 일 역시 모종의 도발 적인 성격을 지니고 있었다. 유대인들이 기대했던 내용은 마지막 때에 세 계의 모든 민족이 시온으로 모여 와 참된 신 하느님께로 되돌아온다는 것 이었는데, 반면 바울이 하려 했던 일은 세계선교라는 자신의 사명이 압도 적인 성공을 거두었다는 사실을 예루살렘에서 증명해 보이려는 것이었 기 때문이다. 그러나 이 지점에서 유대인들은 다름 아닌 그리스도의 복음 에 전혀 마음을 열지 않았다. 그리고 바울로서는 이 완고함을 다만 하느님 의 섭리의 비밀로서 해석할 수밖에 없었다(「로마서」 11장 25절). 「사도행 전」이 보고하는 바에 따르면, 바울의 헌금은 받아들여져서 제의를 바치는 데 쓰였다고 한다. 그러니까 이 돈은, 타우베스의 해석에서처럼 바울이 두 려워한 것과는 달리, 예루살렘의 (유대 그리스도교) 공동체에게 불순한 것 으로 여겨지지 않았고, 이 덕분에 유대인 그리스도교도와 이방인 그리스 도교도인들은 다시 한번 교회 분열을 피할 수 있었던 것이다. 그럼에도 유 대인들은 [이 헌금이] 모욕이라는 사실을 잘 알고 있었고, 그래서 [율]법과 성전에 대한 모독을 범했다는 이유로 그의 목숨을 빼앗으려 했다.

노모스

타우베스가 보기에 「로마서」에 실린 정치적 함의 중 핵심은 바울의 [율]법 비판인데, 그는 두 가지 방향으로, 즉 이스라엘과 로마라는 두 방향으로 논쟁을 재구성해 냈다. 타우베스는 바울의 [율]법 비판이 가진 기능을 부 정적 정치신학으로 보았다. 이에 반해 복음서에서 전하는 예수에 관한 일화들^{Überlieferung}에서 제기된 [율]법의 효력에 대한 논의는 비정치적인 것이다. 복음서의 온건한 유대인 그리스도교인들은 백성을 위해 자기를 희생한 예수에게서 정의가 실현되는 장면을 보았다고 생각했고, 이 정의는 바리사이들의 정의보다 더 위대하며 따라서 [율]법을 충족[실현]시키는 것이라고 보았다. [율]법에 대한 바울의 급진주의 역시 바리사이들의 심성에 뿌리를 두고 있는 것인데, 그들의 심성이란 "[율]법을 위해서라면 순교까지 할 수도 있다"고 여기는 것이었다. 이미 니체가 지적했듯이, 사울[바울의 옛 이름]의 박해자로서의 면모 역시 이와 같은 뿌리에서 발원하는 것이다. [율]법에 대한 열심은 폭력을 불사해서라도 이방인과 이교도들의 위협에 맞서 제의를 순수하게 보존해야 한다는 견해로 이어졌다.[11] 열심당원들의 정치적 바리사이주의는 사탄의 지배를 대표하는 로마에 맞서 성전^{聖戰}을 선포했는데, [이들에 따르면] 이 전쟁에서 커다란 승리를 거머쥐고 세계의 지배권을 넘겨받는 쪽은 정치적 메시아주의일 것이었다.[12] 그러나 바울은 열심주의^{Zelotismus}를 넘어선 사람이었다. 그가 토라의 정치신학을 지상의 로마적 노모스에 맞세운 것은 새로운 민족적 지배 형식을 정초하기 위해서가 아니었다. 그는 근본적으로 정치적 지배 권력으로서의 [율]법을 부정했던 것이다. 제국의 지배건 신정에 따른^{theokratisch} 지배건 이 세계의 모든 지배 권력은 이와 같은 부정에 의해 길을 잃게 된다. "노모스가 아니라, 노모스로 인해 십자가에 못 박히신 이야말로 황제^{Imperator}인 것이다!" 이와 같은 부정적 정치신학은 로마에게는 너무도 위험한 것이었는데, 그럴 것이 이로 인해 메시아적 봉기가 보편화되었기 때문이다. 바울

---

11) Martin Hengel, *Die Zeloten*, Leiden: E. J. Brill, 1976, SS. 151~235, 261~277.
12) *Ibid*., SS. 308~319.

의 입장에는 그 어떤 정치적 형식[을 향한 구상]도 들어 있지 않았다. 바로 이 때문에 억압받던 모든 민족과 집단이 그의 생각에 동의할 수 있었던 것이다. 타우베스는 『아침놀』 1권에 나오는 니체의 아포리즘(68절 「첫번째 그리스도」)을 참조한다. 여기선 바울의 탈정당화 전략Strategie der Delegitimierung 이 언급되고 있다. 바울은 이 세계를 죄악과 동일시함으로써 유대 [율]법을 폐기해 버렸다는 것이다. 이 아포리즘에 바로 뒤이어 니체는 또 다른 아포리즘을 적는데, 이것은 억압받던 민족들의 탈정치화에 대해 서술하고 있다. 즉 "로마에 대한 그리스도교의 복수Rache"(71절)가 이야기되는 것이다. 이 복수란 다름 아니라 로마를 이 죄악 세계와 동일시함으로써 성립하는 것이었다. 니체의 두 가지 아포리즘은 유대인에 맞선 바울의 [율]법 비판과 로마에 맞선 피억압 민족들의 반란 사이에 유사한 구조가 있음을 지적하고 있다. 로마의 지배를 민족의 고유한 전통의 보호 권력patrioi nomoi / mos majorum 으로 인정하고 또 이 전통들을 **허용된 종교**religio licita 로 제국의 체제 안으로 포섭하는 정치에 맞서 바울은 지상의 질서를 틀 짓는 권력의 구조 자체를 폐기해 버리는 부정적 정치신학을 작동시켰던 것이다. 지배 질서건, 교회 질서건, 혹은 자연의 질서건 관계없이 질서 권력으로서의 [율]법이 가진 기능은 이 부정적 정치신학에 의해 마비되어 버린다.

메시아적 논리: 도입

하이델베르크 대학 신학부에서 일련의 강연을 하면서 타우베스가 선택한 경로는 두 가지로 나뉜다. 첫날에는 자전적인 이야기를 통해 말문을 튼 후 다음 날에 본격적인 주제에 관한 서론을 강연했던 것이다. 여기 출간된 판본에서 우리는 그의 본래 계획을 충실히 재구성하려 했고 그의 두 가지 경로를 하나의 '서론'[「강연을 시작하며」] 안에 섞어 넣었다. 주제에 관한 서론과 타우베스가 취한 학문적 입장을 [적절한 위상에] 위치 짓는 작업은 바울의 '믿음' 개념에 대한 새로운 규정을 둘러싸고 이루어진다. 여기서 중요한 것은 신에 대한 믿음——신은 존재하며, 이 세계의 창조주이고, 당신의 약속을 지키는 분이시라는——이 아니라, 메시아에 대한 믿음, 다시 말하자면, 십자가에 매달려 능욕을 당한 채 죽임당한 요셉의 아들 예수가 바로 메시아임을 믿는 것이다. 인간의 영혼이 성취할 수 있는 최고의 업적인 이 믿음은 모든 값비싼 '공로'에 버금가는 것인데, 그러나 유대인의 견지에서는 자비와 같은 경건한 공로보다는 계율의 실천, 특히 할례와 같은 계율의 실천이야말로 가장 중요한 것이었다. 바울이 사용한 그리스어 개념 피스티스^{pistis}는 그리스어의 역사로부터 그 의미를 취한 것이 아니다. 유대 메시아주의의 지평에서 얻게 된 것이다. 타우베스 자신이 이와 같은 특수한, 선재하던 개념을 변화시키는 의미 구성 작업에 대한 시각을 견지한 채 '메시아적 논리'에 대해 이야기하고 있다. 이러한 '메시아적 논리'의 기획은 체계적으로 보면 타우베스가 세번째 강연에서 이야기한 '프네우마'^{pneuma}라는 커다란 장^場의 맥락에 소속된다. 아래의 여러 절들에서는 이 메시아적 논리의 몇 가지 근본 개념들이 보다 상세히 논구될 것이다.

에무나 대 피스티스

바울의 영향사에서 그의 입장이 가진 결정적인 특징으로 꼽히는 것은 인간을 신과의 새로운 관계 속으로 들어가게 하는 피스티스의 태도이다. '믿음'으로서의 피스티스는 다른 여러 종교들에서는 구원을 얻기 위해서 반드시 세워야 하는 '공로'에 반대되는 것이다. 바울이 광신적인 바리사이주의자에서 복음의 사도로 개종하는 「사도행전」의 장면에서 두 가지 대조적인 믿음의 방식이 충돌하고 있다. 신과 자신의 이상 앞에서 자신의 업적을 내세우려 하는 인간의 절망적인 시도와, 아무런 자격이 없음에도 불구하고 신으로부터 사랑과 은총을 선물로 받게 될 가능성[에 대한 믿음]이 그 것이다. 부버는 이처럼 그리스도교 교리의 프레임 안에서 구성된 이분법에 대해 이의를 제기했다. 유대교는 인간이 스스로를 정의롭다 여기는 식의 패러다임이 아니라는 것이다. 오히려 [유대교의] 핵심에는 약속[연합] Bund의 사상, 하느님 앞에 스스로를 개방하는 공동체에 대한 구상이 놓여 있다는 것이다. 이처럼 신과의 관계 속에서 자신이 안전하다는 것을 아는 인간은 약속을 충실히 지킬 것이고, 그에 따라 토라가 가르치는 방향대로 삶을 형성해 가는 과정 속에서 약속의 표식Ausdruck들을 찾게 된다. 물론 이 스라엘의 초기 시대가 이와 같은 에무나의 종교성으로 이루어진 삶의 영위였다는 부버의 생각은 19세기 프로테스탄티즘의 『성서』 비판에서 유래한 표상을 본뜬 것이었다.[13] 한편에 자연스러운 민족성의 표현으로서 에무나emunah를 놓고 반대편에 그것과는 "확연히 이질적인"artfremden 그리스적 믿음의 개념으로서 피스티스를 놓는 부버의 단호한 이분법을 다시금 기각한 이가 타우베스다. 타우베스가 명시하고 있듯이, '피스티스'라는 개념은 그리스적인 것이 아니라 메시아적인 것이다.

메시아적 구원의 역설과 [율]법의 폐기

십자가 예수에 대한 바울의 구원 신앙에 내재한 역설을 분명히 보여 주기 위해서 타우베스는 우선 아케다Aqeda —— '이사악의 약속'에서 보듯이 약속

---

13) 그래서 이미 율리우스 벨하우젠은 선지자와 십계명의 윤리(Ethos)에 따라 생성된 고대 이 스라엘 민족 종교——예수도 여기에 연결된다——를 망명 이후 유대교의 구원에 대한 사변 과 대립시킨 바 있다. Julius Wellhausen, *Israelitische und jüdische Geschichte*, Berlin: G. Reimer, 1883을 참조하라.

을 뜻하는 히브리어 아카드^{'aqad}에서 유래한 단어 ──에 대한 키르케고르의 해석을 언급한다. 하느님의 명령대로 아들 이사악을 희생 제물로 바치겠다는 아브라함의 자세^{Bereitschaft}는 키르케고르가 보기에 모든 자연적인 연결을 폐기하는 믿음의 패러다임이었다. 이 급진적 루터주의 신학자는 이와 같은 아브라함의 믿음을 절대자에 대한 개별자의 사적인 관계로 서술했으며, 이 관계를 도덕 법칙의 보편적 구속력까지 초월하는 것으로 보았다. 이에 반해 타우베스는 "제의와 메시아에 의해 정당화된다"는 표상으로 집약되는 유대 역사의 집단적 경험으로부터 믿음의 역설을 해석해 낸다. 유대 전통은 저 위대한 화해의 날의 제의와 순교의 역사와 아담에 관한 사변, 그리고 종말론적 구원 신화 사이에 예표론적^{typologisch} 연관성을 설정하고 있다. 순교에 의해 구체적으로 예시되는 유대교의 역사적 수난 경험은 요셉의 아들이자 이사악의 반대 유형인 메시아[예수]의 형상 속에 반영된다. 이 '사제적' 메시아는 마지막 때의 싸움에서 죽어야만 한다. 그래야만 다윗의 자손인 '왕 되실' 메시아가 믿지 않는 자들을 굴복시키고 참된 이스라엘로 하여금 세계를 지배하게 만들 수 있기 때문이다. 이와 같은 표상의 집합으로부터 유래한 생각들은, 예수 그리스도의 수난과 복음서에 기록된바 심판을 위해 다시 오실 사람의 아들이라는 표상에서부터 「히브리서」에서 볼 수 있는, 자신을 희생한 종말론적 대사제로 예수를 해석하는 것에 이르기까지 하나의 계보를 이루고 있다.

람비들의 생각에 따르면 공동체에 자비를 베풀어 주십사 욤 키푸르 때 하느님께 드리는 제물과 연결되는 순교자와는 달리, 희생양^{Sündenbock}은 하느님의 분노에 의해 절멸당하고 만다(아래 절과 비교해 보라). 바울에게서 새로운 점은 희생양이라는 제의 형식을 욤-키푸르-제의의 시각에서 메시아적으로 해석하면서 이를 수난당하는 다윗의 후손 메시아에 대한 표상과 연결시키고 있다는 점이다. 하느님께서는 "우리를 위해 죄를 모르시는 그리스도를" 십자가에 매달고 "죄 있는 분으로 여기셨습니다. 그래서 우리는 그리스도로 말미암아 하느님께로부터 의롭다는 인정을 받게 되었습니다"(「고린도후서」 5장 21절). 거룩한 분께서 마치 범죄자처럼 죽임을 당하심으로 인해 제의적 종교성을 정초하는 순수와 불결의 구분이 철폐되었다. 희생양으로서의 메시아가 가진 역설이 의미하는 것은 '[율]법의 종말'des Gesetzes Ende이다.

타우베스가 바울의 그리스도론Christologie을 사바타이 츠비Sabbatai Zwi의 메시아주의와 비교할 때 참조한 책을 구체적으로 꼽아 보자면 이 분야에 대한 게르숍 숄렘의 광대한 연구서를 들 수 있다. 이사악 루리아Isaak Luria와 같은 카발라주의자들의 가르침은 사바타이적 구원 드라마의 신학적 배경을 이루고 있다. 숄렘의 해석에 따르면, 하느님의 빛은 물질계의 어둠 속으로 추락했으며 메시아에 의해 비로소 구원받게 된다는 루리아의 영지주의적 신화는 스페인에서 추방당한 유대인들의 트라우마를 반영하는 것이다. 루리아에게도 문제가 된 것은 역시 하느님의 분노에 대한 해석이었다. 이 딘Din이라는 실체Hypostase가 형성되는 것은 만물을 포괄하는 신의 엔-소프[무한성]En-Sof가 세계 창조를 위한 공간이 창출되게끔 본래의 자기 자신으로 수축할 때이다(침춤Zimzum). 추방당했던 신이 이 세계에 다시 모습을 드러내시는 것은 당신의 빛을 뿜어내시는 세피로트Sefirot를 통해서이다. 신이 자신의 완벽한 모사물인 태초의 인간(아담 카드몬Adam Kadmon)을 창조한 것은 실패였는데, 왜냐하면 세피로트는 하느님의 존재를 감당할 수 없었기 때문이다. 추락한 빛의 불꽃으로부터 악의 세력들(켈리포트Kelipot)이 생겨났다. 원죄Sündenfall로 인해 인간은 이 세계의 질서를 새로운 낙원의 질서로 만들 수 있는 가능성을 잃어버렸다. [이로써 이제] 하느님의 분노가 홀로 활동하기 시작하면서 창조에 대립하게 된다. 그릇이 깨어짐으로써schabirat ha-kelim 생긴 우주적 혼란이 이스라엘의 추방 경험의 토대를 이루고 있다. 모든 경건한 유대인들은 추방 상태로부터 하느님의 빛을 구원하고 이상적인 창조(티쿤Tikkun)의 상태를 복원하는 일에 협력하는데, "이는 토라의 계율들을 실천하여 선에서 악을 분리해 내는 데 항상 힘을 씀으로써 이루어진다".[14] "[율]법의 613개 계율들 각각은 태초의 아담의 신비스러운 몸corpus mysticum의 부분들을 복원하게 될 것이다."[15]

사바타이 츠비와 그의 예언자인 가자 출신의 나탄Nathan von Gaza의 구세론Soteriologie은 루리아의 보편적[우주적] 전례주의Ritualismus와 대비되는 것이다. 숄렘의 정신의 그림Psychogramm 속에서 사바타이는 광적이고 우울한 인물로 나타난다. 메시아로서 겪은 질병은 황홀하고 쾌적한 경험이었지만, 이 병이 멜랑콜리적 정신착란의 단계로 넘어가자 그는 "기이한(혹은 역설적인) 행동"으로 종교적 [율]법에 대항했던 것이다.[16]

바울처럼 가자 출신의 나탄 역시 메시아에 대한 계시[환상]에 의거해서 개종했는데, 그는 자신의 메시아를 고통받는 하느님의 종이자 마지막 날의 황제로 여겼다. 나탄은 루리아가 생각했던 것과 달리 '[율]법의 공로' 덕분에 구원을 받는 것이 아니라 메시아에 대한 '순수한 믿음'을 통해 정의에 이른다고 생각했다.[17] 여기서 그는 바울이 「로마서」 1장 17절에서 그랬던 것처럼 「하박국」 2장 4절을 참조한다. 그러나 바울이 "의로운 자는

---

14) Gershom Scholem, *Sabbatai Zwi: Der mystische Messias*(1957/1973), Frankfurt: Jüdischer Verlag, 1992, S. 63.

15) *Ibid.*, S. 61.

16) *Ibid.*, S. 153.

17) *Ibid.*, S. 303.

믿음으로 살리라"라는 표현을 그대로 인용했던 반면, 나탄은 "오직 믿음으로"sola fide의 원리를 더욱 힘주어 강조한다. "믿음을 통해 영혼이 의롭다는 인정을 받은 자는 살리라."[18]

사바타이 츠비의 배교에 가까운 개종은 이율배반적 해석의 도식을 필요로 한다. 바울이 「고린도후서」 5장 21절에서 쓰고 있듯이, 메시아의 사명Amt은 역설적인 것이다. 왜냐하면 [죄로 인해] 불결해진 자들을 거룩하게 만들기 위해서는 자신의 순결을 더럽혀야 하기 때문이다.[19] 악이 우주 전체에 만연해 버렸기 때문에 제의를 통해서는 선에서 악을 떼어 내기가 불가능해진 것이다. [율]법은 선과 악이 나란히 존재한다고 확정한다. 그러나 선은 악과 완전히 똑같아져야 한다. 변증법을 통해 악을 엔-소프에서 깨끗이 소멸시켜 버리기 위해서. 이와 같은 만물의 화해[우주적 회복]All-Versöhnung는 이스라엘의 정체성을 규명하는 토라를 초과하는 것으로, 예수의 구원에서 정점에 이른다. 나탄은 랍비의 전통에 비추어 예수를 가장 큰 죄인이라고 여겼다. 메시아 아담은 나탄이 예수의 몸과 동일시했던 추락한 신적 존재(켈리파Kelipa)로부터 출현한다. 십자가에 못 박힌 메시아라는 역설을 능가하는 존재로 나탄이 생각한 사람이 바로 이슬람으로 개종한 사바타이 츠비였던 것이다.

욤 키푸르

새로운 하느님의 백성을 건립하려 했던 바울의 영혼에 닥친 위기가 어떤 것이었는지를 재구성해 보여 주기 위해서 타우베스는 욤 키푸르Jom Kippur

---

18) Scholem, *Sabbatai Zwi*, S. 305.
19) *Ibid.*, S. 887.

라는 유대 의례에 대한 중대한 설명을 덧붙이고 있다. 욤 키푸르의 희생 제의에 내재한 논리의 역설은 결코 메시아적 논리의 그것에 뒤지지 않는다. 이 제의의 핵심에는 하느님의 세계심판이 자리해 있다. [이 심판의 무대에서] 가장 중요한 등장인물은 하느님의 분노와 자비라는 두 가지 모순된 정념이다. 욤 키푸르 제의에 대한 설명에서 타우베스의 흥미를 끈 것은 무엇보다 바울과 모세의 유비 관계였다. 사도는 하느님의 백성의 최초 창시자의 모습에 자신을 고스란히 포개어 놓으면서 [그 전거로] 『성서』 텍스트를 암시하고 있는데, 이 텍스트는 디아스포라 유대인들이 회당에서 드리는 예배에서 핵심적인 절차인 『성서』 낭송Rezitation 때 쓰이는 텍스트이다. 성전에서 거행되던 희생 제사는 추방당한 공동체[디아스포라]의 성원들이 회당에 모여 「레위기」 16장에 나오는 제의의 [율]법을 낭독하는 상징적 행위를 통해 생생하게 재현된다. 대리代理와 제거除去의 두 부분으로 이루어져 있던 제의는 『성서』 낭독을 통해 문학적으로 변용된다. (대리 제의에 쓰이는) 희생 제물의 피는 죄인들의 목숨을 대신하는 것으로, 이사악을 바치려던 [아브라함의] 제의를 반복하는 것이다. (제거 제의에서) 희생 양을 바치는 행위는 악을 물속에 빠트려 없애는 장면으로 연출되는데, 여기에 상응하는 것은 이날에 지정된 예언서 「요나」의 낭독이다. 이 두 제의의 장면에 토대를 제공하는 신화들은 대립적 구조로 이루어져 있다. 즉 한편에 하느님의 의지에 따라 자신을 순교자로 바치는 이사악이 있다면, 맞은편에는 하느님에 맞서 자신의 의지를 주장하기 위해 추방과 죽음을 불사하는 요나가 있는 것이다. 바울이 하느님의 옛 백성과 새로운 백성 사이에 서 있는 자신의 입장을 변호하기 위해 끌어들이는 모세와 요나에 대한 텍스트들은 서로가 서로를 비추는 거울쌍 관계에 있다. 모세의 최초 상황은 [이스라엘] 백성이 [하느님과의] 약속을 깨트린 것이었다. 「출애굽기」

32~34장에는 이스라엘 백성이 우상을 만들어 섬기면서 [하느님의] [율]법을 거절하는 모습이 기록되어 있다. 「민수기」 13~15장에서 이스라엘 백성은 약속의 땅을 포기하고 다시 이집트로 돌아가고 싶어 한다. 죄는 하느님의 분노를 불러일으켜 죽음에 이르게 하고, 의롭다는 인정을 받을 수 있는 것은 선한 자의 삶을 축복하시는 하느님의 은총을 통해서라는 원리에 따르자면 [이스라엘] 민족은 절멸당해야 마땅한 운명이지만, 바로 이 운명을 막기 위해 모세가 선택된 것이었다. 선택된 자가 해야 할 일은 목이 뻣뻣하게 굳어 있는 백성들을 향해 [하느님께서] 심판을 내리실 거라는 소식을 전하는 것이었다. 그러나 모세는 하느님의 완강한 의지Ansinn에 맞서서 차라리 죽음을 맞게 해달라고 요구한다. 이를 통해 그는 통용되던 정의의 표상("행한 대로 받으리라")을 역설적인 방식으로 부숴 버린 것이다. 하느님 앞으로 나아간 모세는 당신께서 [이스라엘의] 선조들에게 하신 약속과 이스라엘 백성을 구하기 위해 보이셨던 기적들을 거론하며 호소한다. 절멸시키리라는 맹세가 지켜진다면 하느님의 구원사적 의무가 파손될 것이었고, 당신의 신실하심과 충실하심(에무나), 그러니까 당신의 정체 자체가 의문에 붙여질 것이었다. 그러나 선택받은 자로서 모세는 하느님의 자비를 신뢰했다. 의로운 자로서 죽겠다는 극단적인 선택을 하면서까지 백성들을 의롭게 여겨 달라는 요구를 했을 때, 그는 하느님께서 충실하신 분이라면 결코 그 선택을 용납하지 않으실 것을 알고 있었던 것이다. "하지만 이제 그들의 죄를 용서해 주서야 하겠습니다. 만일 용서해 주지 않으시려거든 당신께서 손수 쓰신 기록에서 제 이름을 지워 주십시오"(「출애굽기」 32장 32절). 하느님의 속성 가운데 하나를 체현한 의로운 자는 탄원을 통해 하느님의 뜻에 영향을 미칠 수 있는 것이다. 기도는 하느님의 분노를 잠잠케 만들고 하느님의 자비를 불러일으키는 기적과도 같은 힘을 가

지고 있다. 그러나 하느님의 정의는 은총을 입은 죄인들에게 적어도 상징적인 참회 정도는 할 것을 요구한다. 즉 불의를 저질렀던 과거에 대한 기억을 [경고의 지표로서] 후손들에게 전수할 것을 요구하시는 것이다. 연합Bund의 중개자[모세]가 40일 동안 했던 금식을 본받아 행해지는 욤 키푸르 때의 제의 단식은 이스라엘 자손들이 광야에서 방황했던 40년의 기간에 상응한다. 약속을 받은 공동체는 죄에 관한 한 연대 책임을 지는 것이다. 죄가 화해의 일부분인 것과 마찬가지로 말이다.

「요나」의 서두 부분에는 정치적으로 이스라엘에게는 철천지원수인 아시리아 제국의 수도 니네베[니느웨]Ninive에서 이방인들이 저지른 죄들이 기록되어 있다. 이 예언자는 이 도시에 [하느님의] 심판을 고지하라는 명을 받았다. 요나는 이 부르심에 저항했는데, 왜냐하면 죄를 뉘우치는 자들에게 하느님께서 자비를 베푸실까 봐 걱정스러웠기 때문이다. 하느님의 분노를 대변하는 자로서 요나는 불의[한 자들의 도시]에 발을 담그지 않으려고 갖은 애를 썼다. 여기에서 [요나의] 역할은 모세-드라마에서와는 정반대로 뒤집어진 셈이다. 요나는 이방인들이 40일간의 참회 시간을 견디고 난 뒤 구원받는 광경을 보느니 차라리 죽기를 원했던 것이다. 하느님께서는 요나의 분노의 정당성을 의문에 붙이셨다. 즉 창조주인 "나는 모든 살아 있는 것들에 대한 의무를 가진 존재가 아니더냐" 하고 반문하셨던 것이다.

타우베스는 바울의 자기해석의 배경이 욤-키푸르-드라마였다고 주장한다. 그는 「출애굽기」 32장에는 욤-키푸르-제의의 토대가 될 뿐만 아니라 더 나아가 바울의 상황까지를 규정하는 근원적인 장면이 등장한다고 보았다. 타우베스는 메시아에 대한 거부로 인해서 불러일으켜진 하느님의 분노는 [율]법에 대한 거부(황금 송아지와 가나안 정찰대 에피소드)로 인해서 생긴 하느님의 분노와 같은 계열에 속한다고 보았다. 모세처럼 바울도 하느님과 이스라엘의 관계가 완전히 무화되려던 절대적 위기의 영점零點에 서 있었다. [그러나] 모든 유효한 관계나 연속성이 중지되는 영점은 바울에게는 하느님의 백성을 새로이 건립하기 위한 장소였다. 바로 이 점에서 바울은 모세와 반대 유형의 인물이 된다. 모세는 하느님의 뜻을 돌림으로써 이스라엘 백성과의 근원적인 연합을 공고히 하시도록 만든 인물이었다. 바울은 이스라엘이 하느님과의 새로운 연합을 거절한 역사적 순간에 이방인의 예언자로 부르심을 받았다. 그는 요나처럼 이방인들의 메트로폴리스로 가서 그들의 죄에 대한 하느님의 분노와 심판, 그리고 사형 판결을 고지했다(「로마서」 1장 28절~2장 10절). 그러나 메시아에 대한 믿음을 통하면 귀환[거듭남]Umkehr과 구원이 가능하다. [하지만] 새로운 하느님의 백성에 대한 비전을 가졌던 바울은 어디까지나 옛 백성에 속하는 사람이었다. 바로 이 충성심Loyalität 때문에 그는 두 가지 책임감 사이에서 동요했다. 이 때문에 그는 구원의 드라마에서 예전에 모세가 행했던 역할을 다시 한번 떠맡았던 것이다. 즉 하느님과 연합을 이루었었지만 [이제는] 타락한 백성을 [구하기] 위해서 그는 메시아의 구원에서 다시금 배제될 각오까지 했고, 그래서 하느님의 분노를 잠재우는 고통받는 의로운 자, 즉 희생양의 역할(파문Anathema)을 [기꺼이] 감당하려 했던 것이다. 모세처럼 그도 이스라엘의 선조와 [올바른 길로] 발길을 되돌린 참된 이스라엘에 주신 하느님의 약속에 호소했다. 모세처럼 그도 구원사의 연속성을 지켜주십사 하고 [하느님께] 억지를 부렸다. 바울이 이해하기로 유대인들의 완고함은 하느님께서 마지막 때에 모든 민족(범이스라엘pas Israel)을 구원하시기에 앞서 한정된 시간 동안 참회하도록 하기 위해 유대인에게 부과하신 벌이었다.

프네우마

프네우마^{pneuma}라는 그리스적 개념은 메시아적 논리의 지평 안에서 피스티스만큼이나 급격한 변화를 겪었다. 그런데 이것은 히브리적 개념 루아흐^{ruach}와 에무나의 경우에도 마찬가지다. 피스티스의 경우처럼 프네우마의 경우에서도 타우베스가 하려 한 일은 시대착오[적인 사유들]에 의해 켜켜이 쌓인 더께로부터 개념의 본래 의미를 해방시키는 것이었다. 이것은 곧 프네우마의 개념을 바울이 처했던 역사적 상황에서 이해하는 작업을 뜻했다. 서구 그리스도교의 역사의 흐름 속에서 프네우마의 개념 위에는 더께 위에 더께가 거듭 쌓였던 것이다. 프네우마의 경우에서 믿음과 공로라는 대립쌍에 상응하는 것은 프네우마적 질서와 자연적 질서라는 대립쌍이었다. 프네우마라는 원리 덕분에 바울은 민족이라는 굴레를 깨부수고 자유를 얻을 수 있었으며, 이를 통해 모세를 극복할 수 있었다.

　　타우베스에게 중요한 문제는 유럽 정신사에 출현한 뒤로 맑스, 니체, 그리고 프로이트에 의해 당했던 '굴욕'^{Blamage}으로부터 프네우마를 구해내는 것이었다. 이를 위해 그가 끌어오는 것은, 놀랍게도, 프로테스탄트주의 성서 해석학이 [거세게] 비난했던 알레고리적 해석 방식이었다. 바울은 알레고리적 독해에 있어서 최초의 대가^{Virtuose}였다는 것이다. 바울이 알레고리적으로 『성서』를 해석했던 것은 단지 [자신의 입장과 사명을] 정당화하기 위해서였던 것만은 아니다(이것이 그리스도교에 대한 니체의 비난이다). 그것은 또한 유대인들의 핵심적인 관심사, 즉 하느님과의 연합이라는 사명을 계승·확장하려는 일이기도 했다. 그의 알레고리적 독해는 더 나은 지식을 추구하는 해석학도 아니었고, (교부들의 경우에서처럼) 충족[실현]된 진리에 기반해서 회고하는 방식으로 텍스트에 드러난 의미를 재해석^{Umdeutung}하는 작업도 아니었다. 타우베스의 작업은 텍스트에서 발견된 빈

구멍을 채우는 전략이었다. 즉 무언가 아직 끝까지 이루어지지 않은 것이 눈에 띌 경우, 바로 그것을 마무리하는 작업이었던 것이다. 알레고리적 독해가 텍스트의 의미를 초월하듯이, 프네우마의 논리 역시 자연적 소여의 질서를 뛰어넘는다. 민족 대대로 전래된 규범과 내용들, 그리고 신의 백성을 가두고 있던 민족적 경계들을 초월하려 했던 바울의 보편화 프로그램에 있어서 프네우마는 결정적인 범주였다. 바울은, 타우베스가 강조하듯이, 「로마서」9~11장에서 유달리 빈번히 인용을 하고 있다. 그런데 이 인용문들에는 비단 책과 글에서만 끌어온 것들뿐 아니라, 타우베스가 슬쩍 지나치면서 말하는 것처럼, [유대인들의] 생생한 실제 전례 행위에서 차용된 정식들도 있다. 이로써 타우베스는 바울을 생생한 유대 전통 속에 정박시키는 작업을 완수한 셈이며, 종래의 신학적 주석의 전통 속에서는 전혀 주목받지 못했던 이 사도의 본질적 면모를 밝혀낸 것이다.

모세의 가리개[수건]

바울은 옛 연합의 [율]법의 토대 위에서 하느님의 보편 백성을 건립하는 일을 행해야 했다. 여기서 그는 예표론적 해석 방식을 적용한다. 「고린도후서」3장에서 그는 욤-키푸르-전례에서 낭송되는 텍스트에 대한 해석을 통해 정당화 전략을 펼쳐 나간다. 「출애굽기」34장에는 모세가 하느님의 계명Geheiß을 돌판에 새겨 받고 난 다음 산에서 내려갔을 때 백성들이 그의 얼굴에서 뿜어져 나오는 하느님의 광채를 견디지 못했다는 이야기가 적혀 있다. 모세가 자신의 얼굴을 가리자마자 그의 중개자 기능이 곧장 사라져 버렸다는 사실은 바울에게 일종의 표식이었다. 즉 유대 제의 [율]법의 지평에서는 하느님의 계시가 불충분하고 잠정적인 것이었음을 말해 주는 표식이었다는 말이다. 이에 반해 바울은 종말론에 기대어 부활한 자들 가운데 현현하실 하느님의 모습이야말로 진정한gültig 것이라 이야기하면서, 이 하느님의 영광은 비단 모세뿐 아니라 모든 백성을 [당신의 빛으로] 변화시킬 것이라 생각했다.

적과 사랑의 계율

바울은 새로운 백성의 창조가 하느님의 옛 백성인 유대 민족을 부정적으로 내팽개친다는 듯한 인상을 주지 않기 위해 무진 애를 쓴다. 복음을 받아들이려 하지 않는 유대인들에 대해 바울은 '적'Feinde이라는 강한 표현을 쓴다(「로마서」 11장 28절. 그리스어 텍스트의 **에흐트로이**echthroi는 불가타 Vulgata 『성서』에 **원수**inimici ——칼 슈미트가 생각한 것과 달리 **적**hostes이 아니었다——로 번역된다). [그러나] 바로 그 문장에서 다시 이 개념은 '사랑받는 자'로 바뀐다. 옛 이스라엘이 받았던 구원의 약속이 여전히 유효하다는 표현인 것이다.

　이 지점에서 타우베스의 바울-독해는 「로마서」에 대한 기존의 영향사Wirkungsgeschichte로부터 단호하게 거리를 취한다. 이 영향사는 위에 나온 적의 개념과는 전혀 다른 관점의 신학적·정치적 진술들을 보여 주고 있는 것이다. 칼 슈미트에게 적이란 "실존적으로 다르고 낯선 존재이다. 정치적인 것의 핵심은 적대감 자체가 아니라, 적과 동지의 구분이다."[20] 슈미트가 보기에 바울의 에클레시아ecclesia는 유대인을 적으로 선포했다는 점을 통해 규정되는 것이었다. 이 부분에서 타우베스는 슈미트에 맞선다. 「로마서」 11장 28절에는 '적'과 '사랑받는 자'가 나란히 등장한다는 것이다. "그리스도의 복음의 견지에서 보면 이스라엘 사람들은 하느님의 적

---

20) Carl Schmitt, *Theorie des Partisanen*, Berlin: Duncker & Humblot, 1975, S. 93.

이 되었지만(이게 슈미트 해석의 근거이다), 하느님의 선택의 견지에서 보면 그들의 조상 덕택으로 여전히 하느님의 사랑을 받는 백성입니다."[21] 뒤에 덧붙은 문장이 의미하는 바는, 하느님과 이스라엘 사이의 사랑의 역사는 하느님과 그리스도교 사이의 그것보다 더 오래되었으며, 그리스도교를 통해서 끊어지거나 하물며 끝나는 것은 더더욱 아니라는 것이다. 더 나아가 [이스라엘에 대한] 하느님의 적대감 ─ 당신의 아들을 거부했으므로 ─ 까지도 이 사랑의 역사의 일부이다. 그러나 이것은 이방인을 위해 유대인이 파문을 당한다는 뜻이 아니다. 오히려 이방인에 대한 선택은 단지 하나의 에피소드에 지나지 않는다는 것이다. 이 에피소드는 하느님께서 당신의 백성을 돌아오게 만들기 위해 애쓰시는 중에 생긴 것으로, 「로마서」 텍스트 자체가 말하고 있듯이, 유대인으로 하여금 "질투심에 못 이기게"eifersüchtig 만들려는 뜻이셨던 것이다. 아무튼 이방인이 끼어들게 됨으로써 백성[의 범위]이 새롭게 규정되게 되었다. 즉 더 이상 정치적인 의미 ─ 슈미트의 적 개념과 같은 의미 ─ 에서 규정되는 것이 아니라 모든 인간을 범이스라엘로 감싸게 된 것이다.

새로운 이스라엘 자체는 더 이상 적을 갖지 않았지만, 오히려 바깥의 시선에 의해서는 적으로 감지되었고 그래서 정치적인 의미망 속에 갇히고 말았다. 이 상황을 어떻게 타개할 것인가? 적[원수]을 사랑하라는 계율에 대한 타우베스의 해석이 등장하는 것은 바로 이 맥락에서이다. 여기서 그는 슈미트와 달리 적을 정치적인 의미가 아니라 신학적인 의미에서 "절대적 존재"absolute Größe로 이해한 칼 바르트를 참조한다.[22] 바르트에게 하느

---

21) 이 책 124쪽을 참조하라. ─ 옮긴이
22) Karl Barth, *Römerbrief*, Zürich: Theologischer Verlag, 1984, S. 456.

님은 역설적인 방식으로 적의 존재 안에서도 자신을 계시하는 분이다. 우리는 적을 통해서 하느님의 정의를 체험한다. "아득히 먼 거리에서, 낯섦 속에서, 그리고 속수무책의 상태 속에서 하느님의 정의는 적을 통해 나타나신다. 완전한 부재 속에서, 다만 당신의 분노로서. 하느님 자체는 전적으로 그리고 오로지 부조리한 신^{deus absconditus}으로서만 나타나신다."[23] 이것이 바로 적이, 그리스도교인의 박해자들이 에클레시아 성원들의 기도 속에 포함될 수 있는 이유이다(「로마서」 12장 14절). 바르트가 보기에 종말론적 억제 상태 속에서는 부정적이든 긍정적이든 간에 정치신학은 악^惡이었다. 그러니까 기존의 권력 관계든 아니면 '참된' 질서라는 미명하에 이것을 붕괴시키려는 세력이든 모두 악인 것이다. 바르트에게 이 두 가지 형식의 정치신학은 하느님의 타자성^{Fremdheit}을 인정하지 않는 인간의 권력 의지^{Machtwille}의 표현이었다. 여기서 바르트는 신정정치^{Theokratie}에 대한 비판을 가했던 블로흐 및 벤야민과 합치한다.[24] 바르트는 「로마서」 13장 11~14절에서 "그리스도교인들의 위대한 부정의 가능성"을 본다. "참된 혁명은 하느님으로부터 유래하며" [이 혁명 앞에서] 지상의 모든 권위는 정당성을 박탈당한다는 것이다. 「로마서」 13장 8~10절에서 이야기하는 위대한 "적극적 가능성"이란 바르트가 보기에 사랑, 하느님에 대한 체험으로서의 사랑이다. 바르트에게 있어 적과 사랑은 하느님을 체험하게 하는 두 가지 상호 보완적인 형식들이다. 하느님은 적을 통해 일자^{─者} 안에 있는 타자로 당신을 계시하신다. 다시 말해 하느님은 당신의 아득히 멀리 계심을 이 세계 안에서 경험하게 하신다는 것이다. 하느님은 사랑을 통해

---

23) *Ibid.*, S. 458.
24) *Ibid.*, SS. 461~464.

타자 안에 있는 일자로서 당신을 계시하신다. 적이 하느님의 부재를 통해 하느님과 세계 사이에 놓여 있는 경계를 느끼게 해준다면, 사랑은 이 경계를 폐기하며 하느님의 부재를 인지하게 해준다. 따라서 하느님의 계시의 전체성Gesamtheit은 적에 대한 사랑Feindes-Liebe이라는 역설적인 형태로만 가능한 것이다. 적에 대한 사랑은 하느님의 현전과 부재를 동시에 경험하게 해준다. 적에 대한 사랑을 통해 정치적인 것의 개념을 벗어난 범이스라엘이 실현된다.

물론 타우베스는 칼 바르트의 「로마서」 주석에 끝까지 동의하진 않는다. 부정적 정치신학의 전략에 강한 공감을 표방하기 때문이다. 칼 바르트와는 반대로 그는 세계정치의 차원을 고수한다. 하지만 이 세계정치의 차원은 슈미트의 견해와는 달리 적의 개념이 아니라 결-연Ver-Bundes을 통해 규정되는 것이다. 바울의 에클레시아는 다른 공동체에 대해 방어적인 태세를 취하며 금을 긋는 자족적인 폴리스가 아니라 새롭고 보편적인 세계 질서로 이해되어야 한다. 이로 인해 바울의 에클레시아는 바로 그 질서를 구현하고 있던 로마 제국Imperium Romanun과 갈등할 수밖에 없었던 것이다.

새로운 정치 질서는 사랑을 통해, 즉 이웃 사랑——안쪽 방향——과 적[원수]에 대한 사랑——바깥쪽 방향——이라는 두 가지 형식의 사랑을 통해 건립된다. 이와 관련하여 타우베스가 커다란 무게를 두는 부분은 바울이 예수의 이중 계율을 다시 하나로 줄였다는 사실이다. 이미 예수는 토라의 613가지 [율]법을 하느님에 대한 사랑과 이웃에 대한 사랑으로 줄여 놓은 바 있다. 바울은 예수의 두 가지 계율을 이웃 사랑이라는 한 가지 계율로 만들었다. 타우베스에 따르면, 이러한 행보는 오직 하느님의 백성의 창시자라는 관점으로부터만 이해될 수 있는 것이다. 즉 개인의 구원을 우선시하는 것이 아니라 새로운 하느님의 백성을 건립하는 것을 무엇보다 중요시하는 사람만이 할 수 있는 일이라는 것이다. 바울은 하느님의 백성을 신정정치의 의미에서 생각한 것이 아니라 일종의 사회-신체[사회적 유기체]Sozialkörper를 구성하는 것으로 생각했다. 바울은 이와 같은 [사회적] 상상을 "그리스도 안에 한 몸"[25]이라는 말로 표현했다. 바울에게 이웃에 대한 사랑과 하느님에 대한 사랑은 둘이 아닌 하나였다는 사실, 이 사실은 「고린도전서」 13장에 나오는 인식론을 참조해 보면 분명해진다. 여기서 바울은 하느님의 종말론적 비전Schau을 상호적 인식wechselseitiges Erkennen으로 묘사하면서 영지Gnosis라는 그리스어 용어에 히브리어 야다jada ― '인식'을 뜻하는 ― 가 가진 의미를 추가한다. 이 단어는 성적 결합을 암시한다. 이와 같은 신의 인식의 매체Medium는 그리스도의 몸Leib Christi과 같은 공동체, 즉 '모임'Korporation을 이루는 결-연Ver-Bund이다. 따라서 개개인에게 필요한 것은 수많은 지혜와 지식과 [그에 기반한] 믿음Glauben이 아니라, 무엇보다 이웃에 대한 사랑, 그리스도의 몸에 속하게 해주며 하느님의 성령의 몸에 들어가게 해주는 사랑이다.

3. 영향들: 바울과 근대

아래의 여러 절들을 하나로 묶는 핵심은 근대가 처한 딜레마 상황에 특별히 의미를 갖는 여러 가지 입장들과 직접적으로 연결되는 구도 속에 바울을 위치 짓는 것이다. 이와 관련해 타우베스가 흥미를 갖는 사상가는 근대의 세속화 문제를 초월과 내재라는 전제 아래 고찰한 이들이다. 바울이 끼쳐 온 영향의 역사가 전적으로 신학적 논쟁의 역사에만 국한될 거라고 지

---

25) 이 책 125쪽을 참조하라. ― 옮긴이

레 짐작한다면, 그것은 잘못된 생각이다. 타우베스는 근대의 원역사^{原歷史}에 토대를 놓은 독립적이고 비판적인 정신들의 사유 안에 바울이 퍼뜨려 놓은 바이러스^{Virulenz}가 얼마나 뿌리 깊고 치명적인가를 보여 주고 있다.

마르치온

타우베스는 하느님의 분노와 자비가 동시에 임재^{臨在}하는 장소인 욤-키 푸르-제의를 바울의 정당화 이론의 생존을 위한 거처이자 배경으로 설정 한다. 그러나 바울 이후에 '그리스도교'라고 불린 것이 낳아 놓은 영향사 는 바로 이와 같은 맥락을 갈기갈기 찢어 놓고 말았다. 분노와 자비의 양 가적 변증법 대신에 분화^{Ausdifferenzierung}와 양극화^{Polarisierung}를 통해 단순법 ^{Vereindeutigung}이 들어선 것이다. 이러한 행보를 위한 패러다임을 제시한 것 은 마르치온^{Marcion}의 영지주의적 구상이다. 바울이 로마 제국을 향해 쏘았 던 종말론적 니힐리즘이라는 화살을 이제 마르치온은 '『구약성서』'를 향 해 쏜 것이다. [마르치온에 의해] 이 세계를 창조한 야훼는 그의 [율]법과 더불어 이 세계의 권력과 등치되는데, 이 세계는 새로운 아이온^{Äon}이 도래 하면 몰락할 것이었다. 이 세계로부터 [우리를] 구원할 수 있는 신은 오직 이 세계의 바깥에 서 있으면서 인간들에게 스스로를 구원자로서 계시할 수 있는 신밖에 없다. 마르치온은 구원의 힘을 가진 사랑이라는 예수의 복 음을 하느님의 분노의 행적만을 증거하는 『구약성서』에 대립시켰다.

　　마르치온이 한 일이 단지 하느님의 양가성, 즉 분노-자비라는 양가성 을 끊어 버린 것만은 아니다. 그는 또한 바울의 영향사 안에서 생겨난 근 대적 개별화[개인화]를 예비한 사람이기도 했다. 마르치온으로 인해 인식 행위로서의 그노시스[영지]가 살아 있는 공동체 ── 하느님의 백성 ──라 는 바울의 물음으로부터 완전히 격리되어 버린 것이다. [이로써] 복음은 초월적인 신 앞에 홀로 마주 서 있는 주체, 믿음과 인식의 주체인 개인에 게로 환원된다. 마르치온주의는 그리스도교 복음이 전하는 계시의 신[deus revelatus]과 유대 [율]법에서 말하는 부조리한 신[deus absconditus]이라는 이분법을 정립함으로써 이후 바울의 수용에 지속적으로 영향을 미쳐 왔다. 마르치온이 근대, 특히 19세기 그리스도교의 역사에 얼마나 강력한 영향을 미쳤는지를 보여 주는 것이 바로 테오도시우스 하르나크의 책[26]이며, 타우베스는 이 책이 근대 신학의 역사에서 마르치온적 사유의 구조를 보여 주는 아주 중요한 자료임을 강조했다. "창조주로서의 하느님은 이 세계의 죄 때문에 오직 분노로써만 이 세계에 현전하신다. 그의 정의는 이 세계 안에서 '심판하고 벌하는' 힘으로 섭리하시며, 그의 '심판'은 분노와 저주[Verdammnis]의 심판이다. 그리고 그의 [율]법 역시 마찬가지다."[27] [율]법, 죄, 그리고 죽음은 그리스도께서 이 세계에 복음을 전하시면서 맞서 싸워야 했던 적들이다.[28] 이러한 생각은 원죄로 인한 타락이 이 물질 세계의 창조의 당연한 결과라는 마르치온의 그것과 통한다. 그는 신의 두 가지 현현 방식을 서로 대립시켰던 것이다.

이러한 신학의 귀결은 그의 아들 아돌프 폰 하르나크에게서 더없이 분명해진다.[29] 타우베스는 복음주의 교회에서 쓰는 『성서』 정전 텍스트에서 『구약성서』를 제외시켜야 한다고 말하는 하르나크의 텍스트를 인용하고 있다. 「교회사와 종교철학에 비추어 본 마르치온의 그리스도교」

---

26) Theodosius Harnack, *Luthers Theologie*(1862), Amsterdam: Editions Rodopi, 1969.
27) *Ibid.*, Bd. 1, S. 525.
28) *Ibid.*, Bd. 1, S. 537.
29) Adolf von Harnack, *Marcion: das Evangelium vom fremden Gott*(2. Aufl., 1924), Darmstadt: Wissenschaftliche Buchgesellschaft, 1985.

라는 장에서 하르나크는 후기 아우구스티누스의 은총론에서부터 루터의 그리스도론을 거쳐 '그리스도교의 본질'을 규정하려 했던 19세기의 시도들——슐라이어마허, 헤겔, 톨스토이, 고리키——에 이르기까지 마르치온주의가 은밀히 행사해 온 영향의 역사를 밝혀내고 있다. 아돌프 폰 하르나크가 묻는 물음은 이러하다. 니체 이후의 그리스도교 신학이 "가장 커다란 문제의 해답으로 궁구해 온 해답"은 마르치온주의가 아닌가? "다시 말해 예언자에서 예수와 바울로 이어지는 계보는 오직 마르치온을 통해서만 올바로 계승되고 있는 것이 아닌가? 그러니까 종교철학이 최후의 어휘^{das letzte Wort}로서 인정해야 하는 것은 오직 '은총(새로운 정신과 자유) 대 세계(도덕을 포함한)'라는 안티테제뿐이지 않은가?"[30] 『안티크리스트』에서 니체는 하느님과 직접적인 관계 안에 있는 예수의 복음과, [율]법을 도덕으로 교정한 바울이 삶의 최후의 가능성으로 생각했던 사랑을 갈라놓고 있다. 바울의 그리스도교에 대한 니체의 비판에 맞서서 하르나크가 참조하는 것은 마르치온의 일관된 태도이다. 즉 마르치온에 따르면, 바울은 '믿음으로 얻는 정의'와 '공로로 얻는 정의'라는 대립을 날카롭게 간파해 내긴 했지만, 그 근거가 불충분함에도 불구하도 『구약성서』가 정경^{kanonische Urkunde}으로서 효력을 갖는다고 믿었다는 것이다.[31] 이에 반해 마르치온이 세우려 했던 종교는 "완전히 비유대교적이고 또한 동시에 비헬레니즘적인 것이었다. 우주론, 형이상학, 그리고 미학적인 것 일체를 완전히 단념하는 것 말고 비헬레니즘적인 것이 있을 수 있겠는가?"[32] 신학은 이 세계 속에서 종교의 초시간적 핵심이 무엇인지를 찾는데, 마르치온의

---

30) Harnack, *Marcion*, S. 233.

31) *Ibid.*, S. 216.

32) *Ibid.*, S. 255.

환원주의적 단순법 덕분에 '그리스도교의 본질'이 세계 안에 훤히 드러나게 된 것이다. 덕분에 그리스도교는 유대교의 유산^{Erbe}을 효과적으로 제거할 수 있었고 또한 그리스적 영향으로부터도 스스로를 방어할 수 있었다.

칼 바르트와 칼 슈미트

종교로서의 그리스도교에 대해 근대가 제기하는 물음은 다음과 같다. "세계관의 다원주의에 맞서 그리스도교가 주장하는 초월적 정당성^{Legitimation}은 어떻게 확보되는 것인가?" 칼 바르트는 하르나크의 자유주의적 종교성에 맞서 강력한 신학 개념을 내세운다. 교리로부터 자유로운 예수의 복음이라는 역사성을 핵심으로 삼는 『그리스도교의 본질』$^{Wesen\ des\ Christentums}$에 나타난 하르나크의 계몽주의적 입장은 하느님 아버지의 사랑을, 그리고 개개의 영혼 및 이웃 사랑의 무한한 가치를 설파한다. 이에 반해 바르트에게 기준이 되는 것은 오직 하느님께서 당신의 교회에 주시는 말씀뿐이며, 인간은 이 말씀 위에 굳건히 서 있어야 한다. 역사적 인물로서의 예수의 상^{像}이 믿음의 내용을 이룬다는 하르나크의 입장에 맞서 바르트는 십자가에 매달리신 분에 대한 바울의 복음에 의지한다. 이분 앞에서는 여하한 신학자들의 지혜가 모두 쓸모가 없어지고 만다.

가톨릭 개종자^{Konvertit}인 에릭 페터존$^{Erik\ Peterson}$ 역시 제도적 형식을 결여한 신앙 공동체^{Gesinnungsgemeinschaft}로서의 그리스도교를 구상했던 하르나크를 비판했다. 그렇지만 페터존은 바르트의 신정통주의^{Neuorthodoxie}에 대해서도 반대했다. 각 영방의 통치에 따른 교회 관리가 폐지된 이후로 프로테스탄티즘에는 구속력 있는 교리를 제정할 권위가 더 이상 존재하지 않는다는 것이었다. 교리의 결정에 있어서 공적으로 인정받을 수 있는 권위 있는 견해를 제시할 수 있는 것은 오직 가톨릭 교회뿐이라는 것이 페터존의 입장이다. 반면에 바르트에게 있어서 신학은 복음을 전하는 설교 속에 하느님의 말씀이 살아 움직이게 만드는 성령Geist에 의지할 수밖에 없는 "비상사태에 따른 조치"Notstandsmaßnahme였다.[33]

칼 슈미트는 상대주의, 즉 세속화된 세계의 이데올로기적 딜레마를 극복하고자 한다. 이를 위해서 그는 위에 언급된 두 가지 신학적 정당화 모델을 하나로 결합시킨 뒤 이 모델을 정치적인 것의 영역으로 전치轉置시 킨다. 독재자Diktatur라는 구상은 예외상태Ausnahmezustand를 결정하는 카리스 마 모델(바르트)과 지배 형식Herrschaftsform 및 지배 요구Herrschaftsanspruch를 통 합한 '가톨릭' 모델(페터존)을 결합한 것이다. 제도화된 민주주의 지배의 합리적 처리 방식이 실패에 봉착한 혁명의 상황에서 비범한 통치 능력을 가진 자가 어떻게 자연스러운 정당성을 획득하는가 하는 점에 대해서는 이미 막스 베버가 보여 준 바 있다. 슈미트는 의회주의Parlamentarismus의 규범 적 정당성에 대해 예외(기적Wunder)에 기반한 카리스마적 정당성을 맞세우 며 이를 통해 정신Geist과 [율]법[의 대립]을 극복한 바울의 정식을 그 나름 의 특유한 방식으로 활성화시키고 있다. 슈미트에 따르면, 이른바 근대의 정당성(한스 블루멘베르크)이란 기껏해야 합리적 법 순응주의로서의 합법 성Legalität만을 주장할 수 있을 뿐, 진정한 정당성을 가질 수는 없다. 왜냐하 면 [근대의] 규범 체계Normensystem는 더 높은 권위에 기초한 것이 아니기 때 문이다. 슈미트가 보기에 소위 '근대의 정당성'의 배후에는 제멋대로 권력 을 참칭한 [근대적] 주체가 존재하고 있다.[34] 이에 대해 재차 슈미트를 비

---

33) Erik Peterson, "Briefwechsel mit Adolf von Harnack und ein Epilog", *Hochland*, 30/1, 1932, SS. 111~124.

34) Carl Schmitt, *Politische Theologie II: Die Legende von der Erledigung jeder Politischen Theologie*, Berlin: Duncker & Humblot, 1970, SS. 109 이하.

판하는 블루멘베르크는 정치적 입장과 신학적 교리[도그마] 사이에 은유적 구조에 기반한 유비^{metaphorische Strukturanalogie}를 설정함으로써 정치적 입장을 정당화하려는 시도를 공격한다.[35] 물론 근대에 이루어진 개념의 세속화를 부정적으로 평가하는 슈미트는 신학적인 것과 정치적인 것이 실제적으로 하나라는 견해를 고수한다.

벤야민의 '세계정치로서의 니힐리즘'과 바울의 부정적 정치신학

벤야민 전집 편찬의 연대와는 달리 「신학-정치적 단편」이 쓰여진 시기를 제1차 세계대전 직후로 생각한 타우베스는 이 텍스트에는 전쟁의 경험이 저변에 깔려 있다고 주장하면서, 세속적인 것의 질서라는 벤야민의 '니힐리즘적' 개념을 바울의 부정적 정치신학과 연관시킨다. '세계정치로서의 니힐리즘'이라는 벤야민의 구상과 가장 많이 닮은 것은, 타우베스에 따르면, 세계에 대한 바울의 근본 태도인 '마치 ~이 아닌 것처럼'^{Als-Ob-Nicht}(호스 메^{hos me})[36]이다. 유사성은 여기서 그치지 않는다. 벤야민의 창조 개념 및 자연 개념 역시 바울적인 것이다. 벤야민이 말하는바, 몰락 속에서 행복을 추구하는 노력은 [세계의 상태를] "피조물의 한숨"^{Seufzen der Kreatur}으로 표현한 바울의 창조 개념, 덧없음^{Vergängnis}으로서의 창조 개념과 동일한 것이다. 타우베스가 보기에 벤야민은 바울주의자이며, 그것도 두 가지 점에서 그러하다. 첫째, 바울처럼 벤야민도 창조를 절망적인 상태, 구원이 불가능한 상태로 보는 데서 출발하며, 더욱이 구원의 가능성을 예술이라는 '마치 ~인 것처럼'의 형식 속에서 상상력을 통해 구현하려는 아도르노와는 전혀

---

35) Hans Blumenberg, *Die Legitimität der Neuzeit*, Frankfurt: Suhrkamp, 1988, S. 99~114.
36) 「고린도전서」 7장 29~31절.

다른 입장을 취하기 때문이다. 아도르노의 생각대로라면 메시아적인 것은 "미학적인 것 속에서" 찌그러진 채 안색이 하얗게 질린 범주^{Kategorie}가 되어 버릴 것이라는 말이다. 그리고 둘째로——타우베스가 "둘째로"라는 말만 해놓고서 마무리를 짓지 않은 경우는 너무나 빈번해서 맥락에 의지해 재구성할 수밖에 없다——벤야민 역시 바울과 마찬가지로 세속적인 것의 질서에서는 그 어떤 종교적 의미도 찾을 수 없다고 생각했으며 지배와 구원 사이에 결코 건널 수 없는 분리선을 긋고 있기 때문이다.

내재성과 불평등

벤야민, 슈미트, 그리고 바르트 같은 사상가들에게는 세속화된 세계가 처한 위기 속에서 초월의 범주가 필수불가결한 것으로 등장한다. 이에 반해 스피노자, 니체, 그리고 프로이트는 신, 영혼, 심판 따위의 형이상학적 심급^{Instanz}들을 부정하는 실재의 궁극적 내재성을 고수한다. 최초로 실재의 내재성을 주장하면서——"신은 곧 자연이다"^{deus sive natura}——이를 통해 인간으로 하여금 '세계냐 초월이냐'라는 결정을 필요 없게 만들어 준 스피노자로부터 시작되는 타우베스의 근대 계보학 안에서 가장 중요한 인물로 등장하는 이는 니체이다. 타우베스에게 니체는 반^反바울주의자로, 바울의 적수^{Antipode}로 나타난다. 이 점은 두 가지 주제를 통해 설명되는데, [타우베스는] 이 두 주제 사이의 내적인 연관성을 더 자세히 밝혀 주지는 않는다. 그 두 가지 주제란, 사회적 불평등^{Ungleichheit}과 우주적 내재성^{Immanenz}의 문제이다. 그리스적 관점에서 보면 불변하는 자연적 조건^{Gegebenheit}이자 더 높은 단계를 향한 인류 발전의 가능성의 조건을 이루는 인간 불평등——약한 자에 대한 강한 자의 억압——은 그리스도교의 관점에 와서는 거꾸로 심각한 죄이자 올가미^{Verstrickung}로 평가절하된다. 이 죄로부터 자유롭게 해줄 수 있는 것은 오직 '바깥으로부터' 도래할 평등뿐이다. 즉 신 앞에서의 평등, 혹은, 바울식으로 말하자면, 그리스도 안에서의 평등뿐인 것이다. 도덕이 토대를 가질 수 있는 것은 오로지 초월론적으로만, 다시 말해 세계 바깥에 있는 관찰자 및 심판자 앞에서 지게 될 책임을 통해서만 가능하다. 니체는 이처럼 초월에 의해 기초 지어진 도덕을 사제의 "원한 감정"Ressentiment이라고 고발하면서 이에 맞서 생生의 자연적 위계 질서를 내세운다. 원한에 저항할 수 있는 힘으로 니체가 설정한 정식은 "무구한 생성"Unschuld des Werdens이다. 내재적 우주에서 효력을 갖는 것은 위계 질서와 생의 가치들이다. 그런데 유대교적 유일신주의Monotheismus는 이 가치들을 뒤집어 버렸으며 —— 니체가 보기에 이러한 "노예 도덕"Sklavenmoral의 대표자가 바울이다 ——, 그래서 니체는 초월을 부정함으로써 —— "신은 죽었다" —— 소크라테스 이전 시대의 세계상으로 회귀해야 한다는 주장을 펼친다. [천박한 근대와 달리] 귀족적이고 비극적이었던 시대로 말이다. 니체의 비초월적intranszendent 세계상 안에서 인류Humanum는 초월에 의지하지 않고도 자기를 실현할 수 있다. 다시 말해, 위버멘쉬Übermensch가 되면 되는 것이다. [이와 달리] 그리스도교의 인간 정의에 따르면, 인류는 초월을 향해 열려 있는 에클레시아 안에서만 자기를 실현할 수 있다.

타우베스가 강조하는 니체 철학의 핵심어는 "데카당스"Décadence와 "죄"Schuld이다. 이 두 가지는 근대의 딜레마를 표시해 주는 개념들이다. 비록 근대는 스스로가 이 두 조건들로부터 이미 자유로워졌다고 믿고 있지만 말이다. 프로이트와 니체를 결합시키는 것이 바로 이 "모든 죄로부터의 구원"이라는 '근대'의 프로그램이다.[37] 두 사람은 죄를 일종의 문화적 구성물Konstruktion에 지나지 않는 것으로 보았다. 물론 이들은 이 구성의 근원에 대해서는 상이한 평가를 내렸다. 니체에게 죄는 도덕과 형이상학이라는 미명하에 육체적 현실을 억압함으로써 생겨난 것이었다. 그리고 프로이트에게 죄는 사회적 질서를 정초하는 폭력적 행위Gewaltakt를 억압함으로써 생겨나는 것이었다.

전통과 기억

프로이트에 대한 설명과 함께 하이델베르크에서 행해진 타우베스의 바울 강연은 마무리된다. 프로이트에 대한 이야기들 역시 니체에 대한 것과 마찬가지로 단편으로 이해되어야 한다. 1986년 여름 학기에 타우베스는 '전통과 기억'Tradition und Gedächtnis이라는 주제하에 해석학 콜로키움을 개최했는데, 이것은 베를린 대학에서 그가 교수로서 했던 마지막 강의였다. 이 강의에서 그는 프로이트가 모세에 관해 쓴 책[『인간 모세와 유일신교』]을 다루었다. 이 사실로부터 우리는 하이델베르크의 바울 강연에서 중심을 차지하는 것 역시 이 주제일 것임을 짐작할 수 있다. 프로이트의 테제에 대한 순수 역사적 논쟁들을 공격하는 타우베스의 까칠한harsch 어휘들을 보면, 그에게 중요한 것은 종교이론적 가치 평가 작업이라는 사실을 알 수 있다. 그리고 그가 말하고 싶었던 사실은, 역사적 재구성의 측면에서는 설득력이 거의 없지만 종교이론적 견지에서 보면 프로이트의 통찰은 실로 심오한 것이었다는 점이다. 이러한 입장에서 핵심적인 테제는, 종교란 전통의 산물이 아니라 집단적 기억의 산물이라는 것이다. "종교적 현상에 속하는 강박적 성격"은 전통의 개념으로는 설명되지 않는다.[38] 프로이트가 "억압된 것의 귀환"Wiederkehr des Verdrängten이라는 이론을 전개한 것은 바

---

37) Friedrich Nietzsche, "Die Erlösung von aller Schuld", *Werke in drei Bände*, III, SS. 820~824.

로 이와 같은 맥락에서이다. 그는 이렇게 쓴다. "내가 생각하기로는 이 지점에서 개인과 대중의 차이는 거의 사라지는 것 같다. 대중들 역시 무의식적인 기억의 흔적 속에서 과거의 인상을 보존하고 있는 것이다."[39] 전통의 개념이 **의식적** 차원의 문화적 작업에 국한될 뿐이며 또한 유산의 수용과 계승의 기술에만 관련되는 것이라면, 기억의 개념은 집단의 **무의식적** 영혼의 삶까지 포괄하는 것이다. 물론 칼 구스타프 융이 말하는 "집단 무의식"의 의미에서가 아니라, "무의식의 내용은 전적으로 집단적인 것이며, 더 일반적으로는 인간 일반의 소유다"라는 의미에서 그렇다는 말이다.[40] 종교적 전승^{Überlieferung}은 바로 이 영역으로부터 강제력을 얻는다. 이 힘은, 역사학자 요제프 예루살미의 말을 빌리자면, "억압된 것의 회귀 속에, 지금껏 의식되지 않은 먼 과거의 실제 사건들에 대한 기억이 현재화되는 과정 속에" 놓여 있다.[41] 방금 예루살미의 책에서 본 것과 마찬가지로, 타우베스의 프로이트 해석이 목표로 삼은 것 역시 프로이트의 모세 연구서가 갖는 종교이론적 핵심이었다.

그러나 예루살미가 여타의 프로이트 해석가들과 마찬가지로 "프로이트가 은근슬쩍 동일시하는 인물은 모세"라는 가정에서 출발하는 반면, 타우베스의 생각은 "모세가 아니라 바울이야말로 프로이트가 정말로 동일시하고 싶어 한 인물"이라는 것이다. 프로이트의 모세 연구서에 대한 콜

---

38) Sigmund Freud, *Der Mann Moses und die monotheitische Religion, Gesammelte Werke*, XVI, 1939, S. 208; Yosef Hayim Yerushalmi, *Freuds Moses: Endliches und unendliches Judentum*, Berlin: Wagenbach, 1992, S. 53.

39) Freud, *Der Mann Moses und die monotheitische Religion, Gesammelte Werke*, XVI, S. 201.

40) *Ibid.*, S. 241; Yerushalmi, *Freuds Moses*, S. 58, n. 51.

41) Yerushalmi, *Freuds Moses*, S. 58.

로키움을 열면서 강의 계획서에 그가 썼던 문장들 중에는 이런 것이 있다. "뛰어난 연구자들은 모세에 대한 프로이트 만년의 연구서가 자서전적 성격을 띤다는 사실을 간파해 냈다. 그러나 그들은 민족의 아버지인 모세의 모습에 현혹되고 말았다. 왜냐하면, 해석학 콜로키움의 연구 테제가 바로 이런 것인데, 프로이트가 거울에 비친 자기 모습에서 발견한 인물은 모세가 아니라 바울이었기 때문이다. 프로이트는 바울의 '참된 유대교적 성격'에 깊은 공감을 느꼈다. 인간 모세에 대한 정신병리학을 간판으로 내걸었지만 프로이트가 실제로 한 일은 기억과 전통에 관한 이론 작업이었다. 억압된 자들의 귀환이라는 종교사적 과정에 대한 그의 분석은 역사적 진리라는 매우 다층적인 개념을 정립시켰다." 이로써 [타우베스의] 프로이트 강의의 기초가 되는 두 가지 복합적인 주제의 윤곽이 드러난 셈이다. 즉 '두번째 바울——모세가 아니라——로서의 프로이트'라는 것과 '기억——전통이 아니라——으로서의 종교'가 그것이다. 이제 남은 질문은, 이 두 가지 주제가 서로 어떻게 연관되는가 하는 것이다. 이 두 주제의 교차점Schnittpunkt은 [율]법의 폐기라는 모티프에 놓여 있다. 바로 이 모티프가 프로이트를 모세가 아닌 바울과 연결시켜 주는 것이다. 더 나아가 [율]법에 관한 물음과 더불어 이와 분리될 수 없는 하느님의 분노와 죄에 관한 물음은 인간 실존의 지평에서 우리의 의식적인 의지Wille에 의해서 밝혀진 것보다 훨씬 더 멀리 나아간다는 통찰 역시 프로이트를 바울과 연결시켜야 하는 또 하나의 이유이다. 그러니까 이 물음들은 역사의 심연과 인간 영혼의 심층까지 건드리는 것이다. 타우베스가 니체로부터 프로이트로 이어지는 가교로 설정한 문장은 이 맥락에서 읽혀야 한다. "모든 심오한 인간들은——루터, 아우구스티누스, 바울은 이 점을 분명히 알았다——우리의 도덕성과 그 덕분에 일어나는 사건들이 우리의 의식적인 의지와 오롯이 포개어지지 않는다는 점에 한결같이 동의한다."[42] 바로 이 때문에 전통을 기억으로 대체한 프로이트의 종교이론적 작업이 타우베스에게 중요했던 것이다. 프로이트에게도 죄의 기억과 억압이 중요했기 때문에, 인간의 역사를 포괄하는 죄의 연관으로서의 원죄를 [어떻게 해결할 것인가에 대해] 생각했던 바울이 그와 관계를 맺는 것은 당연한 노릇이다. 오래전 한 논문에서 타우베스는 이렇게 쓰고 있다. "바울과 아우구스티누스 이후로 원죄에 대해 프로이트만큼 철저한 이론을 내세운 신학자는 단 한 명도 없었다. 바울 이후로 원죄를 속죄할 필요성을 프로이트만큼 치열하게 연구하고 절박하게 주장했던 사람은 한 명도 없었다. 프로이트가 고안해 낸 이론과 치료법은 바울이 이방인들을 향해 설교했던 메시지와 동일한 맥락 속에 있다고 말하는 것은 결코 허황된 이야기가 아니다."[43] 강연의 마지막에 이르러 타우베스는 다시 한번 분명히 강조한다. 프로이트와 바울에게 공히 중요한 문제는 죄의 연관Verschuldungszusammenhang으로부터의 구원이었다는 사실을. 바울에게 원죄란, 옛 아담의 이기주의에서 비롯된 것이었다. 이 죄는 [율]법에 의해 인지되고 그리스도의 몸과 하나가 됨으로써 극복되는 죄이다. 이와 완전히 동일하게 프로이트에게 중요한 것은 자아의 입지Standort를 새롭게 규정하는 것이었다. 자아는 승화를 통해 관습적 규범의 독재와 충동의 혼란으로부터 빠져나와 새로운 삶의 연관 속으로 들어간다. 그러나 바울이 다만 환상적으로만 구원을 가져왔다면, 거울에 비친 제 모습을 바울의 그것과 겹쳐 보며 스스로를 이해했던 프로이트는

---

42) 이 책 203쪽을 참조하라. — 옮긴이

43) Jacob Taubes, "Religion und die Zukunft der Psychoanalyse", Eckart Nase und Joachim Scharfenberg(Hrsg.), *Psychoanalyse und Religion*, Darmstadt: Wissenschaftliche Buchgesellschaft, 1977, S. 171.

"단순히 개인 차원에 국한되는 치료가 아니라 동시에 문화이론이기도 한 치료법을 통해 구원을 실현"했다는 것이 타우베스의 생각이다.[44] 프로이트는 특유의 방식으로 "구원"Heil을 "치료"[거룩하게 만들기]Heilung로 대체했다는 것이다.

니체와 바울, 프로이트와 바울이라는 구도는 단지 바울이 끼친 영향사의 중요한 국면들을 표시하는 데 그치는 것이 아니라, 바울이라는 인물을 다시 보게끔 비춰 주는 [새로운] 조명이기도 하다. 이 구도는 바울에게 중요한 문제가 어떤 것이었는지를 밝혀 주기 때문이다. 타우베스는 강연의 서두에 사바타이 츠비와 사바티아니즘의 현상에 대해 언급하면서 이와 같은 동기를 분명히 해두었다. [예수와 바울 이후] 1500여 년이 지난 뒤에 발생한 이 운동에 비춰 보아야만 비로소 우리는 바울이 "믿음"이라고 부른 것이 어떤 것인지를 이해할 수 있다. 니체와 프로이트에게는 사태가 정반대로 뒤집힌다. 그들은 바울적 세계로부터 빠져나오길 원했으며, 바울이 정립한 가치들을 파괴하는 문화이론적 성찰들을 통해 [역설적으로] 바울의 텍스트들이 지닌 파급력을 증명해 보였던 것이다.

4. 정치신학

야콥 타우베스 대 칼 슈미트: '정치신학'의 개념에 대한 대립적 규정들

야콥 타우베스는 1980년대 초반 자신이 직접 연구 그룹을 꾸려 세 개의 분과로 나뉜 학회를 개최하고 이 성과물들을 각각 묶어 세 권의 책으로 출간했는데, 그 자신이 직접 이 프로젝트를 "종교이론과 정치신학"Religionstheorie

---

44) 이 책 219쪽을 참조하라.—옮긴이

und Politische Theologie이라고 명명했다. 그 세 권의 책이란, 『이 세계의 군주: 칼 슈미트와 그 결과들』*Der Fürst dieser Welt: Carl Schmitt und die Folgen*, 1983, 『그노시스와 정치』*Gnosis und Politik*, 1984, 그리고 『신정정치』*Theokratie*, 1987이다. 세 권의 책의 공통 기반이 되는 구상을 체계적으로 제시하는 것은 불가능한 일이지만, 주제가 세 가지로 분류되었다는 사실이 이 문제가 세 가지 측면으로 구성되어 있음을 말해 주는 분명한 지표라는 점에는 이론의 여지가 없을 것이다. 다시 말해, 정치와 종교 혹은 지배와 구원 사이의 가능한 관계들이 역사적으로 형성되는 과정을 일목요연하게 정리해 보려는 사람에게는 이 세 권의 시리즈가 보여 준 것과 같은 세 가지 근본 유형에 따른 방식 외에 다른 적절한 정리 방식이 있을 수 없다는 말이다. 그 세 가지는 다음과 같다. 대표의 유형(『이 세계의 군주』). 이것은 지배자를 하느님께서 보내신 이 지상의 대리자로 생각하는 방식이다. "이중 주권"의 유형(이것은 니덤[45]의 표현이다). 이것은 정신적인 지배 및 연합과 세속의 지배 및 연합을 엄격하게 구별하는 방식이다(『그노시스와 정치』). 그리고 신정정치의 유형. 이것은 이 지상에 대한 신의 직접적인 지배를 제도화하려는 방식이다(『신정정치』).[46] 타우베스는 칼 슈미트로부터 정치신학의 개념을 배웠다. 슈미트는 이 개념을 자기에게만 국한되는 의미로 썼던 것이 아니라 유례없이 커다란 공명을 얻도록 만들기까지 했는데, 이 울림은 오늘날까지도 생생하게 살아 있다. [그런데] 이 공명은 양가적인 것이었다. 즉 정치신학의 개념은 그것을 유명하게 만든 바로 그 인물이 그랬던 것과 똑같이 치

---

45) Rodney Needham, "Dual Sovereignty", *Reconnaissances*, Toronto: University of Toronto Press, 1980.

46) Jan Assmann, *Politische Theologie zwischen Ägypten und Israel*, Themen 52, München: Carl Friedrich von Siemens Stiftung, 1992, SS. 33 이하를 참조하라.

열한 공방의 대상이 되었던 것이다.[47] 이러한 맥락에서 슈미트가 대변하는 입장, 무엇보다 정치신학의 개념과 결부된 그의 입장은 '대표'의 유형에 상응하는 것이다. 이 입장은 정치적 질서를 정당화해 줄 수 있는 '내재적' 범주라는 것은 존재할 수 없다고 주장한다. 이 점에 관한 한 슈미트와 타우베스의 생각은——그리고 타우베스의 생각으로는 바울 역시——일치한다. 그러나 (바울과 더불어) 타우베스가 이로부터 정당한 정치적 질서라는 것은 도무지 존재할 수 없(으며 오로지 합법적인 질서만이 존재한)다는 결론으로 나아가는——이 입장은 '부정적 정치신학'을 자처한다——반면, 슈미트는 대표에 의거한 정치 질서를 고집한다. 즉 권력은 자신을 가능하게 한 신으로부터 정당성을 부여받는다는 것이다. 하느님으로부터 계시된 진리만이 복종을 요구할 권위를 기초 지을 수 있다. 이런 까닭에 정치신학의 개념은 대표의 요청Postulat과 등치될 수 있는 것이다. 그리고 이것이 바로 에릭 페터존이 「정치적 문제로서의 유일신주의」라는 유명한 논문에서 했던 작업이다. 이 논문이 정점에 다다르는 것은 다음과 같은 테제에서이다. "그리스도교는 일체의 정치신학으로부터 토대를 박탈하는 종교이다. 왜냐하면 그리스도교의 삼위일체 신은 그 어떤 정치 질서도 대표하지 않기 때문이다."[48]

---

47) Heinrich Meier, "Was ist Politische Theologie?", Assmann, *Politische Theologie zwischen Ägypten und Israel*, SS. 7~19를 참조하라.

48) Erik Peterson, *Der Monotheismus als politisches Problem: Ein Beitrag zur Geschichte der politischen Theologie im Imperium Romanum*, Leipzig: Hegner, 1935. 이에 대해서는 Alfred Schindler(Hrsg.), *Monotheismus als politisches Problem?: Erik Peterson und die Kritik der politischen Theologie*, Gütersloh: Gütersloher Verlagshaus Mohn, 1978; Barbara Nichtweiß, *Erik Peterson: Neue Sicht auf Leben und Werk*, Freiburg im Breisgau: Herder, 1992, 특히 SS. 764~779; Meier, "Was ist Politische Theologie?", Assmann, *Politische Theologie zwischen Ägypten und Israel*, SS. 15 이하를 참조하라.

야콥 타우베스는 직접적인 형태로 이와 같은 개념의 역사에 접속한다. 그러니까 그의 강연은 슈미트와 페터존이 개시한 논쟁에 개입하는 일종의 입장 표명이라고 할 수 있는 것이다. 정치신학에 대한 (가톨릭적) 논쟁에 확실한 태도로 접속했으면서도 타우베스는 자신의 바울 독해에 관해서는 난해함과 당혹감, 그리고 오해를 유발시켜 놓았다. 만약 타우베스에게 중요한 것이 제국의 지배와 메시아적 지배 사이의 (묵시록적) 대립이었다면, 이러한 독해 방식은 「로마서」 13장의 정적주의Quietismus로 인해서 근거를 잃게 되는 것이 아닐까? 이 텍스트는 정당한 권력으로 선포된 권력에 복종할 것을 요구하고 있으니 말이다. 여기서 기획된 [정치적] 모델은 혹시 칼 슈미트의 범주들로 속을 채운 신정정치가 아닐까? 이 두 사람이 적수Antipode였다면, 이들은 실제로 서로를 얼마나 제대로 혹은 얼마나 형편없이 이해하고 있었던 것일까? 그리고 오늘날 우리는 이 논쟁을 어떻게 낱낱이 재구성해서 쓸 수 있을까? 이러한 물음들은 결정적인데, 왜냐하면 타우베스의 바울 독해를 어떤 빛에 비추어 듣거나 읽어야 할지를 결정하는 것이 바로 이 물음들이기 때문이다. 유감스럽게도 타우베스 자신은 이처럼 이해의 틀을 마련해 주는 조건들을 충분히 설명해 주지 않았다. 그의 강점은 항상 [사태와 사건의] 내부로부터, 다시 말해서 구체적으로, 입장을 명확히 하면서, 그리고 논쟁의 구도가 어떤 것인지를 분명히 밝히는 방식으로 이야기를 했다는 점에 있었[는데도 말이]다. 더 나아가 그는 일반화된 담론의 내부에 차이를 만들어 내는 작업에 대해서는 거의 신경을 쓰지 않았다. '정치신학'의 개념에 대한 아래의 분석에서는 슈미트-타우베스 논쟁에 암묵적으로 전제된 사항들을 [재]구성하면서 각각의 논변을 대립하게 만드는 프레임이 어떤 조건들로 이루어져 있었는지를 알아보도록 하겠다.

'정치신학'의 개념을 사용하는 사람은 누구든 인간의 비자족성[Nicht-autarkie]을, 타고났건 획득했건 상관없이 미미하기만 한 인간의 능력을, 그리고 제 삶의 방식을 스스로 합리적인 방식으로 정초할 수 없는 무기력을 인정하는 데서 출발하는 셈이다.[49] 중요한 것은 계몽주의에 대한 비판적 구상으로서, 인간의 의지와 당위를 [실증주의가 아니라] 형이상학적 컨텍스트 속으로 옮겨 놓는 것이다. 정치신학에서 핵심적인 것은 신의 지배를 어떻게 구현하는가 하는 점이다. 그렇지만 이미 여기서부터 정치신학에 대한 두 가지 상이한 해석이 선명히 부각된다. 첫번째 해석은 신의 지배가 이 세계의 지배자를 통해 구현된다는 견해를 가리키고, 두 번째는 민중을 통해서 구현된다는 견해를 가리킨다. 이스라엘 정치신학의 폭발력은 민중이 신적 지배의 구현자[Inkarnation]인 지배자를 대체했다는 점에 있다. 이 지상의 지배자는 왕이신 하느님의 대변자이다. 그리고 민중[이스라엘 백성]은 하느님과의 연합을 이룬 파트너이자, 바울이 정식화한 표현을 따르자면, 그리스도의 '몸'[Leib]이다.

신적 지배의 구현에 대한 이와 같은 상이한 해석으로 인해 정치적인 것의 개념으로부터 이중-의미[Doppel-Sinn]——반대-의미라고까지는 말할 수 없겠지만——를 도출해 낼 수 있다. 이 의미는 한편으로는——'도시'를 뜻하는 그리스적 폴리스에 부합하는——사회, 공동체, 공중, 그러니까 나중에 가서는 라틴어 개념 덕분에 사회적인 것[das Soziale]이라고 불린 것과 관련된다. **정치적 동물**[zoon politikon]이라는 아리스토텔레스의 인간에 대한 정의는 라틴어로 **사회적 동물**[animal sociale]이라고 번역되었던 것이다. 다른 한편, 그

---

49) Meier, "Was ist Politische Theologie?", Assmann, *Politische Theologie zwischen Ägypten und Israel*, S. 18.

리고 특별히, 정치적인 것의 개념은 지배, 다시 말해 사회적 공간 안에서 명령을 내릴 수 있는 권력[폭력]이 어떻게 조직되고 구조화되는지에 관계된다. 그러니까 정치적인 것의 개념은 수평적 차원과 수직적 차원, 사회학적 의미와 권력론적^{kratologisch} 의미를 가지고 있는 것이다. 정치신학의 개념도 이와 마찬가지다. 이 개념 역시 수평적-사회학적 차원과 수직적-권력론적 차원 사이에서 진동하는 것이다. 이 개념을 사용하는 사람들 중 어떤 이들은 지배의 신학을 참조할 것이고, 또 다른 이들은 공동체의 신학을 참조할 것이다.

타우베스가 이 개념을 사용하는 방식에 있어서 전면에 등장하는 것은 사회학적인 차원, 그러니까 공동체의 신학이다. 그에게 정치신학은 무엇보다 (그의 명명법을 따르자면) 신의 백성을 건립한다는 의미에서 결-연^{Ver-Bundes}을 형성하는 문제에 관한 이론이다. 즉 공동체에 종교적인 토대를 마련해 주는 것이 [무엇보다] 중요한 문제라는 말이다. 이 점에 있어서 타우베스는 유대교적 전통의 토대 위에 굳건히 서 있다고 할 수 있다. 이 전통에 있어서 권력론의 차원은 [이스라엘] 국가의 소멸 ——기원전 586년경 유다 왕국이 멸망하던 시기 ——이후로는 어떻든 다른 곳으로 넘어가고 말았다. 즉 한편으로는 역사 속에서 이스라엘 백성들이 의존해 왔던 정치적인 권력들——페르시아 제국, 셀레우코스 제국, 로마 제국 등이 있으며, 간략히 '에돔'^{Edom}이라고 총칭한다——에게로 넘어갔고, 다른 한편으로는 메시아 이념으로 넘어간 것이다. 힐렐[50]과 그 이후 마이모니데스[51]로 이어

---

50) 힐렐(Hillel, BC 30~9). 2차 성전 파괴 당시에 살았던 최고의 바리사이 학자였다. 토라 해석의 토석을 놓은 사람이기도 하다. ─옮긴이
51) 모세스 마이모니데스(Moses Maimonides, 1135~1204). 유대 철학자이자 종교학자. 유대 역사를 통틀어 가장 중요한 사상가로 꼽힌다. ─옮긴이

지는 전통에 따르면, 메시아 혹은 '메시아적인 것'이란 이스라엘의 정치적 독립 외에 다른 것이 아니다(실제 사정과는 전혀 다르지만 어쨌든 사람들이 갈망하는 것을 아우르는 총합 개념인 셈이다). 이 수평적 정치신학의 특수한 점은 권력론의 차원을 구석으로 밀어내는 동시에, 말하자면 그것의 활동을 정지시킨다는 점이다. 즉 한편으로는 메시아적인 것의 유예를 통해, 다른 한편으로는 지배적 정치 권력의 구도가 어떻든 간에 전혀 무관심한 태도를 보임으로써 말이다. 대신에 전면에 등장하는 것은 이 세계의 권력과는 다른 권력, 마침내 구세주에 의해 모든 것을 전복시키며 도래할 세계의 권력이다. 이 권력은 순수하게 수평적인 공동체, 역사 속에서 '지배로부터 자유로이'herrschaftsfrei 존속하는 공동체로서의 신의 백성이다.

슈미트와의 대화에서 타우베스는 유대교적 배경에 서서 정치적인 것 —수직적인 것의 이중적 전치라는 의미에서 —이란 종교적 사회 구성 및 사회적 구속력 형성에 관한 물음이라고 논변한다. 이에 반해 슈미트는 그리스도교적 배경에 서서 정치적인 것이란 전적으로 권력론의 의미, 즉 권위, 계시, 그리고 복종으로 이루어진 관계망 속에서 생각되어야 한다고 주장한다.[52] 사회 속에서 말할 권리를 갖는 자는 누구이며, 최상위의 결정을 아래까지 관철시키고 정당화할 수 있는 방법은 어떤 것인지를 묻는 물음이라는 말이다. 정치신학은 '주권'Souveränität에 대한 신학적 해석과 정초 작업에 대해 묻는다. 주권이란 최상의 권위와 궁극의 결정에 대한 문제인 것이다. 정상적 규범 일체를 근거 짓는 모든 결정의 상위에 있는 결정, 예외상태에 관한 결정의 문제. 이것은 철두철미 수직적으로 설정된 정치

---

52) Meier, "Was ist Politische Theologie?", Assmann, *Politische Theologie zwischen Ägypten und Israel*, S. 11.

적인 것의 개념이다. 슈미트에게 수직축은 인간의 비자족성, 신에 대한 의존과 복종에 근거를 두는 것이었다. 신은 모든 정치 질서를 수직 방향에 따라 구축하는 자이다. "모든 권력은 하느님께로부터 온 것입니다"[53]라는 문장은 여기서 권력론을 신학적으로 정당화하는 것이 된다. 인간의 비자족성을 [무엇보다 근본적인 것으로] 고려한다는 점에서 슈미트와 타우베스는 일치한다. 그러나 타우베스가 서 있는 유대교적 사유의 지평에서 이와 같은 참조점Bezugspunkt은 메시아를 향하게 되며, 이를 통해 지상에서 대표될 수 있는 것들의 차원으로부터 빠져나가게 된다. 지상 권력의 제도들——"인간 위에 있지만 인간이 만든"——은 메시아를 대신할 수 없고 대신해서도 안 된다. 메시아적인 것은 현실에 존재하는 정치 질서를 정당화할 수 없다. 그것은 다만 일체의 질서에 대해 무관심한 태도를 취할 수 있을 뿐이고, [그렇게 해야만] 마지막에 가서 그것을 대체할 수 있는 것이다.

칼 슈미트를 "반혁명의 묵시가"로 정의한 어느 글에서 타우베스는 그들 간의 입장 대립을 다음과 같이 특징지은 바 있다. "칼 슈미트는 묵시적으로 사유한다. 그러나 위에서부터, 권력의 관점에서 그렇게 한다. 반면에나는 아래에서부터 사유한다."[54] 위에서부터 사유하는 사람은 "아래로부터 카오스가 야기되어서는 안 되며, [무슨 일이 있어도] 국가는 유지되어야 한다"는 생각으로 투쟁한다. 그로서는 카오스가 아래가 아닌 다른 곳

---

53) 이 문장이 타우베스의 강연에서 명시적으로 언급되지 않았다는 사실은 특기할 만하다. 혹시 이 문장이 칼 슈미트와의 대화에서 아무런 역할도 하지 못했던 것일까? 이와 관련해서는 Hubert Cancik, "Alle Gewalt ist von Gott: Römer 13 im Rahmen antiker und neuzeitlicher Staatslehre", Burkhard Gladigow(Hrsg.), *Staat und Religion*, Düsseldorf: Patmos Verlag, 1981, SS. 53~74를 참조하라.

54) Taubes, "Carl Schmitt: Ein Apokalyptiker der Gegenrevolution", *TAZ*, 1985. 7. 25.. Taubes, *Ad Carl Schmitt: Gegenstrebige Fügung*, Berlin: Merve Verlag, 1987, S. 22에 재수록

에서 올 수도 있다는 생각은 도무지 할 수 없는 것이다. 타우베스는 이런 생각을 법학적 입장에 특유한 것으로 여겼다. "이런 생각은 신학자나 철학자들로서는 받아들이기가 매우 어렵지요. 그렇지만 법학자에게는 당연한 겁니다. 어떻든 법적인 형식이 고안될 수 있다면, 그게 아무리 궤변에 의해 만들어진 거라 해도, 그 일은 반드시 달성되어야 하는 겁니다. 그렇지 않으면 카오스가 지배하게 되니까요. 이게 바로 슈미트가 카테콘이라고 부른 것입니다. 아래에서 생겨나서 치고 올라오는 카오스를 내리누르는 억제자를 뜻하죠."[55] 그러나 이 입장이 법학적 사유에 고유한 것만은 아니다. 왜냐하면 '위로부터의 카오스'의 가능성을 생각하거나 아니면 적어도 시민불복종의 필연성 내지는 개연성^{Berechtigung}을 고려하는 국가론^{Staatslehre}을 생각할 수 있기 때문이다. 유대인들의 경험 ——2500년 동안 타국의 지배와 박해를 받아 온—— 으로는 이러한 위험이 결코 낯설지 않은 것이다. 그들에게 가장 극심한 위협과 폭력은 항상 국가 권력의 모습으로 닥쳐오는 것이었다. 따라서 법학적 입장에 특유한 것은 [입]법과 정치[행정]의 권력 분립을 고집하는 것이다. 슈미트에 맞서 야콥 타우베스가 세속의 권력과 정신적 권력의 분리를 주장한 것과 마찬가지로 말이다. "짐작하시겠지만, 제가 슈미트로부터, 아니 슈미트에게 보여 주고 싶었던 사실은 세속의 권력과 영혼[정신]의 권력 사이에는 **절대적으로 분리가 필요하다**는 것이었습니다. 만약 이 경계선이 그어지지 못한다면 서구 세계의 숨통은 끊어지고 말 거라는 사실 말입니다. 저는 슈미트의 전체주의적 개념에 맞서서 바로 이와 같은 생각을 유념시키고 싶었던 겁니다."[56]

---

55) 이 책 232쪽을 참조하라.—옮긴이
56) 이 책 233쪽을 참조하라.—옮긴이

편집자의 말

1986년 6월 타우베스는 베를린 로제네크^{Roseneck}가의 한 약국에 가서 약사에게 처방전을 내밀었다. 약사는 이름을 판독하더니 확인을 위해 다음과 같이 물었다. "이름이 바울입니까?" 그러자 타우베스는 이렇게 대답했다. "본래 이름은 그렇습니다만, 처방전에는 타우베스라고 되어 있을 겁니다." 이 유쾌한 일화 뒤에 얼마만큼의 진정성이 숨겨져 있는지는 타우베스의 편지에서 몇 구절을 인용해 보면 짐작할 수 있다. 이 편지에서 타우베스는 이렇게 적었다. "내 삶의 방식은 유대적인 것과 그리스도교적인 것 사이의 경계선상에서 살아가는 불안한 아하수에로^{Ahasver1)}적인 것이라오. 여기서는 다만 (자기 자신과 더불어) 모든 것을 불태워 버릴 수밖에 없는 법이지요." 그리고 계속해서 이렇게 말했다. "나를 채근하는 이 모든 것들을 한 문장으로 요약해 본다면, 그것은 완전히 반^反괴테적인 문장이 될 겁니다. '이름은 소리나 연기가 아니라, 말씀이자 불이다.' ──그러니 우리

---

1) 골고다 언덕으로 십자가를 끌고 가는 예수 그리스도를 쉬지 못하게 한 까닭에 최후의 심판 때까지 방랑해야 하는 운명에 처한 유대인. ─옮긴이

는 이름에 대해 신실해야 합니다. 저의 인식 역시 이 문장으로부터 나옵니다. 폭정이 지나간 뒤에는 반드시 득세하기 마련인, 오늘날과 같은 속물적인 분위기 속에서는 모든 것이 기괴해 보인다는 말이지요.”

　타우베스는 단 한 줄의 글도 써서 준비하지 않은 채 바울 강연을 위해 하이델베르크로 왔다. 그는 베를린 자유대학에서 1980년대 초에, 그리고 은퇴 전 마지막 학기인 1986년 여름 학기에 바울에 대한 강의를 했다. 우선적으로 「고린도서」를 다루었던 이 강의들에도 강의 원고나 메모 혹은 강의 노트는 존재하지 않았다. 이처럼 아무것도 쓰지 않고 주제를 다루는 방식은 타우베스의 평소 작업 방식과 일치하는 것이다. 타우베스는 어떤 주제를 더욱더 강렬하게 다루면 다룰수록 그만큼 적게 썼던 것이다. 그는 자기가 다루는 주제들에 대해 쓰지 않았다. 그는 그 주제를 체현體現했다.

　이 바울 강연의 경우에 발생한 편집상의 문제도 이러한 사정에서 연유한다. 이처럼 체현된 텍스트를 어떻게 책으로 만들 수 있겠는가? 우리는 여기서 구술된 언어, 언어-텍스트를 다루고 있는 것이다. 이 언어-텍스트를 이제 와서 책으로 만드는 작업이 이 언어를 문자-텍스트로 탈바꿈시키는 일이 되어서는 안 된다. 여기서 문자는 구술성에 대한 증빙 자료가 되어야 한다. 이러한 전사轉寫의 형식에 대해서는 어떤 구속력 있는 모델도 존재하지 않는다. 녹취록[오디오 테이프 자료]를 전사하는 방법에 대해서는 언어학이나 심리학 그리고 사회학에서 발전시킨 모델들이 존재한다. 오리지널 자료를 종이 위로 옮겨 놓는 방법이 존재하는 것이다. 교정되지 않은 기록, 구상, 짧은 메모, 유고 등을 다루는 모델 역시 존재한다. 그러나 이 두 모델은 우리의 경우에 해당되지 않는다. 우리는 눈과 귀를 화해시켜야 하기 때문이다. 이 화해는 실제로 말해진 이야기들과 [책으로] 읽는 독자의 요구 사이에서 올바르게 균형을 잡아야만 이룰 수 있는 것이다. 이러한 목표를 달성하기 위해서 편집자들은 다음과 같은 지침을 정했다.

- 왜곡되거나 이해하기 어려운 내용들을 제외하고 의미가 또렷한 문장들만을 인쇄한다.
- 완성되지 않은 문장, 생략 혹은 모호한 침묵에 의해 공백이 생긴 문장들은 [적절하게] 채워 넣는다.
- 들을 때는 이해되지만, 읽을 경우 방해가 되는 통사적 전치Umstellung는 바로잡는다.
- '감정이 실린 표현들'Pathosformeln(모욕적 언사, 욕설, 지나가면서 던진 말)은 논변의 진행에 도움이 되지 않고 방해가 될 경우 모두 제거한다.

텍스트 선별 및 배열의 문제에 대해서는 다음의 조건들을 고려했다.

- FEST 쪽에서의 요청에 따라 관련 인물들을 보호하는 차원에서 토론 부분은 삭제했다.
- 반복, 보유, 그리고 회고적 참조사항들은 적절한 자리에 삽입했다.
- 본래 강연에서 스피노자와 니체에 대해 아주 짤막하게 이야기되었던 부분은 2부 8장의 서두 부분으로 옮겨 놓았다.

출간된 이 판본에 대해 검토하고 싶다면, FEST에 보존되어 있는 실제 녹취록과 전사된 자료를 참조할 수 있을 것이다.

1993년 3월 24일 하이델베르크에서

알라이다 아스만

 타우베스로 태어난 바울, 바울주의

영원성의 승리는 역사의 무대 위에서 성취된다.—야콥 타우베스

1. 비非철학자 야콥 타우베스에 대하여

"어떤 책이 모든 것을 파괴하고 나서 그 자체를 파괴하지 않는다면, 쓸데 없이 우리의 성질을 돋운 것이다." 이것은 친구의 말이다. 20세기 최고의 독설가이자 타우베스의 절친한 벗이었던 에밀 시오랑Emil Cioran. 시오랑은 친구를 위한 기념 논문집에 다음과 같이 적었다. "교수인 동시에 비-교수 Nicht-Professor인 타우베스는 모든 황량한 과학에 대한 혐오를 적나라하게 보여 준다.……객관성이란 몹쓸 것이다! 이렇든 저렇든 아무래도 좋은 것은 결코 내 방 문을 노크해선 안 된다. [나에게는] 유머를 통해 열정을 다스리는 사람만이 편안하고 완벽한 손님이다! [그리고] 이것은 야콥 타우베스에게 꼭 들어맞는 이야기다."『바울의 정치신학』*Die politische Theologie des Paulus* 이라는 책 아닌 책 ——본래 이것은 쓰여진 글이 아니라 발화된 말이었으므로——은 자체 폐기를 목적으로 할 것임에 틀림없다. 타우베스라면 분명 제 친구의 격언을 소중히 여겼을 것이기 때문이다. 더구나 이 책은 결코 '학문적'인 책이 아니다. 황량한 과학, 몹쓸 객관성을 목표로 한 작업이

아니라, 열정에 유머를 겸비한 비-교수가 마지막 유언을 대신하여 행했던 치열한 투쟁의 기록이기 때문이다.

야콥 타우베스는 1923년 2월 25일 빈Wien에서 수백 년간 대를 이어 온 정통 랍비 집안의 아들로 태어났다. 아버지 츠비 타우베스Zwi Taubes가 취리히의 상급 랍비의 직위에 임명됨에 따라 그의 단출한 식구들은 1936년에 취리히로 이주했으며, 이 덕분에 그의 수많은 친척들을 휩쓸어 간 홀로코스트의 위험으로부터 벗어날 수 있었다.

타우베스는 취리히에서 랍비 교육을 끝마치고 1943년 랍비 서품을 받았다. 곧이어 그는 바젤과 취리히에서 철학과 역사를 공부했고, 1947년 취리히에서 '서구 종말론의 체계와 역사'에 관한 논문으로 박사학위를 받았다. 이 책은 같은 해에 르네 쾨니히René König가 편집하고 베른의 프란케Franke 출판사가 기획·출간한 '사회학과 사회철학을 위한 기고' 시리즈 중 한 권으로 출간되었다.

박사학위를 받은 타우베스는 1949년 뉴욕 유대신학교Jewish Theological Seminary의 초청을 받아 종교철학 강사로 미국에 가게 된다. 그리고 때마침 초청 강연을 위해 뉴욕을 방문했던 게르숌 숄렘과 알게 된다. 숄렘은 타우베스의 박사 논문을 읽고 깊은 인상을 받는다. 뿐만 아니라 타우베스가 자신의 관심사인 유대 영지주의와 묵시록에 대해서도 풍부한 지식을 가졌음을 알게 된 숄렘은 예루살렘 히브리대학Hebrew University of Jerusalem 종교사회학 강좌의 강의조교 직위에 타우베스를 초빙한다. 그리하여 타우베스는 1951년부터 1953년까지 예루살렘에서 일하게 된다. 이후 타우베스는 다시 미국으로 돌아가 록펠러 장학 재단의 도움으로 하버드 대학에서 2년 동안 연구를 한다. 이어 1955~1956년에는 프린스턴 대학의 방문 교수로 초빙되어 활동하다가, 마침내 1956년 뉴욕의 컬럼비아 대학이 교수직을 제안하자 이를 수락하여 10년 동안 종교사와 종교철학을 가르친다.

이미 1961년부터 정기적으로 타우베스를 초빙했던 독일의 베를린 자유대학은 1966년이 되자 학내에 유대학Judaistik 전공을 새로이 설립하면서 그에게 정규 교수직을 제안함과 동시에 철학 연구소에 해석학 분과를 창설하여 학과장직을 맡아 줄 것을 요청한다. 그리하여 타우베스는 약 20년 만에 유럽 땅을 밟게 된다. 이후 1970년대 말에는 해석학 분과 학과장직을 사임함과 동시에 파리의 인간학 연구소Maison des Sciences de l'Homme에서 정기적인 방문 교수로서 가르쳤다.

1968년 학생 운동과 뒤이은 변혁의 시기에 베를린으로 간 타우베스는 즉각 여러 논쟁과 갈등에 활발하게 개입했다. 이 소용돌이 속으로 돌진하면서도 그는 어느 단체에도 들어가지 않았다. 뿐만 아니라 험난한 정신적 투쟁의 전장 한복판에서 싸우면서도 자신을 지지하던 동맹 세력을 번번이 헛갈리게 만들고 자신이 갖고 있던 무기를 빈번히 갈아 치웠다. 요컨대 타우베스는 관계에 대한 불안감이나 충성심 따위를 전혀 알지 못했다. 오로지 대립과 모순 속에서 살고 사유했던 그는 학문과 정치의 타협 덕분에 굳건하게 정립되어 있던 분과학문들 사이의 경계를 가볍게 뛰어넘곤 했다. 그런 까닭에 그에게는 친구가 많은 만큼 적도 많았으며, 더욱이 친구가 적으로, 또한 거꾸로 적이 친구로 뒤바뀌는 경우가 적지 않았다.

이처럼 극단적인 긴장감 속에서 지속된 삶은 노년의 타우베스를 심각한 정신적·신체적인 위기로 몰아갔다. 이미 1985년에 심각한 심장병을 앓은 경험이 있던 타우베스는 생애 마지막 강연을 행한 지 불과 몇 달이 지나기 전인 1987년 3월 21일 베를린에서 암으로 숨을 거두었다. 그가 묻힌 곳은 취리히의 이스라엘인 공동묘지였다.

시오랑은 타우베스를 일러 교수이자 교수가 아닌 사람이라고 했지만, 이러한 모순성이 비단 그의 직업에만 국한되었던 것은 아니다. 이 점은 오히려 그가 공부했던 철학이라는 학문 자체에 더 잘 들어맞는다. 즉 그는 철학자이자 비-철학자였던 것이다. 그 스스로도 "운명의 장난"으로 철학 교수가 되었다고 말하고 있는바, 타우베스의 사유 세계는 거의 모든 점에서 기존 철학계 안에서 무리 없이 수용되고 소화될 수 있는 것이 아니었다. 요컨대 타우베스는 학계의 문제아, 이단아였던 것이다. 명확한 근거 없이 다만 관습과 전통에 의해 정립된 경계선 안에 안주하는 것은 그의 체질에 맞지 않았다. 그는 오히려 철학과 신학 사이, 철학과 문학 사이의 경계선상에서 사유하고 공부하고 또한 논쟁하기를 좋아했다. 이에 대한 대표적인 사례로, 타우베스가 한스 로베르트 야우스^{Hans Robert Jauß}, 페터 손디^{Peter Szondi}, 칼 하인츠 보러^{Karl Heinz Bohrer}, 라인하르트 코젤렉^{Reinhart Koselleck}, 그리고 한스 블루멘베르크^{Hans Blumenberg} 등 독일과 유럽 지역의 일급 인문학자들이 참여한 학제 연구 프로젝트인 '시학과 해석학'^{Poetik und Hermeneutik, 1963~1994}에 주요 멤버로 참여했다는 사실을 들 수 있다.[1]

---

1) 덧붙이자면, 타우베스의 이러한 문제적인(?) 성향은 그의 제자들에게도 그대로 전승되어 이제는 거의 하나의 전통이 되었다고까지 말할 수 있다. 이 전통을 대표하는 인물로 우리는 베르너 하마허(Werner Hamacher), 아비탈 로넬(Avital Ronell), 그리고 노르베르트 볼츠(Norbert Bolz)를 꼽을 수 있다. 베르너 하마허는 프랑크푸르트 대학 비교문학과 교수이자, 스탠퍼드 대학 출판부에서 간행하는 '자오선: 미학 횡단하기'(MERIDIAN: Crossing Aesthetics) 시리즈의 책임 편집을 맡고 있고, 아비탈 로넬은 뉴욕 대학 비교문학과 교수로 『어리석음』(*Stupidity*, 2001), 『테스트 드라이브』(*The Test Drive*, 2005) 등의 저서로 유명하다(이 두 사람은 또한 타우베스 이후 자크 데리다에게서 사사하기도 했다). 그리고 노르베르트 볼츠는 『구텐베르크-은하계의 끝에서』(*Am Ende der Gutenberg-Galaxis*, 1993), 『보이지 않는 것의 경제』(*Die Wirtschaft des Unsichtbaren*, 1999) 등의 저서로 한국에도 잘 알려져 있는 미디어철학자·종교사회학자이다. 이 세 사람은 모두 기존 영역과 경계에 얽매이지 않고 새로운 사유의 노선을 선구적으로 개척해 나간다는 점에서 일치한다.

타우베스의 비철학자로서의 (모순적인) 면모는 근대 전반에 대한 그의 태도에서 가장 명확하게 드러난다. 타우베스는 결코 근대의 정당성을 인정하지 않는다. "하지만 저는 이런 말이 전혀 호응을 얻을 수 없다는 것도 잘 알고 있습니다. 현대적이지 않기 때문이죠. 그런데 저는 단 한순간도 현대적이고자 한 적이 없습니다. 저한테는 그런 게 전혀 문제되지 않았습니다."[2] 그의 이러한 단호한 반反근대적 태도는 가령 철학적 고전 저서에 대한 해석·주석·비평 작업에 있어서 가장 여실히 드러난다. 일례로 홉스의 『리바이어던』에 대한 해석을 두고 타우베스는 이렇게 말한 바 있다. "홉스의 해석가·주석가들이 리바이어던이 등장하는 「욥기」의 구절들로 소급해 가는 경우가 거의 없다는 사실은 놀라운 일이다. 다름 아닌 바로 그 구절들에서 홉스가 자기 책의 제목을 차용해 왔는데도 말이다." 이 언급을 통해서 알 수 있듯이 타우베스는 철학의 입장에서 『성서』를 연구하는 것이 아니라, 『성서』의 입장에서 철학을 연구하는, 근대인들의 눈에는 너무나 낯설고 기이한(혹은 고루한) 태도를 고수했다. 그런데 『성서』의 입장에서 철학을 본다는 것은 무슨 뜻일까? 그리고 이러한 태도는 근대의 정당성을 기각하는 것과 어떤 관계에 있는 것일까? 요점만 추려 이야기한다면, 『성서』는 이 세계의 역사(성) 바깥을 가리키는 궁극의 암호이고, 근대는 이 세계를 충일한 내재성으로 전유하려는 노력의 최상급 형태라고 할 수 있다. 이 대립쌍을 이해하기 위해서는 모종의 직관적인 비유figura가 필요할 듯하다. 가령 우리는 이렇게 생각할 수 있다. 『성서』는 우리의 역사적 세계를 감싸고 있는 껍질 혹은 테두리와 같은 것이며, 근대는 이 껍질 안에 있는 열매 혹은 알맹이라고. 껍질은 영원히 썩지 않는다. 왜냐하면

---

2) 이 책 21쪽.

그것은 무한한 '바깥'에 잇닿아 있기 때문이다. 이에 반해 알맹이는 항상 썩을 위험에 처해 있다. 껍질로부터 산소를 공급받지 않으면 금세 상해 버리게 마련인 것이다. 이렇게 보면 근대는 이미 썩을 대로 썩어 버린 알맹이와 같다고 할 수 있다. 그리고 썩은 것은 제거되어야 한다.

그러나 타우베스 사유의 독특성은 여기서 그치지 않는다. 그는 껍질과 알맹이가 사실상 구분되지 않는다고 말한다. 즉 『성서』와 근대 세계는 마치 양파―혹은 우리는 비트겐슈타인이 『철학적 탐구』에서 예로 들었던, 잎사귀와 열매가 구분되지 않는 아티초크를 생각할 수도 있다―처럼 껍질이 곧 알맹이고 알맹이가 곧 껍질인 모종의 통일체를 이루고 있는 것이다. 이것은 껍질과 알맹이를 구분하면서 속이 썩어 버렸다고 보는 견해보다 한층 더 절망적이고 비극적인 사유 방식이다. 이 생각에 따르면, 이 세계 열매에서 구제할 수 있는 것이라고는 아무것도 없으므로 우리는 다만 이 열매를 몽땅 내버려야 한다. 그리고 『성서』는 우리가 가장 마지막에 버려야 할 껍데기-열매이다. 이 마지막 열매는 다름 아닌 바울이 말한 유일한 율법, '이웃 사랑'의 열매이다. 바로 이런 생각에서 타우베스는 스스로를 '진짜 유대인', 즉 '호스 메'hos me를 주장한 바울의 후예라고 여겼던 것이다. 결론적으로 말하자면, '호스 메'와 '이웃 사랑'은 동전의 양면인 셈이다. 왜냐하면 내가 사랑해야 할 이웃은 나와 다름없이 이 무상한(모조리 썩은!) 세계의 '낯선 자'이(어야 하)기 때문이다. '마치 아니 사는 것처럼' 이 세상을 살아가는 진짜 유대인은 자신과 마찬가지로 썩어 가는 허상虛像인 어떤 이웃(들)을 온 힘을 다해 사랑하는, 이중으로 역설적인 존재이다. 바꿔 말해 바울을 따르는 타우베스는 기꺼이 썩어 가면서 모든 썩어 가는 것을 사랑하려고 했던 사람인 것이다. 이것이 진정 사랑일까? 알 수 없다. 그러나 이것이, 가장 극단적인 이율배반의 의미에서, 타우베스의 철학이었던 점만은 분명하다. "내 삶의 방식은 유대적인 것과 그리스도교적인 것 사이의 경계선상에서 살아가는 불안한 아하수에로적인 것이라오. 여기서는 다만 (자기 자신과 더불어) 모든 것을 불태워 버릴 수밖에 없는 법이지요."[3]

2. 바울주의의 계보

타우베스의 사상적 계보는 더없이 분명하다. 그는 20세기에 태어난 바울주의자인 것이다. 타우베스 스스로가 생각한 바울주의 계보의 핵심을 간추려 보면, 아마도 다음과 같을 것이다. 바울 – 마르치온 – 벤야민 – 타우베스. 이 계보의 문제성(혹은 이단성)은 시조始祖인 바울에게서부터 이미 드러나고 있는데, 이와 관련해서 우리는 19세기 말~20세기 초 독일 신학계의 황태자였던 아돌프 폰 하르나크의 다음과 같은 말을 참조해 볼 수 있다. "그[바울]의 입장은 너무나 독특한 것이었다. 왜냐하면 그는 가톨릭 교회의 아버지인 동시에 '이단'의 아버지이기도 했기 때문이다." 물론 바울이 가톨릭 교회의 아버지였다는 진술에는 이의가 제기될 수 있다. 왜냐하면 가톨릭 교회는 교부들의 전통을 계승한 것인데, 최초의 교부는 바울이 아니라 베드로였기 때문이다. 하지만 어쨌든 바울이 그리스도교의 아버지라고 불릴 수 있고 또 불리고 있는 것은 명백한 사실이다. 누구도 이 사실을 부인할 수 없을 것이다. 그러나 문제는 바울을 교회의 아버지로 추앙하는 사람들이 자신들이 애지중지하는 동전의 뒷면은 도무지 보려 하지 않는다는 데 있다. 즉 바울은 동시에 이단의 아버지이기도 하다는 사실 말

---

3) 이 책 291쪽.

이다. 그렇다면 이 아버지의 아들은 누구인가? (하르나크와 함께) 타우베스는 이 아들이 저 계보의 두번째 자리에 위치한 수수께끼 같은 인물 마르치온이라고 생각했다. 계속해서 하르나크의 진술을 들어 보도록 하자. "바울 자신은 종교의 창립자가 아니었다. 그의 종교적 구상 안에서 하나의 새로운 종교 창조로 이해된 것 ─ 그의 유대인 적대자들도 똑같이 생각했는데 ─ 을 파악해 내고 [실제 종교로] 만든 사람은 마르치온이었다." 실로 놀라운 이야기가 아닐 수 없다. 이 진술을 통해 하르나크는 교회의 아버지는 실상 바울이 아니라 마르치온이라고 선언하고 있는 것이다! 그러나 이러한 선언의 문제성에 대해서는 신학자들로 하여금 토론하게 내버려 두도록 하자. 교회의 정통성과 그리스도교 교리의 일관성을 옹립해야 할 의무를 지닌 것은 우리가 아니라 신학자들이니 말이다.

계보의 세번째 자리로 넘어가기 전에 앞서 저 계보에 대해서 가질 수 있는 의문점을 먼저 해결하고 가도록 하자. 물음은 이런 것이다. "어째서 저 계보의 세번째 자리에『로마서 강해』의 저자가 들어 있지 않은가?" 이 물음이 정당하고 적확한 것임은 말할 필요도 없다. 칼 바르트야말로 20세기에 바울의 사상을 신학적으로 가장 웅대하게 재탄생시킨 장본인이니 말이다. 실제로 타우베스가 강연의 상당 부분을 칼 바르트에게 할애했던 것도 바로 이러한 사정을 알았기 때문일 것이다. 그렇다면 어째서 칼 바르트가 저 계보에서 빠져 있는가? 이에 대해서는 표면적으로 "어쨌든 칼 바르트는 결국 실정 종교의 영역 안에 머물렀기 때문에 그렇다"고 답할 수 있다. 그러나 이러한 표면상의 이유를 산출해 낸 더욱 중요하고도 근본적인 사태는 다음과 같은 것이다. 즉 칼 바르트는 '진짜 유대인'이 아니었다는 사실. 오해하지 말아야 할 것은, 이러한 진술은 반유대주의에 맞선 유대주의나 시온주의 혹은 선민사상 따위와는 아무런 관계가 없다는 사실이다. 여기서 '유대인'이라는 이름은 (벤야민이 말한) "세계정치로서의 니힐리즘"을 수행하는 자를 가리키는 것이기 때문이다. 실제 혈연에 근거한 유대적 정체성 따위는 타우베스의 눈에 전혀 중요한 것이 아니었다. 칼 바르트는 물론 그리스도교 안에서 이 사유에 가장 근접해 간 사상가였지만, 그러나 어쨌든 타우베스가 보기에 그는 '진짜 유대인'은 아니었다. '진짜 유대인'에게 중요한 것은 경계선에 근접해 가는 것이 아니라 바로 경계선 위에서 살아가는 것이기 때문이다.

따라서 우리는 이렇게 말할 수 있다. 저 바울주의의 계보에는 '진짜 유대인'만이 들어갈 수 있다고. 그렇기 때문에 세번째 자리에 들어간 인물이 바르트가 아니라 벤야민이었던 것이다(물론 우리는 바르트의 바울적 사유가 가진 강렬함Intensität을 충분히 인식하고 십분 인정해야 한다). 이 강연에서 타우베스는 언급하지 않았지만, 벤야민의 진정한 유대적 정체성을 엿볼 수 있는 또 하나의 글이 있다. 그것은 「「역사의 개념에 대하여」 관련 노트 B14」이다. "메시아적 세계는 모든 방향에서 완전한 현재성의 세계이다. 이 세계 속에 비로소 보편사가 존재한다. 오늘날 보편사로 칭해지는 것은 그저 일종의 에스페란토일 따름이다. 보편사에는 바벨탑의 건설에서 연유하는 혼란이 정돈되기 전에는 아무것도 상응할 수 없다. 보편사는 살아 있는 자나 혹은 죽은 자의 언어로 된 모든 텍스트를 아무런 손상 없이 번역해 낼 수 있는 언어를 전제한다. 또는 더 잘 표현하자면, 보편사는 그러한 언어 자체이다. 그러나 이 언어는 쓰여지는 언어가 아니라 축제로 거행되는 언어이다. 이 축제는 모든 휴일로부터 정화된 상태이며, 축제의 노래라는 것을 모른다. 그것의 언어는 일요일의 아이들이 새들의 언어를 이해하듯이 모든 인간이 이해하게 될 산문의 이념 자체이다." 여기서 벤야민이 말한 '산문의 이념'은 이 세계를 완전히 비움으로써만 가능해지는 어떤 궁극의 언어이다. 거기에는 전달해야 할 어떤 내용도, 번역되어야 할 어떤 의미도 존재하지 않을 것이다. 그리고 이것이 바로 벤야민이 「신학- 정치적 단편」에서 이야기했던 세계정치=니힐리즘의 의미일 것이다. 이러한 '세계정치로서의 니힐리즘'을 실천하는 데 지침이 될 만한 '진짜 유대인'의 아포리즘을 하나 소개한다. "인생을 시작하는 데 필요한 두 가지 과제: 너의 범위를 점점 더 좁힐 것과 너의 영역 밖 어디엔가 네가 숨어 있지 않은지 계속해서 살펴볼 것"(프란츠 카프카). 짐작컨대 타우베스는 분명 이 지침을 매우 사랑했을 것이다.

3. 바울주의와 정치신학

신학은 언제 정치신학이 되고, 정치신학은 어떻게 정치철학으로 변모하며, 또한 정치철학은 어떤 경로를 거쳐 정치학으로 정착하는가? 이것은 실로 엄청난 물음이다. 근대와 근대의 법(적 체계), 그리고 근대적 세속화와 (그것의) 정당성이라는 거대한 문제들을 모두 포괄하는 것이기 때문이다. 그러나 우리에게는 벤야민과 타우베스가 제공해 준 값진 통찰이 있으므로, 다음과 같은 과감한 테제들을 제출해 본다고 해도 그것이 전혀 가치없는 일은 아닐 것이다. 니힐리즘이 세계정치로 진입할 때, 신학은 정치신학이 된다. 근원적 성사Sakrament가 법적 절차로 바뀔 때, 정치신학은 정치철학으로 변모한다. 법적 절차가 기술과 관료 체계로 대체(혹은 혼합)됨으로써, 정치철학은 정치학으로 (돌이킬 수 없이) 귀착된다. 이렇게 보면 타우베스가 『바울의 정치신학』에 대해 강의한 것은 다름 아니라 바로 이러한 변화 과정에 대한 비판적·계보학적 성찰을 행했다는 뜻이 된다. 그리고 이러한 소급적 성찰을 위해서 타우베스에게 가장 커다란 도움을 준 이는 법학자 칼 슈미트였다.

　주지하다시피 칼 슈미트의 가장 유명한 저작은 『정치신학』이라는 제목을 달고 있다. 그리고 슈미트가 이 책을 쓴 것은 정치철학이 정치학으로 넘어가던 마지막 시기였다. 정치학이 몰고 올 위기를 우려한 슈미트가 가장 열성적으로 관심을 쏟은 문제는 어떻게 하면 권력을 권위로 회복하고 그에 따라 질서 잡힌 제도를 정립할 수 있을 것인가 하는 것이었다. 물론 권력·제도·질서의 삼원체가 문제로서 부상한 것은 정치학의 시기가 아니라 정치철학의 시기였다. 그러나 이 시기는 아직 '어떻게'라는 문제보다는 '어디에'라는 물음이 우선시되던 때였다. 다시 말해 권력과 제도가 어떤 근원적 질서에 의해서 배치되고 구성되어야 하는가라는 물음이 다른 모든 물음에 앞서고 있었다는 말이다. 그러나 정치학의 시기에 이르러 근원에 대한 물음은 점차 뒤로 밀려나 버렸고, 대신 (유래나 근원이야 어찌됐든) 현존하는 이 권력(들)을 어떻게 운용 내지는 조작할 것인가의 문제만이 유일한 관심사가 되고 말았다. 슈미트가 보기에 이른바 민주주의 정치 체제는 바로 이와 같은 단 하나의 관심사만으로 운용되는 조악한 체제였고, 타우베스 역시 이러한 견해를 공유하고 있었다. 그러나 근원에 대한 물음, 즉 정치신학적 물음과 관련해서 두 사람의 견해는 극단적으로 갈라지는데, 타우베스는 바로 이 분기의 지점을 명확하게 하기 위해 슈미트에게 「로마서」에 대한 주석을 해주었던 것이다. 이 두 사람의 입장에서 핵심만을 뽑아 표현해 보면, 다음과 같다. 슈미트가 적그리스도의 도래를 막고 이 세계를 어떻게든 유지하기 위해 노력한 극단주의자라면, 타우베스는 적그리스도의 도래 따위는 전혀 안중에 두지 않고 모종의 독특한 실천——썩어 가면서 썩어 가는 것을 사랑하는——을 통해 이 세계를 말끔히 비워야 한다고 생각했던 반대편의 극단주의자이다. 반복하건대, 이것이 타우베스 바울주의의 요체이다. 그러므로 타우베스의 관점을 따르자면, 슈미트는 바울을 몰랐거나 아니면 적어도 오해했던 것이다.

그러나 이와 동일한 사태를 종교(철)학적 프레임으로 옮겨 와 보면, 다른 문제가 발생한다. 즉 질투와 사랑의 관계가 심각한 문제로 부상하는 것이다. 바로 이 지점에서 타우베스 사유의 양가성이 더없이 또렷하게 드러나는데, 이에 대해서는 이 책의 편집자 중 한 사람인 얀 아스만[Jan Assmann]의 설명을 참조하는 것이 좋을 듯하다. 타우베스는 바울의 혁명성을 예수의 두 가지 원칙——하느님을 사랑하고, 네 이웃을 사랑하라——을 하나의 원칙——네 이웃을 네 몸과 같이 사랑하라——으로 축소시켰다는 점에서 찾는다. 그런데 그가 이렇게 할 수 있었던 것은『구약』의 창조신과『신약』의 낯선 신을 철저하게 구별한 마르치온의 관점을 따랐던 덕분이다. 즉 타우베스는 마르치온처럼 우리는『구약성서』에 나타난 호전적이고 질투심 많은 신으로부터, 그리고 그가 만든 이 사악한 세계로부터 벗어나, 언젠가는 도래하여 우리를 완벽하게 구원해 줄 저 낯선 신을 기다려야 한다고 생각했던 것이다. 타우베스가 바울을 해석하면서 '하느님에 대한 사랑'이라는 정언명법[Imperativ]을 기각할 수 있었던 것은 바로 이 때문이다. 그러나, 그렇다고 한다면, 우리는 타우베스의 (정치)신학적 사유가 이 점에서는 스피노자와 니체의 내재적·범신론적 사유와 바르트와 슈미트가 견지했던 무신론적·초월적 사유 사이에서 심각하게 요동친다고 말할 수 있다. 요컨대 이렇게 물을 수 있는 것이다. 이 세계로부터 낯선 신이 사랑의 신이 아닐 수도 있지 않은가? 타우베스는 그럴 수도 있다고 생각한 듯하다. 그래서 그는 이렇게 말한다. "그렇지만 바울의 하느님은 주사위놀이를 합니다. 이 신은 어떤 이들은 축복을 주기 위해 선택하고 또 어떤 이들은 저주합니다."[4] 요컨대 썩어 가는 것이 다른 썩어 가는 것을 사랑하면서 마침내 끝까지 썼었을 때, 이 순간에 도래할 사태가 어떤 것인지 우리는 도무지 알 수 없는 것이다. 그러나 다른 한편 우리는 이렇게도 물어볼 수 있다. 타우베스의 생각과 달리 『구약』의 질투하는 신과 『신약』의 사랑하는 신은 결국 하나의 동일한 신이 아닐까?

이 물음에 대해서 타우베스는 분명 "그렇지 않다"고 대답했을 것이다. 그러나 얀 아스만은 "그렇다"고 대답한다. 아스만에 따르면, 두 종류의 유일신교·유일신주의가 있다. 하나는 이 세상의 모든 신들이 알고 보면 단 하나의 유일한 신인데, 인간의 무지가 그들을 다양한 이름으로 부르게 만든다는 것이며, 다른 하나는 정말로 단 하나의 유일한 신만이 존재하며 다른 나머지는 모두 가짜 신이거나 신이 아니라는 생각이다. 아스만은 후자의 생각이야말로 진정한 유일신주의로 성립할 수 있다고 말하면서, 유대교와 그 후계자인 그리스도교를 후자에 기반한 보편 종교로 규정한다. 더 나아가 아스만은 유대교의 신과 그리스도교의 신, 즉 『구약』의 신과 『신약』의 신이 결코 다르지 않다고 주장한다. 그들은 하나의 동일한 정념——질투에 의해 공통적으로 규정될 수 있기 때문이다. 즉 『구약』의 신과 『신약』의 신이 공히 질투의 신이라는 것이다. 유대교와 그리스도교의 신은 세상의 다른 모든 가짜 신들을 물리친 진정한 유일신이다. 그리고 이제 홀로 남은 그에게 필요한 것은 자신에게 열심^{Eifer}——이 단어에는 '질투'라는 뜻도 있다——을 보여 줄 파트너뿐이다. 이 파트너의 자리에 앉는 것이 바로 인간이라고 아스만은 생각한다. 요컨대 『구약』의 신은 다른 경쟁하는 신들을 이기고 인간을 차지하기 위해 열심을 보인 신이고, 경쟁에서 이긴 뒤 『신약』에서 말하는 사랑의 신이 되어 자신의 열심에 상응하는

---

4) 이 책 197쪽.

열심을 인류에게 요구하게 되었다는 것이다. 이것은 매우 정합적인 설명이며, 실정 종교의 교리에 부합하는 논변이라 할 수 있다.

그러나 바울과 타우베스의 주사위놀이하는 신은 인류에게 열심을 요구하는 아스만의 신과 다를 수 있다. 아니, 분명히 다르다. 타우베스의 신은 인간에게 열심을 요구하지 않는다. 그가 인간에게 요구하는 것은 오직 한 가지, 이 세계를 말끔히 비우는 것뿐이다. 그러나 말끔히 비우기 위해서도 열심은 필요한 것이 아닐까? 그럴지도 모른다. 그러나 열심은 근본적으로 적극적·능동적 정념이다. 이에 반해 세계를 비우려는 열심은 스스로를 배반하는 정념, 달리 말해 수동태에 의해 무력화된 능동태, 즉 완벽한 중동태이다. 만약 신이 인간에게 (전자의) 열심을 요구한다면, 어떤 형식으로든 [율]법과 제도가 개입하지 않을 수 없을 터인데, 타우베스는 바로 그러한 개입 자체를 원천봉쇄하기를 원한다. 타우베스가 '이웃 사랑'이라는 바울의 혁명적 환원^{Reduktion}을 메시아주의와 연결시킨 것은 바로 이 때문이다.

4. 메시아주의: 역사 바깥에서 역사와 싸우는 방법

이탈리아의 철학자 조르조 아감벤은 『바울의 정치신학』에 의해 고무받아 『남겨진 시간』*Il Tempo Che Resta*을 썼다. 이 책에는 다음과 같은 구절이 있다. "'없는 것처럼[아닌 것처럼]'^{hōs me}은 메시아적 생의 공식이며, 클레시스[소명]의 최종적인 의미이다. 소명은 어떠한 것이나 어떠한 장소를 향해서도 요청하지 않는다. 그렇기 때문에 소명은 각자가 부르심을 받았을 때의 사실적 상태와 합치될 수 있다. 하지만 바로 그 때문에 그것은 그 사실적 상태를 철두철미하게 기각하는 것이다. 즉 메시아적 소명은 일체의 소명의 기각인 것이다.……소명은 소명 그 자체를 호출하는 것이며, 내부로부터 그것을 향하여 촉발시키는 절박한 것과 같은 것이기 때문에 사람이 그 안에서 자신을 양육하고 그 안에서 거처하는 행위로부터 그것을 무화시켜 버리는 것이다." 여기서 핵심적인 문장은 이것이다. "메시아적 소명은 일체의 소명의 기각이다."『바울의 정치신학』을 이보다 더 잘 요약한 문장은 없을 것이다. 그러나 저 문장을 쇼펜하우어적 염세주의의 표현과 동일시하거나 그 연장선상에서 생각하는 것은 참으로 곤란한 결론을 가져온다. 왜냐하면 타우베스의 바울적 메시아주의의 핵심은 염세주의가 아니라 애세주의愛世主義를 통해 이 세계를 무화하려는 것이기 때문이다. 이와 관련해서는 실정 종교 안에서 바울주의의 최대 후원자였던 칼 바르트의 다음과 같은 언급을 참조할 수 있다. "하나의 부정die Negation으로서 긍정과 나란히 머물러 있는 부정이라면, 그 부정은 참된 부정일 수가 없고 또 비판적인 부정일 수가 없을 것이다. 부활, 곧 낯선 역사로서의 부활이 다른 역사들과 나란히 병렬될 수 있는 것이라면 그 부활은 이미 부활일 수가 없을 것이다. 그렇다면 부활이란 도대체 무엇인가? 만약 어떤 전제가 소여된 모든 것들에게서 확증되지 않고 또 성취되지 않는다면 그러한 전제는 궁극적인 전제가 될 수 없을 것이다."

궁극적인 전제. 그렇다, 타우베스가 바울 - 마르치온 - 벤야민의 계보 아래 스스로를 위치시키면서 처음부터 끝까지 궁구했던 물음은 바로 '궁극적인 전제'에 대한 것이었다. 인간에게 궁극적인 전제란 무엇인가? 그것은 세계 자체, 삶 자체이다. 타우베스는 어떻게 살아야 하는가에 앞서 왜 살아야 하는가라는 물음이 전제되지 않으면 안 된다고 생각했다. 그의 관점에서는 이 물음이 언제나 이미 망각 속에 처해 있기 때문에 어떻게 살아야 하는가라는 실제적인 물음 역시 종국에 가서는 어김없이 막중한 혼란과 어정쩡한 타협으로 귀결될 수밖에 없었다. 그러나 저 궁극적인 전제에 대해 고민하는 사람은 반드시 '계시'Offenbarung에 대한 성찰에 다다르게 된다. 계시 개념과 관련해서 우리에게 실로 깊은 통찰을 주는 인물이 한 명 있는데, 그는 프란츠 로젠츠바이크의 친우였던 법사회학자 오이겐 로젠슈토크-휘시Eugen Rosenstock-Huessy, 1888~1973이다. 계시에 대해 로젠슈토크-휘시는 이렇게 썼다. "'계시'는 우리의 의지에 대한 하느님의 '아니다'가 알려진 뒤에야 [비로소] 하느님의 의지에 대한 지식이 된다. 그의 앞선 창조 행위들이 신적인 것이 아닌 것, 한갓 인위적인 것에 지나지 않음이 드러날 때, 오직 그때에만 하느님은 순수 미래가 되고, 순수 행위가 된다. 오직 이러한 기반 위에서만 유대인은 기도가 된다. 이스라엘은 민족도 국가도 인종도 아니다. 이스라엘은 기도이다."

1947년, 24세의 청년 타우베스는 당돌하고 야심찬 박사학위 논문을 작성하면서 거기에 이렇게 써 놓았다. "영원성의 승리는 역사의 무대 위에서 성취된다. 역사의 끝에 이르러 죽음의 군주인 시간이 굴복하게 되면, 그때 등장하는 것이 마지막 시간Endzeit이다. 마지막 시간은 시간의 끝이다. 끝은 완전히-끝냄[완성]Voll-endung인데, 왜냐하면 [거기서는] 시간의 질서가 폐기되기 때문이다. 역사의 행로에서 볼 때 끝은 시간의 끝이다." 끝마저도 완전히 끝내는 것Vollendung, 썩어 가면서 썩어 가는 모든 것을 완전히 썩기까지 사랑하는 것. 이것은 달리 표현하자면, 역사 바깥에서 역사와 싸우는 행위이다. 다른 무엇보다 오직 이 행위만을 유일하게 가능하고 또한 유일하게 가치 있는 것으로 여겼던 까닭에 타우베스는 바울주의자와 메시아주의자를 자처했던 것이다.

옮긴이 후기

지금으로부터 3년 전, 석사 논문을 쓰던 나는 발터 벤야민의 언어철학이 어떤 구도 속에서 어떤 맥락을 통해 서구의 종교적 사유와 접속하게 되었는지에 대해서 고민하고 있었다. 날마다 원전을 되풀이해 읽고, 참고문헌을 뒤지고, 거기에 담긴 단서들을 쫓아 불완전하게나마 벤야민 사유의 계보를 그려 보기 위해 무진 애를 쓰던 고통스러운 시간이었다. 그러던 중, 정확히 어떤 계기와 경로를 통해서였는지는 기억이 나지 않지만, 타우베스의 이 책을 구해 읽게 되었다. 처음 구한 판본이 영어 번역본이었던 까닭에 석사 논문을 쓸 당시에는 원전과 꼼꼼히 대조하며 읽어 볼 수가 없었다. 그러나 어쨌든 이 책이 내게 준 영감과 자극은 실로 엄청난 것이었고, 그 덕분에 나는 더욱 힘을 내어 논문 작업을 마무리할 수 있었다. 학위를 받은 이후 약간의 여유가 생기자 이 책을 번역해 보고 싶다는 생각이 들었고, 마침 우연한 기회를 통해 번역 계약을 체결하게 되었다.

그러나 이런저런 일들에 쫓기고 밀려 본격적으로 번역에 착수하게 된 것은 작년 초에 들어서였다. 부담 없이 읽고 배울 땐 너무나 재밌고 흥미로운 책이었으나, 막상 번역을 하려니 어려운 점이 한둘이 아니었다. 우선 원문 자체가 저자에 의해 작성·교정·완성된 텍스트가 아니라 구술된 강연록을 기초로 해서 편집된 것이어서 어투와 종결 어미 등을 처리하는 데에서부터 애를 먹었다. 게다가 수없이 등장하는 낯선 이름들, 예고 없이 어긋나가는 맥락들, 그리고 무엇보다 초반에 대거 등장한 어려운 히브리어 개념들 때문에 번역을 미루거나 포기하고픈 마음이 불쑥불쑥 들곤 했다. 그러나 복잡한 퍼즐을 하나씩 차분히 맞춰 가는 것처럼 조금씩 번역 원고를 만들어 나가면서 타우베스가 던지는 문제들에 대해서 더욱 깊고 진지하게 고민하는 나 자신을 발견하고는 은밀한 기쁨을 맛보기도 했다.

*　*　*

언제나 그렇듯, 제일 먼저 김태환 선생님께 감사의 인사를 올린다. 선생님과 함께하는 원전 독해 스터디나 그에 이어지는 대화와 토론을 통해 배운 것들이 없었다면, 도무지 뭔가를 번역하거나 쓸 엄두를 내지 못했을 것이다. 아울러 선생님의 격려와 관심이 이 책을 번역하는 데 가장 큰 힘이 되었다는 사실도 적어 두고 싶다. 다음으로, 내 사유의 멘토 김항 선생님께 감사드린다. 특히 이번에는 바쁜 시간을 쪼개어 나의 번역 원고와 일본어 번역본을 대조·점검해 주시기까지 했으니 두 배로 감사드려야 할 것 같다. 덧붙여, 옮긴이 주 작업을 함에 있어서도 선생님과의 토론 및 일본어 번역본 참조가 큰 도움이 되었다. 책을 만드는 데 많은 노력과 수고를 아끼지 않은 그린비출판사의 김재훈 씨에게도 고마운 마음을 전한다.

*　*　*

한국에 처음 알려지는 야콥 타우베스의 저작이 옮긴이의 무능과 무지 때문에 여러 가지 면에서 손상을 입거나 오해를 받게 될까 두려운 마음이 든다. 부디 한국 사회에서 활발한 논쟁과 사유를 불러일으키는 강력한 촉매제가 될 수 있기를 소망한다. 특히 신학계에서 이 책이 적극적으로 수용되기를 희망해 본다. 마지막으로, 번역에 대한 적극적·생산적 비평은 언제든 환영한다.

2011년 10월 22일

조효원

찾아보기

유대인 17, 23, 33, 43, 50, 56~57, 72, 81,
87, 93, 114~115, 140, 195, 215, 247, 253,
299, 301
   디아스포라 ~ 65, 259
   ~ 그리스도 신자 48, 50, 57
은유학(Metaphorologe) 161
[율]법(Gesetz) 60, 62, 66, 93, 127, 138,
186, 208, 241, 250, 258, 261, 271, 307
   반[율]법주의(Antinomismus) 32
   ~의 폐기 280
이니미쿠스[원수](inimicus) 124
이방인 39, 43, 50, 85, 93, 115, 120, 245,
247, 266
   ~ 그리스도 신자 48, 50
이사악(Isaak) 112, 116, 255
이사야(Jesaja) 119, 121
「이사야」 31
이스라엘 26, 66, 74~75, 85, 100, 244,
250, 262, 266
   범이스라엘(pas Israel) 93, 123, 262,
   266, 268
   ~ 민족 16, 26, 29, 113, 115, 118, 123
   참이스라엘(verus Israel) 249
이신론(Deismus) 144, 156
이중 계율(Doppelgebot) 127, 132, 136,
142, 213, 268

【ㅈ·ㅊ·ㅌ】

자연 172, 263
자유주의 63, 159, 230, 236, 273
   프로테스탄트적-유대교적 ~ 234
저주 70, 77
적(Feinde) 124, 265~266
전례(Liturgie) 69, 89, 92, 114, 242, 264
   ~학 94

전통(Tradition) 278, 280
정당성(Legitimität) 50~51, 100, 130, 273,
284
정당화(Rechtfertigung/Legitimation) 67,
242, 263, 270
정신(Geist)↔가이스트 106, 247
정신분석 206
정적주의(Quietismus) 99, 285
정의(Gerechtigkeit) 142, 145, 257, 260
정직성(Redlichkeit) 108, 110
정치신학(politische Theologie) 45, 60,
242, 267, 283, 286, 303
   부정적 ~ 250, 252, 268, 275, 284
제1차 세계대전 147, 175, 230
제의(Ritual) 52, 81, 112, 255, 258
종말론 173, 255, 264, 269
죄 204, 207, 217, 260, 271, 277, 281
   원죄 211, 217, 256, 281
   ~의식 215
주권(Souveränität) 288
질투(Eifer) 120, 122, 266, 305~306
「출애굽기」 72, 91, 112, 117, 125, 259
충격(Erschütterung) 93, 113,
카시러, 에른스트(Cassirer, Ernst) 234
카오스 163, 232
카이사르, 가이우스 율리우스(Caesar,
Gaius Iulius) 45, 246
   ~교(Cäsarenreligion) 41
   ~ 반대 64, 172
   ~ 숭배 41, 45, 60, 130, 172, 247
카테콘(Katechon) 163, 232, 290
카프카, 프란츠(Kafka, Franz) 173, 178,
303
   『성』(Das Schloß) 68, 173
   『소송』(Der Prozeß) 68, 173
칼뱅, 장(Calvin, Jean) 234